"그런즉 너희는 먼저 그의 나라와 그의 의를 구하라
그리하면 이 모든 것을 너희에게 더하시리라
그러므로 내일 일을 위하여 염려하지 말라
내일 일은 내일이 염려할 것이요 한 날의 괴로움은 그날로 족하니라"

마태복음 6장 33-34절

ζητεῖτε δὲ πρῶτον τὴν βασιλείαν [τοῦ θεοῦ] καὶ τὴν δικαιοσύνην αὐτοῦ,
καὶ ταῦτα πάντα προστεθήσεται ὑμῖν.
μὴ οὖν μεριμνήσητε εἰς τὴν αὔριον,
ἡ γὰρ αὔριον μεριμνήσει τὰ ἑαυτῆς· ἀρκετὸν τῇ ἡμέρᾳ ἡ κακία αὐτῆς.

ΚΑΤΑ ΜΑΘΘΑΙΟΝ 6.33-34.

염려에 관하여
De Sollicitatione

⸻ ✠ ⸻

나는 누구인가?
염려는 어디서 오는가?
무엇이 의미 있는 삶인가?

김남준

김남준 현 안양대학교의 전신인 대한신학교 신학과를 야학으로 마치고, 총신대학교에서 목회학 석사와 신학 석사 학위를 받았으며, 신학 박사 과정에서 공부했다. 안양대학교와 현 백석대학교에서 전임 강사와 조교수를 지냈다.
1993년 **열린교회**(www.yullin.org)를 개척하여 담임하고 있으며, 현재 총신대학교 신학과 조교수로도 재직하고 있다. 저자는 영국 퓨리턴들의 설교와 목회 사역에 감화를 받아 그 모본을 따르고자 노력해 왔으며, 아우구스티누스를 비롯한 보편교회의 신학과 칼빈, 오웬, 조나단 에드워즈, 17세기 개신교 정통주의 신학과 함께 현대 사회와 사상을 해석하면서 조국교회에 신학적 깊이가 있는 개혁교회 목회가 뿌리내리기를 갈망하며 말씀을 전하고 있다.
주요 저서로는 **1997년도 기독교 출판문화상**을 수상한 『예배의 감격에 빠져라』와 **2003년도 기독교 출판문화상**을 수상한 『거룩한 삶의 실천을 위한 마음지킴』, **2005년도 기독교 출판문화상**을 수상한 『죄와 은혜의 지배』, **2015년도 기독교 출판문화상**을 수상한 『가슴 시리도록 그립다, 가족』을 비롯하여 『그리스도인이 빛으로 산다는 것』, 『깊이 읽는 주기도문』, 『인간과 잘 사는 것』, 『영원 안에서 나를 찾다』, 『교회와 그리스도의 남은 고난』, 『신학공부, 나는 이렇게 해왔다 제1권』, 『그리스도인은 누구인가』, 『그리스도는 누구이신가』, 『거기 계시며 응답하시는 하나님』 등 다수가 있다.

염려에 관하여

ⓒ 생명의말씀사 2020

2020년 10월 26일 1판 1쇄 발행
2021년 7월 14일 5쇄 발행

펴낸이 | 김창영
펴낸곳 | 생명의말씀사

등록 | 1962. 1. 10. No.300-1962-1
주소 | 서울시 종로구 경희궁1길 6 (03176)
전화 | 02)738-6555(본사) · 02)3159-7979(영업)
팩스 | 02)739-3824(본사) · 080-022-8585(영업)

지은이 | 김남준

기획편집 | 태현주, 김정주
디자인 | 조현진, 윤보람
인쇄 | 영진문원
제본 | 다인바인텍

ISBN 978-89-04-16722-7 (03230)

저작권자의 허락없이 이 책의 일부 또는 전체를
무단 복제, 전재, 발췌하면 저작권법에 의해 처벌을 받습니다.

염려에 관하여
De Sollicitatione

나는 누구인가?
염려는 어디서 오는가?
무엇이 의미 있는 삶인가?

추천사

희망을 말한다

무엇보다도 이 책은 다양한 요인들로 인해 발생하는 '염려'(念慮)라는 질병을 극복할 수 있는 귀한 신앙적인 처방약을 제공해 줍니다. 다른 저서들과 마찬가지로, 저자는 먼저 성경적인 근거를 중심으로 주제에 관한 논의를 시작하고 신학적인 통찰력을 더하면서 아주 구체적이고 실제적인 해결 방안을 제시합니다. 또한 독자들은 이 책을 읽다 보면 저자의 깊은 영성과 함께 흘러나오는 기독교 고전들이 선사(膳賜)하는 주옥 같은 교훈들도 발견하게 될 것입니다.

그 어느 때보다도 코로나19로 인한 재난의 현장에서 고민하는 우리에게 이 책은 염려의 근원이 무엇인지를 깨닫게 하고, 인간의 실존적인 한계를 인식하게 하면서, 결국 염려를 극복할 수 있는 하나님과 그의 나라에 관한 '희망의 신론(神論)'을 기도를 통해 발견하게 합니다. 염려의 확산을 방지하기 위해서는 하나님의 품으로 더 가까이 다가서야 하고, 하나님과의 간격을 더욱 좁힐 수밖에 없음을 많은 눈물과 기도 속에서 선포하고 저술한 이 책이야말로 감염병 사태로 신음하는 우리 모두에게 시대적 필독서가 될 것입니다.

박응규 아세아연합신학대학교 역사신학 교수

의미 있는 삶을 제시한다

　김남준 목사님의 책을 즐거이 읽으며 도움받던 제가 이 책을 추천하는 것은 특별함 때문입니다. 유대인의 문서에서 사탄은 세 가지 그물을 가지고 하나님의 백성을 포획하려 하는데, 이 세 가지 그물에 '염려'는 없었습니다. 하지만 이 시대에 사탄이 사용하는 신종 그물에는 염려가 분명히 있을 것입니다.

　현대인들은 염려를 달고 삽니다. 따라서 예수님께서 주신 염려에 대한 교훈은 이 시대를 사는 모든 사람들에게 필요합니다. 이 필요를 따라 저술된 이 책이 반갑기 그지없습니다.

　이 책은 먼저 염려하지 말아야 할 영적인 이유들을 지혜롭고 상세하게 설명해 줍니다. 이어서 염려를 버리고 그 대신 우리를 채워야 하는 것을 알려 주는 적극적인 치유법을 제시합니다. 염려 대신 "의미 있게 살라."라는 교훈입니다.

　가시떨기 속에 떨어진 씨는 이생의 염려 때문에 기운이 막혀 온전히 결실하지 못한다 하셨습니다(눅 8:14). 점점 더 염려거리가 많아질 수밖에 없는 이 시대에, 독자들은 이 책을 통하여 염려를 이기는 참비결을 배우게 될 것입니다.

한규삼 충현교회 담임 목사

저자의 강고한 사유의 힘을 보여준다

염려는 삶의 활기와 의미를 갉아먹는 좀과 같습니다. 염려에 대한 근원적인 처방을 제시하는 이 책의 주제는, 하나님의 사랑을 진정으로 알면 염려를 극복할 수 있고, 사랑의 질서가 제대로 잡히면 삶을 가장 의미 있게 살 수 있다는 것입니다.

저자는 염려와 삶의 의미 문제를 성경 주석으로, 현상학적 관찰로, 인문학적 탐구로, 신학적인 접근으로 집요하게 파고듭니다. 이 책이 주는 감동과 웃음, 분위기와 여운이 결코 가볍지 않은 것은 하나님과 교회와 진리를 뜨겁게 사랑하는 목회자가 쓴 책이기 때문일 것입니다. 염려라는 소재 하나를 가지고 이토록 방대한 신학적 심구(深究)를 진행할 수 있다는 것은 저자가 가진 사유의 힘이 그만큼 강고(剛固)하다는 뜻이리라 여겨집니다. 형식 면에서 보자면 동서고금의 다양한 고전들의 인용과 특히 라틴 교부와 청교도들의 잦은 인용이 특징인데, 오랜 세월에 걸친 독서의 결과라 생각됩니다.

독자들은 이 책을 읽을수록 하나님의 사랑이 부여하는 삶의 차원 높은 질서가 내면에서 점점 형성되어 가는 것을 느낄 수 있을 것입니다. 그리고 그런 과정에서 하나님과 세계와 나 자신의 본모습을 새롭게 깨닫고 어느덧 염려를 넘어 하나님의 돌보심과 이웃을 돌보는 일에 더 관심을 갖게 될 것입니다.

우병훈 고신대학교 신학과 교의학 교수

예수님의 사랑의 음성을 들려준다

모든 인간은 염려를 안고 살아갑니다. 기독교 신자도 예외가 아닙니다. 따라서 내면 깊은 곳에 똬리를 틀고 있는 이 괴물을 잘 이해하는 일은 무엇보다도 중요합니다. 김남준 목사는 그것을 어떻게 해결해 나가야 하는지를 마태복음 6장 19절 이하의 말씀을 통해 제시합니다.

본질적인 핵심은, 염려는 그릇된 자기 사랑에서 기인하며 이는 신자가 자신이 누구인지를 제대로 인식하지 못하는 데서 발원한다는 것입니다. 진정한 사랑의 대상인 하나님을 사랑하는 대신에 자신을 사랑할 때 인간은 길을 잃게 되고 염려와 불안에 사로잡힙니다. 따라서 나를 사랑하시는 하나님을 향한 인격적인 믿음을 회복해야 합니다. 한걸음 더 나아가 저자는, 의미 있는 삶을 살아야 염려를 넘어 생산적이며 역동적인 삶을 살 수 있다고 말합니다. 이때에도 그 원동력은 하나님의 사랑인데, 특별히 예수 그리스도를 통해 주신 의 곧 값없이 주신 의와 연결되어 있는 그 사랑이 원동력입니다.

이 책을 읽는 독자는 실존적으로 염려와 더불어 살아갈 수밖에 없는 인생에게 주시는 예수님의 사랑의 음성을 들을 수 있을 것입니다. 또한 본서에는 염려를 다루는 성경적 원리뿐만 아니라 실천 방안도 제시되어 있기에 실제적으로 염려를 극복하는 최상의 지침서가 되리라 확신합니다.

정창욱 총신대학교 신약신학 교수

염려의 본색을 보여준다

이 세상에서 염려는 곧 인생입니다. 요람에서 무덤까지 동행하기 때문입니다. 이런 인생의 문제에 대해 저자는 마태복음 6장 후반부에 근거하여 성경적인 해결책을 제시합니다.

성경과 인류의 역사가 검증한 것처럼, 자기애(amor sui)는 염려의 공장입니다. 무수히 많은 종류의 염려를 자기에 대한 사랑이 생산합니다. 그래서 자기애의 중단은 염려의 뿌리를 제거하는 최고의 처방입니다. 그러나 자기애를 스스로 멈출 수 있는 사람이 어디에 있겠습니까!

저자는 염려하지 않고 자기를 사랑하지 않는 소극적인 자세를 넘어 적극적인 해법도 제시합니다. 염려를 멈추기 위해 자기애의 본성적인 결박을 끊는 적극적인 비결은 하나님 사랑입니다. 관심과 의식의 한 조각도 염려에 헛되이 소비하지 않기 위한 적극적인 비결은 미래에 대한 하나님의 주권을 인정하며 무엇보다 먼저 하나님의 나라와 의를 열렬히 추구함에 있습니다.

영문학자 및 에세이 작가가 꿈이었던 저자는 목회자가 되어서도 다양한 외국어 문헌들을 자유롭게 활용하여 수필가의 부드럽고 따뜻한 문체로 염려의 은밀한 본색을 드러내고 성경의 확고한 해답을 제시합니다. 저자의 꿈이 이와 같이 실현된 이 책은 아무리 무거운 염려의 손으로 첫 페이지를 넘긴 사람도 마지막 페이지를 덮을 때에는 그 모든 염려가 그림자도 남기지 않고 진리의 빛으로 소멸되는 은혜를 체험하게 할 것입니다. 염려와 하나님 사랑의 반비례는 하나님의 오묘한 섭리입니다. 그 섭리가 향기로운 이 책을 기쁨으로 추천합니다.

한병수 전주대학교 교의학 교수

주체로 살아가는 길을 보여준다

소포클레스의 비극 『오이디푸스왕』의 오이디푸스는 인간의 비극적인 운명을 잘 보여줍니다. 그는 어떻게든 최선으로 살아 보려고 애쓰지만 그 노력 때문에 결국 아버지를 죽이고 어머니와 결혼하는 비극적인 삶을 살게 됩니다.

우리는 어떻게든 행복하게 살아 보려고 노력하지만 인생은 뜻하는 바대로 되지만은 않습니다. 이는 마땅히 내가 원해야만 하고 내게 가장 적절한 것을 원하지 않기 때문입니다. 특히 자본에 이끌리는 현대 사회는 계속해서 더 많이 갖기를 바라라고 유혹합니다. 그러나 끊임없는 욕구에 이끌리는 이런 인생을, 욕구에 제 자신이 지고 주체로 살지 못하는 상황이라고 플라톤은 말합니다. 인생을 주체로서 살지 못하기 때문에 염려하게 됩니다. 그래서 많은 철학자들은 자신이 도대체 누구이며, 자신에게 가장 적절한 것이 무엇인지를 찾아 왔습니다.

고통과 염려로부터 자유롭기 위해서는 하나님이 정하신 가장 적절하고 올바른 목적과 기준에 맞추어 살아야 한다는 기독교의 답을 이 책은 깊고 쉽게 제시합니다. 인생의 여러 고통과 이에서 비롯되는 염려를 넘어서서, 자신이 주체로 살아가는 진정한 삶으로의 길을 김남준 목사님의 이 책을 통해 찾을 수 있을 것입니다.

이종환 서울시립대학교 철학과 교수

학자의 명쾌함과 아버지의 심정을 보여준다

김남준 목사님의 책은 늘 깊이와 따뜻함이 함께 있어 좋은 친구처럼 곁에 두고 싶습니다. 이번에 저술하신 『염려에 관하여』를 읽으며 또 한 번 명쾌한 학자요, 따뜻한 아버지의 심정을 가진 김 목사님의 면모를 잘 느낄 수 있었습니다.

거친 세상에 치여 삶의 한구석에서 아픔의 눈물을 흘리며 염려의 빵을 먹어 보지 않은 사람이 어디에 있을까요. 밀려오는 염려를 이겨 보고자 세상의 이것저것에 기웃거리지 않은 사람이 어디에 있을까요. 본서는 이런 염려로 삶이 꺾인 사람들에게 다시 소망으로 일어서야 할 이유를 전하고 있습니다.

지금 밀려오는 염려 때문에 삶이 고단하고 두렵다면 이 책을 펼쳐 보십시오. 내가 느끼고 있는 염려의 뿌리가 무엇인지, 그 염려를 뽑아낸 자리에 어떤 소망의 것들을 심어야 하는지를 깨닫게 될 것입니다. 본서를 통해 들의 꽃도 공중의 새도 돌보시는 하나님을 만나 염려가 내려지고 쉼과 감사로 다시 하나님을 찬양할 수 있기를 기대해 봅니다.

권호 합동신학대학원대학교 설교학 교수

영적인 지혜를 보여준다

'염려'가 나의 몫이 아니라면 누구의 몫이란 말인가? 본서를 읽어 가다 보면 염려하는 나는 온데간데없고, 하나님 나라를 갈망하고 있는 나를 발견하게 됩니다. 염려하고 있는 나를 일으켜 염려를 이기고 인생의 의미와 목적을 다시금 깨닫게 해준 것입니다.

저자는 염려에 관해 아우구스티누스, 칼빈, 존 오웬을 비롯해 초대 교부, 중세, 종교 개혁, 후기 개혁 시대에 이르기까지 기독교 역사의 깊은 우물에서 길어 낸 영적인 지혜를, 저자의 삶과 목회적 지혜로 정갈하게 담아내고 있습니다.

본서에서 저자는 염려에 빠져 있는 이 시대를 달콤한 속삭임으로 달래 주지 않습니다. 오히려 염려의 뿌리를 철저히 해부함으로써 염려의 민낯을 들여다보게 합니다. 결국 염려의 실체는 하나님께 대한 사랑 없음의 상태에서 비롯된다는 것입니다. 무엇보다 본서는 염려에 빠져 하나님 사랑을 상실한 시대를 향해서, 하나님 사랑이야말로 진정한 치료제임을 깨닫게 합니다.

염려로 본서를 집어 들었는데, 책을 덮을 땐 '그대는 엄숙하도록 존귀하다.'라는 하나님의 사랑에 감격하고 그의 나라와 의를 구하며 사는 삶이 얼마나 복된 인생인지를 가슴 깊이 깨닫게 됩니다. 본서는 염려로 신음하는 이 시대를 향해 저자의 오랜 경험과 사랑으로 빚어낸, 성경적, 목회적, 사상적인 처방전입니다. 염려로 고민하는 모든 분에게 꼭 일독을 권하고 싶습니다.

권혁민 미국 웨스트민스터 신학교 목회학 겸임 교수, 국제 프로그램 디렉터

저자 서문

그대는 엄숙하도록 존귀하다

살아 있다는 것은 희망을 품는다는 것입니다. 그 희망이 실현 가능하지 않거나 지연되기에 염려하게 됩니다. 살아 있는 동안 이런 일이 끊임없이 반복되기 때문에 인간은 고뇌하는 존재입니다.

염려라는 주제에 몰입하기 시작한 것은 지난해 가을이 시작될 무렵이었습니다. 좋아하지도 않는 염려는 내가 끌어안은 것도 아니고 내가 뿌리친 것도 아니었습니다. 내가 원한 것도 아니고 싫어서 내친 것도 아닌데, 나도 아닌 것이 마치 나의 일부인 듯 함께 있었습니다. 내가 예배드릴 때는 움직이지 않았고, 간절히 기도드릴 때는 얼른 마음의 동굴에 숨어 나의 기도가 끝나기를 기다렸습니다.

저는 늘 보던 염려라는 놈의 정체가 궁금해졌습니다. 그러자 마음에 한

작정이 섰습니다. '내가 네 놈을 영구히 내 마음에서 완전히 없애지는 못할지라도 네 진짜 민낯은 확인을 해야겠다.'

사실 그렇게 말한 것은 저의 굳센 신앙이었고 그 말을 들은 것은 저의 연약한 이성이었으니, 둘 다 제 안에 있어 익숙하지만 낯설고, 또한 낯설지만 익숙한 자아(自我)였습니다. 그래서 이 책은 믿음이 부족한 나 자신에게서 출발해서 믿음과 사랑으로 하나님 품에 다다라 안식을 얻고 다시 평화롭게 나 자신으로 돌아온 자아의 여행 이야기이기도 합니다.

저는 많은 눈물과 기도 속에서 이 책을 썼습니다. 이는 염려하는 나의 약한 신앙에 대한 꾸짖음 때문이었으며, 또한 하나님 아버지께 내가 얼마나 소중한 존재인지 몰랐던 나의 무지에 대한 원통함 때문이었습니다.

한마디 말씀에 숨이 멎는 듯하였습니다. "그대는 엄숙하도록 존귀하다." 저뿐만 아니라 모든 사람에게 하시는 말씀이었습니다.

세상에 있는 것이 없는 것보다 좋으셨기에 나를 태어나게 하셔서 지금 여기 살아 있게 하셨다는 사실, 그리고 내가 만세(萬世) 전부터 시작해서 영원에 이르기까지 끝나지 않을 하나님 사랑의 품 안에 있다는 사실이었습니다. 세상에 태어나서 아무에게도 이렇게, 때로는 나도 싫은 나를 엄숙하리만치 존귀하게 여기는 사랑을 받은 적이 없고, (이게 저를 더 아프게 했는데) 내가 그렇게 사랑해 준 사람도 없다는 사실이었습니다.

그럼에도 불구하고 끝없이 드넓은 우주를 휘감고 당신 자신에게로 회귀하는 무한한 사랑 안에 있게 하셨다는 사실이 저를 울렸습니다.

하얀 눈이 꽃잎처럼 내리던 겨울에 쓰기 시작해서 벚꽃잎이 흰눈처럼 날리는 봄날에 펜을 놓았습니다. 마침 뜻하지 않은 감염병 사태로 많은 사람들이 염려하는 때에, 이 책도 우리 모두처럼 존재해야 할 이유를 가지고 태어났습니다. 이 책을 읽고 염려를 능히 이기소서.

2020년 4월 15일
그리스도의 노예 김남준

목차

추천사 04
저자 서문 그대는 엄숙하도록 존귀하다 12
시작하는 글 자유로운 삶을 살고 싶다 20

제1부   염려하지 말라

제1장   염려는 어디에서 오는가? 29

들어가는 말 | 염려의 의미 | 염려는 어디서 오는가? | 염려가 엄습할 때 | 맺는말

제2장   너희 자신을 알라 55

들어가는 말 | 너희 자신을 알라 | 하나님의 사랑을 경험하라 | 맺는말

제3장 들풀에 깃든 사랑 　　　　　　　　　　 75

　　들어가는 말 | 들풀도 돌보신다 | 믿음을 깨우치신 예수 | 염려를 극복하는 실제적 방법 | 맺는말

제4장 필요한 것을 아신다 　　　　　　　　　　 99

　　들어가는 말 | 염려의 해결 방식 | 필요를 아시는 하나님 | 은혜 가운데 살라 | 맺는말

제2부 의미 있게 살라

제5장 먼저 그의 나라를 구하라   129

들어가는 말 | 나라는 무엇인가? | 하나님의 나라를 추구하라 | 하나님 나라의 두 차원 | 하나님 나라를 위해 살라 | 그 나라를 위해 사는 사람들 | 맺는말

제6장 먼저 그의 의를 구하라 1   159

들어가는 말 | 믿음으로 이르는 의 | 하나님의 의를 추구하라 | 사랑의 관계를 회복하라 | 맺는말

제7장 먼저 그의 의를 구하라 2   181

들어가는 말 | 의를 실현하시는 하나님 | 신자 안에서 이뤄지는 의 | 사회로 확장되는 의 | 교회를 세우신 이유 | 맺는말

제8장 이 모든 것을 더하시리라   207

　　들어가는 글 | 이미 받은 것 | 더하시는 하나님 | 맺는말

제9장 오늘, 염려하지 말라   231

　　들어가는 말 | 내일 일을 염려하지 말라 | 그날로 족한 괴로움 |
　　하나님이 함께하신다 | 맺는말

마치는 글　하나님의 품 안에서 행복을 누리소서   252
참고 문헌   256
색인   264

시작하는 글

자유로운 삶을 살고 싶다

몇 해 전, 안과에 갔습니다. 의사는 안구 촬영을 해야 한다며 혈관 조형제를 주입했습니다. 오심과 구토 증세가 나타날 수 있다고 했는데 과연 그랬습니다. 주사 후 5분도 지나기 전에 쓰레기통 앞에 쭈그리고 앉아 고개를 숙인 채 웩웩거려야 했습니다.

그러나 그것은 잠시 후에 일어날 끔찍한 경험의 전주곡이었습니다. 눈에 보이는 모든 사물이 온통 빨간색으로 보이는 것이었습니다. 마치 초등학교 시절 마분지 테두리에 빨간 셀로판지를 붙여 만든 색안경을 쓴 것과 같았습니다. 시야에 들어오는 모든 것은 각각 채도만 다를 뿐 전부 빨간색이었습니다. 천장도, 바닥도, 유리창도, 책상도, 심지어 의사의 흰 가운과 저의 팔까지도……

오래전 그 일이 새삼 기억나는 것은, 그때의 경험이 염려라는 감정의 지배를 받는 것과 흡사했기 때문입니다. 염려는 누구도 좋아하는 게 아닙니다. 선택한 기억은 없는데, 사랑받듯이 의식을 채우며 마음에 영향을 끼칩니다. 하나님을 신뢰하지 않는 데서 오는 염려는 삶의 모든 상황을 우울과 불안으로 물들입니다.

신앙의 가장 큰 유익은 혼란에 질서를 부여해 주는 진리를 아는 것입니다. 그 질서 안에서 평안을 찾게 됩니다. 질서가 불변하는 진리가 주는 효과라면, 평안은 영원한 사랑이 주는 영향입니다.

그리스도인은 소망을 얻으려고 피난처 되신 하나님께 영혼의 닻을 내린 사람입니다. "이는 하나님이 거짓말을 하실 수 없는 이 두 가지 변하지 못할 사실로 말미암아 앞에 있는 소망을 얻으려고 피난처를 찾은 우리에게 큰 안위를 받게 하려 하심이라 우리가 이 소망을 가지고 있는 것은 영혼의 닻 같아서 튼튼하고 견고하여 휘장 안에 들어가나니"(히 6:18-19).

그런데 질서를 잃은 마음에 삶이 흔들리고 덧없는 이생의 상황에 의해 평화를 잃어버린다면, 신앙이 주는 유익은 무엇일까요?

매일 맞이하는 하루는 하나님께 쓸 연서(戀書)를 위해 준비된 한 장의 편지입니다. 매 순간 정성을 기울여 써 나가야 합니다. 그 편지를 받으시는 분은 현실을 초월하여 계시는 분이십니다.

우리는 현실을 살아가되 현실 너머에 계신 거룩하신 하나님을 향하여 살아야 합니다. 이것이 바로 성경이 신자를 가리켜 "……우리의 시민권은 하늘에 있는지라 거기로부터 구원하는 자 곧 주 예수 그리스도를 기다리노니"(빌 3:20)라고 한 이유입니다.

나는 누구인가?

염려는 어디서 오는가?

무엇이 의미 있는 삶인가?

운명처럼 익숙해진 염려에서 벗어나 보다 의미 있고 자유로운 삶을 살고 싶어하는 사람들은 저와 함께 여행을 떠납시다. 저는 주님의 도움으로 이미 한 번 가 본 길이니 안내를 할 수는 있을 것 같습니다. 그 길을 가르쳐 주신 하나님께서 도와주신다면.

제1부

염려하지 말라

제1장 염려는 어디에서 오는가?
제2장 너희 자신을 알라
제3장 들풀에 깃든 사랑
제4장 필요한 것을 아신다

하나님을 바라보아야 할 때가 따로 있는 것은 아닙니다. 하나님의 백성들은 언제나 주님을 바라보며 살아야 합니다. 발은 땅을 디디고 있지만, 마음만은 하늘의 하나님을 바라보고 살도록 지어진 존재가 인간입니다.

신자는 항상 하나님을 바라보아야 합니다. 그런데 더 특별히 그분을 바라보아야 할 때가 있습니다. 군인이 나라를 위해 항상 충성하지만 전쟁이 나면 더욱 충성하여야 하는 것처럼 말입니다. 바로 염려되는 상황을 만날 때입니다. 만약 그 상황에서 하나님을 바라보지 못한다면 휘몰아치는 환경의 소용돌이에 빠져 버릴 것입니다.

예수 그리스도께서는 세상일로 염려하는 신자에게 하나님을 바라보라고 하십니다. 하나님이 어떤 분이신지, 너희가 누구인지 생각하라는 것입니다. "그러므로 염려하여 이르기를 무엇을 먹을까 무엇을 마실까 무엇을 입을까 하지 말라 이는 다 이방인들이 구하는 것이라 너희 하늘 아버지께서 이 모든 것이 너희에게 있어야 할 줄을 아시느니라"(마 6:31-32).
하나님은 우리의 아버지이시고, 우리는 그분의 자녀입니다. 우리가 이 한 가지 사실만 기억한다면 어떤 환경의 소용돌이도 헤쳐 나올 수 있을 것입니다. 세상만사가 하나님의 손안에 있고, 우리는 그분의 돌보심을 받는 자녀이기 때문입니다.

김남준 목사님의 연작 설교 '염려에 관하여' 중
첫 번째 설교 '염려는 어디서 오는가?'로 연결됩니다.

제1장

염려는 어디에서 오는가?

✦✧✦

너희를 위하여 보물을 땅에 쌓아 두지 말라

Μὴ θησαυρίζετε ὑμῖν θησαυποὺς
ἐπὶ τῆς γῆς,

마 6:19

들어가는 말

어느 날 오후였습니다. 집을 멀리 떠나 있었습니다. 두고 온 교회와 집에 무슨 일이 있을 것 같다는 불안한 마음이 머리를 스쳐 갔습니다. 그리고 마음에 걱정이 시작되었습니다. 그것은 시작에 불과했습니다.

아주 작은 물무늬처럼 시작된 염려(念慮)가 생각의 꼬리를 물 때 불안(不安)은 파도가 되었습니다. 그날 저녁에는 말씀을 전하기로 되어 있었는데, 할 수가 없을 것 같았습니다. 별일 없다는 사실을 전화로 확인했지만, 여전히 마음을 진정할 수 없었습니다. 그때 두 가지 생각이 동시에 마음에 스쳤습니다. '마귀가 내 마음을 흔드나?'라는 부정적인 생각과 '진짜 무슨 일이 일어날 것을 알려 주시는 걸까?'라는 긍정적인 생각이었습니다.

달리는 차 안에서 두 손을 포개어 가슴에 얹었습니다. 눈을 감고 간절히 기도했습니다. 아무 일 없게 해 달라는 기도가 아니라 요동치는 마음에 불안이 사라지게 해 달라는 기도였습니다. 같은 기도를 여러 번 드렸습니다. 얼마 후 눈을 떴을 때, 근원을 알 수 없었던 감정의 파도는 잔잔해졌고 마음은 아무 일도 없었다는 듯이 평안해졌습니다.

인간은 염려와 떨어질 수 없습니다. 살아 있는 것은 염려하는 것이라고 말해도 과언이 아닙니다.

염려는 불안에서 오는 감정입니다. 실존주의 철학자들은 인간은 불안을 통해서 자신의 존재(存在)를 확인한다고 보았습니다. 자신을 무엇이라고 규정할 근거도 없고, 그 무엇으로도 변화할 가능성이 있기에 인간은 불안한 존재라는 것입니다. 장폴 사르트르(Jean-Paul Sartre, 1905–1980)가 자신의 책 『존재와 무』(*L'Être et le Néant*)에서 남긴 유명한 말이 인상적입니다.

> ……인간은 자유롭게 되도록 (일종의) 저주를 받아서 세계 전체의 무게를 그의 두 어깨 위에 짊어지고 있으니, 그는 존재의 방식으로 세계와 자신에 대해서 책임을 지고 있다.[1]

---

[1] "……l'homme, étant condamné à être libre, porte le poids du monde entier sur ses épaules: il est responsable du monde et de lui-même en tant que manière d'être." Jean-Paul Sartre, *L'Être et le Néant: Essai d'ontologie phénoménologique* (Paris: Gallimard, 1943), 612.

그들의 주장에 따르면, 인간에게는 자기를 규정하는 다른 존재가 없으니 자기 존재에 무슨 의미(意味)를 부여하든지 그것은 전적으로 자신에게 달렸다는 것입니다.[2] 모든 책임을 짊어져야 한다는 것입니다.

불안 속에 살고 싶어하는 사람은 없습니다. 그러나 많은 사람들이 불안 가운데 염려합니다. 때로 이런 염려는 단지 염려하는 것에만 그치지 않고 두려움에 이르게 하고, 심하면 절망으로 이끕니다.

신자의 마음이 이런 상태가 되면 하나님께서 그에게 주신 모든 아름다운 것들은 빛을 잃게 됩니다. 하나님께서 주신 사명(使命)에 대한 자각, 일상의 의미, 인간관계의 가치는 사라져 버립니다. 그리고 자신의 삶의 무게를 감당할 수 없는 마음의 상태가 됩니다.

하나님께 대한 불충성은 커다란 죄 때문에만 생기는 것이 아닙니다. 염려와 근심에서 비롯될 때가 많습니다(눅 19:21). 그래서 우리는 염려의 정체를 알고 그것으로부터 자유롭게 되는 길을 배워야 합니다.

염려의 의미

염려에 관한 그리스도의 가르침은 재물에 대한 말씀으로 시작됩니다. "너희를 위하여 보물을 땅에 쌓아 두지 말라……"(마 6:19).

이 구절은 이 땅에서 욕심내어 재물을 모으지 말라는 뜻으로 해석될 수 있습니다. 그러나 이 문맥의 결론을 고려하면 이 말씀은 단순히 재산 축

---

[2] 결국 인간이라는 존재는 근원도 없이, 자기 의지와 상관도 없이 세계에 던져진 존재이며 그가 놓여 있는 세계와 스스로 행동하는 모든 것에 대해 책임이 있다는 것이다. Jean-Paul Sartre, *Being and Nothingness: An Essay on Phenomenological Ontology*, trans. Hazel E. Barnes (London: Routledge, 2003), 574.

적에 관한 것이 아님을 알 수 있습니다. 물질을 누리는 것보다 더욱 의미 있는 삶을 살라는 가르침입니다. "그런즉 너희는 먼저 그의 나라와 그의 의를 구하라……"(마 6:33).

하나님께서는 모든 신자에게 하나님의 나라와 의(義)를 구하며 살아갈 사명을 주셨습니다. 그런데 이 사명을 따라 살지 못하게 하는 가장 큰 대적이 있습니다. 그것은 환난과 박해 같은 외부적 요인이 아니라, 바로 그 사람 안에 있는 염려입니다. 성경적으로 염려는 크게 두 가지로 나누어 생각해 볼 수 있습니다.

첫째로, 합당한 염려입니다(마 5:25, 13:29). 고통에 대한 경험은 두려움을 주고, 염려는 그 두려움이 현실이 될지도 모른다는 생각에 경계심(警戒心)을 갖게 합니다. 우리는 안전에 대한 염려 때문에 교통 신호를 지키고 눈 오는 날 미끄러지지 않도록 조심합니다.

이것들은 합당한 염려로서 자신에 대해서는 성실하게, 타인에 대해서는 올바르고 공정하게 행동하게 합니다. 그러나 자신의 노력이 염려하는 바에 대한 완전한 대비책이라고는 생각하지 말아야 하는데, 이는 합당한 염려라고 할지라도 합당치 못한 마음으로 대함으로써 경건에 손해를 입지 않기 위함입니다. 염려가 되는 상황에 대비는 하여야 하지만, 우리가 의지(依支)하는 분은 하나님뿐이어야 하지 않겠습니까?

신령한 것들을 위한 염려도 합당한 염려에 포함됩니다(고전 7:32, 9:27, 고후 11:28). 자신의 경건과 교회의 영적 번영, 하나님 나라의 확장과 이웃의 영혼들을 위한 걱정이 경건한 염려에 포함됩니다. 우리는 이 일을 위해 애쓰고 노력하지만 우리의 행위가 아니라 그것을 사용하시는 하나님의 은혜를 의지해야 합니다.

합당한 염려를 가진 경건한 태도는 마음을 더욱 하나님께로 향하게 합니다. 그래서 염려할수록 성심(誠心)으로 행하게 되고, 그렇게 행할수록 더욱 하나님을 의지하게 됩니다.

둘째로, 합당치 않은 염려입니다(막 4:19, 눅 10:41, 21:34). 이것은 하나님을 불신(不信)하는 데서 오는 염려를 말합니다. 이런 경우, 신자는 염려하지만 하나님을 신뢰하지는 않기에 경건에 손해를 입게 됩니다. 이런 염려는 마음을 하나님께로부터 멀어지게 합니다.

박학하고 경건한 신학자 윌리엄 퍼킨스(William Perkins, 1558-1602)는 자신의 책 『산상수훈 강론』(*A Godly and Learned Exposition upon Christ's Sermon in the Mount*)에서, '하나님을 불신하는 염려'(distrustful care)가 신자에게 다음 세 가지 결과를 가져온다고 지적합니다.[3] 첫째로, 마음을 압박하여 결핍에 대한 두려움을 갖게 합니다. 둘째로, 염려에 대비함에 있어서 합법적이지 않은 방법을 사용하도록 유혹을 받게 합니다. 셋째로, 하나님을 예배하기에 적합하지 못하도록 지치게 합니다. 즉 기도와 말씀에 집중하지 못하도록 마음을 나뉘게 한다는 것입니다.

하나님을 신뢰하지 못할 때 신자는 염려합니다. 아브라함은 하나님의 명령을 따라 친척과 본토, 아버지의 집을 떠났습니다(히 11:8). 하나님께 대한 깊은 신뢰가 있었기에 고향을 떠날 때 염려하지 않았습니다.

그러나 후에 그는, 하나님의 약속을 버리고 아내의 뜻을 따라 여종 하갈을 통해 이스마엘을 낳습니다(창 16:1-15). 후손을 주시겠다는 하나님의

---

[3] William Perkins, *A Godly and Learned Exposition upon Christ's Sermon in the Mount*, in *The Works of William Perkins*, vol. 1, ed. J. Stephen Yuille (Grand Rapids: Reformation Heritage Books, 2014), 554.

약속에 대한 믿음이 약해지자 후손과 아내와의 관계에 대한 염려가 불신 앙적인 방법을 선택하게 하였던 것입니다(창 17:1).[4]

이런 염려는 사람의 마음을 갈라놓아 선하고 가치 있는 것에 집중할 수 없게 합니다.[5] 눈에 보이는 것들에 의해 마음은 흔들리고 더 많이 염려하게 됩니다. 그리고 결국, 마음에 남아 있던 생명과 은혜를 소멸시켜 하나님의 부르심을 따라 살지 못하게 합니다(마 6:33).

염려는 어디서 오는가?

염려는 어디에서 오는 것일까요? 우리는 어떤 일에 대해 지나치게 염려하는 사람에게 "뭘 그런 걸 가지고 걱정하냐?"라고 말하기도 합니다.

---

[4] 하갈이 이스마엘을 낳을 때 아브라함의 나이는 86세였다(창 16:16). 그런데 아브라함이 99세가 되었을 때 하나님께서 다시 그에게 나타나셨다(창 17:1). 두 사건 사이에는 13년이라는 시간의 공백이 있다. 아마 이 시기는 아브라함이 영혼의 어두운 밤을 지나던 때였을 것이다. 창세기 17장에서 다시 나타나신 하나님의 자신에 대한 선언이 이러한 사실을 암시한다. "……그에게 이르시되 나는 전능한 하나님이라 너는 내 앞에서 행하여 완전하라"(לְפָנַי וֶהְיֵה תָמִים, 창 17:1). '전능한 하나님'(엘 솟다이, אֵל שַׁדַּי)이라는 표현은 아브라함의 불신앙을, '내 앞에서'(레파나이, לְפָנַי)라는 표현은 그의 행동이 하나님 앞에서 인정받지 못했음을 보여주며, 또한 '완전하라.'(웨예 타밈, וֶהְיֵה תָמִים)는 그가 순전하지 못했음을 암시한다. 아브라함의 생애에서 이 사건의 의미에 관해서는 김남준, 『바랄 수 없는 날의 믿음』 (서울: 두란노, 2014), 131-157를 참고하라.

[5] 마태복음 6장 25절에서 '염려하지 말라.'에 해당하는 원어 메 메림나테(μὴ μεριμνᾶτε)의 동사 원형은 메림나오(μεριμνάω)인데, 이는 명사 메림나(μέριμνα)에서 왔다. 이 명사는 성경 다른 곳에서 '염려', '근심', '걱정' 등의 의미로 사용되었는데, 바람직한 염려와 그렇지 않은 염려를 모두 포함한다(마 13:22, 눅 8:14, 고후 11:28, 벧전 5:7). 특별히 누가복음에서는 여러 가지 음식을 준비하는 일로 마음이 부산한 상태를 가리키는 말로 사용되었다(눅 10:41). Walter Bauer, Frederick W. Danker, W. F. Arndt, F. W. Gingrich, eds., *A Greek-English Lexicon of the New Testament and Other Early Christian Literature*, 3rd ed. (Chicago: University of Chicago Press, 2000), 632. 고전 헬라어에서 메림나는 철학자들이 사색(思索)을 위해 염려하는 것을 가리키기도 했다. 또한 이 단어는 '많은 근심으로 방해를 받는 것'(to be cumbered with many cares)을 의미하기도 했다. H. G. Liddell, R. Scott, eds., *A Greek-English Lexicon* (Oxford: Clarendon Press, 1996), 1104.

이렇게 말할 수 있는 것은 그 사람이 염려하는 바에, 우리는 집착하지 않기 때문입니다. 그것을 사랑하지 않기 때문입니다.

사랑하는 것이 있는 사람은 그것을 얻지 못할지도 모른다는 안타까움 때문에, 혹은 잃어버릴지도 모른다는 두려움 때문에 염려합니다. 그래서 어떤 것을 염려하고 있다는 것은 곧 그것을 사랑하고 있다는 것입니다.

염려는 자기 사랑에서 온다

염려는 '자기 사랑'(amor sui, self-love)에서 나옵니다. 그리고 자기 사랑은 교만(superbia)에서 비롯됩니다. 왜냐하면 자기를 사랑하는 것은 궁극적인 사랑의 대상이 아닌 자기를 사랑하는 것이 옳다고 판단하는 지성(知性)의 우월감에서 비롯된 것이기 때문입니다. '자기 사랑'은 자기를 사랑하는 의지(意志)와 자신이 옳다고 판단하는 지성(知性)의 일치에서 생겨나는 것이니, 이 때문에 염려를 운명처럼 지니고 삽니다.

자기 사랑

여기서 말하는 자기 사랑은 '참된 자기'에 대한 사랑이 아니라 '그릇된 자기'에 대한 사랑을 말합니다.[6] 정확하게 말하면 그릇된 것을 욕망하는 자신을 사랑하는 것입니다. 사람은 무엇을 사랑하든지 사랑하는 것의 종이 되고, 거기에 얽매이게 됩니다(마 6:24).

---

[6] 만약 그것이 '참된 자기'에 대한 사랑이라면 '자기 사랑'이라고 불릴 필요가 없다. 왜냐하면 그런 '자기'는 이미 하나님 안에 있기 때문이다. 하나님을 사랑하는 사람은 이미 그 사랑 안에서 자신이 사랑을 받고 있다. 따라서 그에게는 자기 사랑이 곧 타자 사랑이다.

제가 알던 한 성도가 은혜를 많이 받았습니다. 그녀는 지금까지 자신이 살아온 삶에 대해 깊이 뉘우쳤는데, 가장 큰 회개 기도의 제목은 취미 생활에 대한 것이었습니다.

그녀는 중학교 시절부터 외국의 어느 가수 그룹을 좋아하였습니다. 얼마나 좋아하였던지 그들의 모든 레코드판과 CD를 다 모았습니다. 그것도 모자라, 청소년 시절부터 그들의 공연을 보기 위해 외국을 다녔습니다. 그러던 어느 날, 주님을 깊이 만났습니다. 그리고 그동안 보물처럼 간직하고 있던 그 가수 그룹의 모든 것을 마당에 쌓아 불태워 버렸습니다.

그녀의 고백은 이것이었습니다. 자신이 그 가수들을 좋아한 것 자체는 죄가 아닐지 모르지만, 그럴 만한 가치가 없는 것에 너무 몰두하여 인생을 낭비한 것은 잘못이라는 사실을 깨달았다는 것입니다.

잘못된 방식으로 자기를 사랑하는 것은 궁극적으로 자기를 미워하는 것이고, 그릇된 자기를 사랑하지 않는 것이야말로 참으로 자기를 사랑하는 것입니다. 이에 대해 아우구스티누스(Aurelius Augustinus, 354-430)는 『요한복음 강론』(*In Joannis Evangelium Tractatus*)에서 유명한 말을 남깁니다.

> 역설적으로 자기를 사랑하고 하나님을 사랑하지 않는 사람은 사실 자기를 전혀 사랑하지 않는 사람이다. 반면에 참으로 자기를 사랑하는 사람은 하나님을 사랑하고 자기를 사랑하지 않는 사람이다. 자기 사랑은 생명의 근원을 가지신 분을 자기 밖에 두는 것이기에 그것은 죽음이다. 그것은 참된 자기 사랑이 아니라 자기 파괴일 뿐이다(123,5).[7]

---

[7] Aurelius Augustinus, *In Joannis Evangelium Tractatus CXXIV*, in *Patrologia Latina, Cursus Completus*, vol. 35, ed. J. P. Migne (Paris: Excudebatur et venit apud J. P. Migne, 1845), 1968.

성경은 사람에게 있어 '자기'(自己)는 온 천하를 주고도 살 수 없으리만치 중요하다고 말합니다. "사람이 만일 온 천하를 얻고도 자기를 잃든지 빼앗기든지 하면 무엇이 유익하리요"(눅 9:25). 그러나 성경 어디서도 자기를 사랑하라고는 가르치지 않습니다.[8] 그 이유는 두 가지입니다.

첫째로, 만약 그릇된 자기를 사랑하고 있다면 그것은 그 사람을 참으로 행복(幸福)하게 할 수 없기 때문입니다.[9] 그릇된 자기 안에는 하나님이 계시지 않습니다. 그러면 자기를 사랑하는 사람은 원하든 원하지 않든 하나님과 대적(對敵)해야 합니다. 행복의 근원이신 하나님을 대적하면서 어떻게 행복할 수 있겠습니까?

둘째로, 만약 하나님을 사랑하고 있다면, 그는 이미 충분히 사랑받고 있을 것이기 때문입니다(요 14:21). 하나님을 사랑하기에 사람들을 사랑하고 있는 사람은 이미 하나님의 사랑 안에서 행복합니다. 그 사랑이 완전하기 때문입니다. 그래서 그 사람은 자신을 포함하여 아무에게도 사랑받고자 욕구(慾求)하지 않습니다. 사랑받지 않아도 불행하지 않습니다.

그러므로 완전한 사랑은 이것이니, 하나님을 사랑하기 때문에 모든 사람을 사랑하지 않을 수는 없지만, 사랑하는 자신은 아무에게도 사랑받지 않아도 행복한 사람이 되는 것입니다. 그래서 성경에는 자기를 부인하라

---

[8] "이웃을 네 자신과 같이 사랑하라"(마 19:19, 22:39, 막 12:31, 눅 10:27, 롬 13:9)라는 말씀은 야고보서에서 "네 이웃 사랑하기를 네 몸과 같이 하라"(약 2:8)로 치환된다. 이는 인간의 육체에 대한 사랑이 본성적임을 가르쳐 준다. 그렇지만 그리스도께서는 인간에게 새로운 본성이 생기길 바라셨는데, 그것은 하나님 때문에 이웃을 사랑하는 것이다. 신자의 참된 자기 사랑이 하나님과 이웃에 대한 사랑 안에 있는 것으로 재해석되어야 하는 이유가 여기에 있다.
[9] 그릇된 자기 사랑이란 육체와 영혼 중 육체만을 편벽(偏僻)되게 사랑하는 것을 말한다. 이 사랑은 '신자 안에 남아 있는 죄 된 옛 본성'에 대한 사랑이다. 이는 곧 하나님을 거스르는 자기 질서에 대한 애착인데, 여기서 모든 악(惡)이 나온다. 김남준, 『자기 깨어짐』 (서울: 생명의말씀사, 2019), 26-27.

는 말씀은 있으나 자기를 사랑하라는 말씀은 없습니다(마 16:24).

하나님을 사랑하라

이처럼 육신을 위해 염려하는 마음은 항상 자기 사랑에서 옵니다. 그런데 자기를 사랑하면 그 사람의 마음의 눈은 어두워지고 맙니다. "눈은 몸의 등불이니 그러므로 네 눈이 성하면 온 몸이 밝을 것이요 눈이 나쁘면 온 몸이 어두울 것이니……"(마 6:22-23).

탁월한 설교자였던 동방 교부 크리소스토무스(Johannes Chrysostomus, 349-407)가 자신의 책 『마태복음 강론』(*The Homilies on the Gospel of St. Matthew*)에서 지적한 바와 같이, 이 비유는 정신(精神)으로부터 배우지 못하는 우리를 육체(肉體)로부터라도 배우게 하시려는 그리스도의 배려입니다. 그 경건한 교부는 올바르게 지적하기를, 우리의 육체에 대한 눈의 관계는 영혼(靈魂)에 대한 정신의 관계와 같다고 하였습니다(20.3).[10]

여기서 '눈'(옵쌀모스, ὀφθαλμός)은 마음의 눈을 가리키는데, 사물(事物)이나 사태(事態)에 대한 판단 능력을 의미합니다.[11] 마음의 눈이 성한 사람은 올바르게 판단하나, 눈이 나쁜 사람은 그릇되게 판단합니다. 잘못된 판단에

---

10) John Chrysostom, *The Homilies of St. John Chrysostom on the Gospel of St. Matthew*, in *A Select Library of the Nicene and Post-Nicene Fathers of the Christian Church*, vol. 10, ed. Philip Schaff, trans. George Prevost (Grand Rapids: Wm. B. Eerdmans Publishing Company, 1986), 143.

11) 아우구스티누스는 『산상수훈』(*De Sermone Domini in Monte*)에서 본문의 '눈'을 어떤 행동을 하게 하는 '의도'(*intentionem*)로 해석하였다. 그러나 이것은 또한 판단력이기도 한데, 판단하는 능력 없이는 의도할 수 없기 때문이다. 자기 사랑에 속았든지, 혹은 하나님 사랑으로 속지 않았든지 간에 의도는 판단 능력을 통해 생긴다. Avrelivs Avgvstinvs, *De Sermone Domini in Monte*, in *Corpvs Christianorvm Series Latina, XXXV: Avrelii Avgvstini Opera*, Pars VII, 2 (Tvrnholti: Typographi Brepols Editores Pontificii, 1967), 136.

서 불안이 생기고, 우리는 이로써 염려하게 됩니다. 그런데 마음의 눈이 성하여 판단 능력이 온전한지의 여부는 우리가 무엇을 사랑하는지에 달렸습니다. "네 보물 있는 그곳에는 네 마음도 있느니라"(마 6:21).

이것은 사랑의 문제입니다. 지혜(知慧)와 사랑은 모두 마음에 자리하는 것이니, 맑은 지혜는 오직 순결한 사랑에서 나옵니다(시 51:6 참고). 사람이 무엇을 사랑하면 생각은 그것을 중심으로 맴돌기에 자기 사랑에 빠진 사람은 자기 중심적으로 생각합니다. 자기가 옳다고 여기는 대로 판단하고, 좋다고 여기는 바를 욕망합니다. 그 자신이 진리가 아니기에 그의 판단과 욕망은 최종적으로 완전하게 올바를 수 없으니, 자기를 사랑하는 사람의 마음의 눈은 밝은 지혜를 떠나 어둔 미련 속으로 들어가게 됩니다.

이에 비하여 하나님을 사랑하는 사람의 마음의 눈은 밝아집니다. 그 사랑 안에서 정신과 영혼이 순전해지는데, 이는 하나님의 진리가 그를 지혜롭게 하였기 때문입니다. 그로 인해 그는 무엇이 진정으로 가치 있고, 무엇이 더 소중한 것인지를 바르게 알게 됩니다.

토마스 아퀴나스(Thomas Aquinas, 1225경-1274)가 자신의 책 『신학대전』(*Summa Theologiae*)에서 하나님께 대한 사랑이 신자의 마음 안에 가득할 때 그의 지성은 가장 명정한 상태가 되고 총명은 최고도로 발휘된다고 본 것도 바로 이런 이유 때문입니다.[12]

---

12) 아퀴나스가 말하는 사랑과 지성(知性)의 관계는 다음과 같다. 첫째로, 신자 안에 계신 성령은 진리와 지식을 주신다. 둘째로, 성령은 사랑이시기에 진리가 있는 곳에 사랑이 있다. 셋째로, 사랑이신 성령이 진리를 아는 지식으로 인도하신다. 넷째로, 사랑은 신자의 마음에서 올바른 성향(性向)을 형성한다. 다섯째로, 성령이 함께하시는 바른 성향 안에서 지성은 올바른 판단력을 갖게 된다. Thomas Aquinas, *St. Thomas Aquinas Summa Theologiae*, vol. 19, 22, 24, 32, 34 (Cambridge: Cambridge University Press, 2006).

인간이 도덕적 판단을 상실하는 근본적인 원인은 영혼의 어둠(spiritual darkness) 때문인데(요 3:19), 이는 마음이 하나님 아닌 것들을 사랑하기 때문입니다(롬 1:21). 따라서 염려에 대한 가장 좋은 대비책은 영혼의 변화를 받아 하나님을 사랑하는 것입니다. 신앙의 유익은 그 사랑 안에서 자기 인생을 하나님의 손에 맡기는 것이니(시 37:5), 곧 은혜의 교제 안에서 자신의 인생을 그분께 맡기는 것입니다.

자기 사랑은 물질을 의지하게 한다

최고의 존재에게 최상의 가치를 부여하는 것이 신앙(信仰)입니다. 하나님께서는 다른 사물과 견줄 수 없는 최고의 존재이시며, 최상의 가치이십니다. 그렇기에 우리는 하나님을 섬깁니다. 그런데 우리의 섬김을 받고자 하나님과 경쟁하는 대상이 있습니다.

그것은 바로 재물(財物)입니다. 이것은 인간이 하나님처럼 섬기게 되는 신(神)과 같습니다. 하나님 대신 재물을 탐하는 것은 그것으로써 만족을 얻는 자신을 섬기는 것입니다. "……너희가 하나님과 재물을 겸하여 섬기지 못하느니라"(마 6:24).

재물을 사랑하는 이유

예수 그리스도께서는 육체를 위해 먹고 입고 마시는 것을 염려하지 말라고 하십니다(마 6:25). 이것은 단순히 음식과 의복, 음료만을 가리키는 것이 아닙니다. 육신의 생존을 위해 필요로 하는 모든 것을 가리킵니다.

우리가 무엇으로 세상의 것들을 더 많이 누릴 수 있습니까? 우리가 원하는 바를 소유하게 만드는 힘이 어디서 나옵니까? 그것은 재물 곧 돈(money)에서 나옵니다. 신앙이 없거나 부족하다면, 육신의 문제에 대한 가장 유효한 해결책이 돈이라고 여기게 됩니다. 돈은 생각보다 많은 것들을 해결해 줍니다. 그래서 사람에게 아주 막강한 위력을 행사합니다. 특히 자본주의 사회에서 돈이 없다는 것은 불안(不安)과 불행(不幸)의 가능성을 의미합니다.

우리는 살아가는 데 필요한 대부분의 것들을 재물로 조달합니다. 따라서 재물이 없으면 세상에 있는 것들을 즐길 수 없습니다. 그래서 재물 사랑은 곧 세상 사랑이고, 이것은 자기 사랑이 나타난 방식입니다.[13]

재물을 사랑하는 자는 그것을 땅에 쌓아 두려고 합니다. 이는 미래의 불안에 대비하기 위해서입니다. 불안의 원인은 크게 두 가지입니다. 자기가 가지고 있는 것을 잃어버릴지도 모른다는 두려움과 자신이 원하는 것을 얻지 못할지도 모른다는 두려움입니다. 어리석은 부자의 비유를 생각해 보십시오(눅 12:16-21). 그가 염려 끝에 곡식을 넣어 둘 큰 창고를 짓기로 한 것은 지금뿐만 아니라 미래에도 먹고 마시며 즐겁게 살고 싶었기 때문입니다(눅 12:19).

우리에게 미래를 위한 대비는 필요하며, 이것은 합당한 염려입니다. 우리는 연약한 육신을 보살펴야 하고, 질병이 생기면 치료를 받아야 하고, 예상치 못한 사고에도 대비해야 합니다. 나만을 위해서가 아니라 그러한 때에 타인에게 누(累)를 끼치지 않기 위해서입니다.

---

13) "세상을 사랑하는 것은 세상 자체를 위해서가 아니다. 그것을 즐거워하는 자기를 위한 것이니, 이것이 인간 불행의 원인이다. 최고의 아름다움 대신 하위의 아름다움을 사랑하는 것이니 이로써 인간은 하나님을 버리게 된다." 김남준, 『영원 안에서 나를 찾다』 (서울: 포이에마, 2018), 72.

신앙적으로 문제가 되는 것은 재물을 통해 염려를 해결하려는 마음입니다. 이것은 하나님보다 물질을 의지하는 마음입니다(히 13:5).

하나님을 의지하라

인간은 살아가면서 많은 재물로도 해결할 수 없는 문제(問題)들을 만납니다. 누군가의 미움을 받을 때도 있고, 죽음으로 사랑하는 사람과 헤어져야 할 때도 있습니다. 더 이상 자신을 지탱할 수 없게 할 것 같은 현실 앞에 서기도 합니다. 이런 문제는 대부분 재물로 해결할 수 없습니다. 그런데도 사람들은 재물이 모든 대비책이라도 되는 것처럼 생각합니다.

신자가 지나친 염려로 재물을 욕망하는 것은 하나님의 선하심과 능력을 전적으로 믿지 않기 때문입니다. 하나님께 대한 신뢰가 부족하면 그분이 자신의 인생을 책임져 주시지 않을지도 모른다고 생각하게 됩니다. 그러면 작은 불안에도 크게 염려하게 되고, 재물에 대한 집착은 증가합니다.

그렇기에 재물을 사랑하는 인간의 내면에는 하나님과의 불편한 관계가 있습니다. 하나님을 신뢰할 수 없고, 또한 그분이 허락하신 한계를 넘는 물질적 쾌락을 얻기 위해 그분께 자신의 인생을 맡기지 못하는 것입니다. 그러면 그는 자기를 의지할 수밖에 없습니다.

자기를 의지하는 사람들은 재물로써 자기를 의지합니다. 재물이야말로 가장 유효한 힘이고, 자신의 뜻대로 쓸 수 있는 것이기 때문입니다. 그러나 마음이 재물에 집착할 때 불안은 더욱 증대되고, 더 높은 목적을 위해 살아야 할 인생의 대부분의 시간은 하찮은 것들을 위해 소모됩니다.

모든 좋은 것은 오직 하나님께로부터 옵니다(약 1:17). 이 평범한 사실을 뼛속 깊이 배워 가는 것이 신앙생활입니다. 신앙은 좋은 것을 주시는 하나님을 의지하는 것입니다. 하나님을 의지하는 사람은 미래에 어떤 일이 생길지 알지 못하나 두려워하지 않습니다. 자신은 약하나 도와주시는 하나님이 강하시기 때문입니다(시 115:9).

품고 있는 욕망에 주의하라

어느 날, 가사와 육아로 힘들게 살아가고 있는 아내에게 남편이 말합니다. "여보, 그동안 정말 고생 많았어. 이번에 회사에서 특별 보너스가 나오는데 오는 추석에는 제주도에 다녀오자. 부모님께는 찾아뵙지 못한다고 말씀드리고 5일 정도 좋은 호텔에서 아이들과 오붓하게 즐기고 오자."

아내의 가슴은 뛰었습니다. 오랫동안 여행을 떠나 본 적이 없었기 때문입니다. 여행 준비물들을 챙기고 여행 일정을 짜는 것이 며칠 동안 생활의 낙(樂)이 되었습니다.

어느 날, 이웃들과 차를 마시는 시간을 갖게 되었습니다. 바로 옆집에 사는 이웃이 이렇게 자랑합니다. "우리 세 식구는 이번 가을에 비즈니스 항공편으로 유럽 여행을 가기로 했어. 이번에 애들 아빠 회사에서 포상 휴가가 나왔거든. 2주 정도 다녀올 건데 특히 스위스에서는 며칠 머물면서 자연을 만끽할 거야! 너무 기대돼!"

이 이야기를 들은 아내의 마음은 싸늘하게 식었습니다. 제주도 여행 계획은 초라하게 느껴졌고, 이제까지 기대 속에 누렸던 기쁨은 우울감으로 변했습니다. 이것은 갑자기 커진 욕망(慾望) 때문입니다.

인생이 뜻대로 안 된다고 느끼는 것은 정말로 상황이 그러해서이기도

하지만, 때로는 우리가 세상을 향해 마땅히 가져야 할 분량 이상의 욕망을 갖고 있기 때문입니다. 우리 마음에는 아직도 죄의 때가 묻어 있고, 삶에는 불순종의 찌꺼기가 남았기에 언제든지 욕망의 포로가 될 수 있습니다. 우리의 마음이 은혜의 상태에서 벗어나면 욕망은 거머리처럼 마음에 달라붙어 족한 줄 모르고 모든 좋은 것을 흡수해 버립니다(잠 30:15).

소유에 있어서 다른 사람과 비교될 때, 욕망하지만 갖고 있지 않은 것에 대한 상실감은 더욱 커져 낙심하거나 마음이 상하기 쉽습니다(마 20:10-12). 그때 우리는 인생이 원하는 대로 전개되지 않는다는 사실을 깨닫고 염려하게 됩니다. 이처럼 염려는 품고 있는 욕망의 크기와도 깊은 관계가 있습니다.

더 나은 삶의 조건을 바라는 것 자체가 죄는 아닙니다. 오히려 그러한 올바른 바람 때문에 보다 더 바람직한 삶으로 나아갈 희망을 가질 수 있습니다. 그러나 바라던 바가 좌절되었을 때 마음이 상할 정도로 집착하지는 말아야 합니다. 삶의 조건은 그것보다 더 가치 있는 것, 곧 인생의 목적을 추구하기 위해서 있는 것이기 때문입니다(마 6:33).

염려가 엄습할 때

신자가 염려를 극복하는 길은 하나님과의 인격적 사랑을 누리는 것입니다. 그렇지 못한 상태일 때 염려는 특별한 중압감으로 마음을 지배하게 됩니다. 때로 그런 감정이 극도로 강해져서 죽을 것 같은 정신의 혼돈과 마음의 불안함을 느끼게 됩니다. 이때 어떻게 해야 할까요? 이에 대한 실제적인 지침은 다음과 같습니다.

끊어서 생각하라

첫째로, 끊어서 생각하는 것입니다. 이것은 염려에 대한 응급 처방입니다. 사는 게 너무 힘들면 너무 먼 미래를 바라보지 마십시오. 과거를 생각하면서 스스로 비참해하지도 마십시오(전 7:10).

삶의 에너지가 충분할 때는 지금 자신이 하고 있는 일이 10년 뒤에 어떤 결과를 가져올지까지 생각해야 합니다. 그러나 힘이 없으면 그렇게 할 수 없습니다. 정신에 혼란만 더할 뿐입니다. 그때는 시간을 작게 토막 내어 힘이 미치는 범위까지만 생각해야 합니다.[14]

1년 후를 생각하기 힘들다면 1개월 후만 생각하십시오. 1개월 후도 어렵다면 1주일 후만, 그것도 힘들다면 오늘 하루만 생각하십시오. 만약 이것도 어렵다면 1시간, 아니 10분 후만 생각하십시오. 너무 힘들면, 지금의 1분이 다음 1분과는 상관없는 것처럼 현재를 살아가십시오. 언젠가 일어날 일, 아직은 일어나지도 않은 일을 걱정하느라 고통받지 마십시오. 몸과 마음만 상하게 할 뿐입니다.

살아갈 힘이 없다면 지금만 생각하십시오. 나를 불행하게 만든 과거는 에너지가 생겼을 때 회고하십시오. 앞으로 자신의 인생이 어떻게 될지에 대해서도 정신의 힘이 생기면 그때 생각하십시오.

내일 일어날 일은 내일 생각하기로 다짐하십시오. 하나님을 믿으니 또한 예수 그리스도를 믿으십시오(요 14:1). 그러면 한순간을 살아갈 힘을 주신 하나님께서 다음 순간을 살아갈 힘도 주실 것입니다.

---

[14] Jordan B. Peterson, *12 Rules for Life: An Antidote to Chaos* (Toronto: Random House Canada, 2018), 350–351.

현실을 대면하라

둘째로, 현실(現實)을 대면하는 것입니다. 현실은 피할 수 없으니, 이기든지 지든지 자신이 직접 마주해야 합니다. 다른 사람이 나의 현실을 대신 마주해 줄 수 없습니다. 그것은 오로지 나의 인생이기 때문입니다. 나는 나의 현실을 마주하고 있는데, 내가 나를 떠나 어디로 갈 수 있겠습니까? 일단 자신 앞의 현실을 있는 그대로 받아들여야 합니다. 어떻게 살아갈지는 그 다음에 생각해야 합니다.

인간의 가장 큰 의무는 주어진 현실을 마주하는 것입니다. 현실을 어쩔 수 없는 운명(運命)으로 여겨 굴복하는 것이 아니라 새롭게 펼쳐질 것을 기대하며 자신의 삶으로 받아들여야 합니다. "너희는 이전 일을 기억하지 말며 옛날 일을 생각하지 말라 보라 내가 새 일을 행하리니 이제 나타낼 것이라……"(사 43:18-19).

운명처럼 여겨 굴복하면 노예처럼 살게 될 것이니, 그것은 내가 살고 있으나 나의 삶이 아닙니다. 주체성 없는 삶이기 때문입니다.

자유롭지 않고는 참으로 주체적으로 살 수 없고, 주체적으로 살려면 노예처럼 굴복하지 않아야 합니다. 자유롭고 책임 있는 삶을 살아가는 첫걸음은 자기 앞에 엄연히 있는 현실을 직면하는 것입니다. 나머지는 그 다음에 생각해야 합니다.

안드레아 보첼리(Andrea Bocelli, 1958-)는 이탈리아의 유명한 성악가이자 팝페라 가수입니다. 그는 열두 살 때 사고로 시력을 잃었으나, 끊임없이 노력하여 세계적인 가수가 되었습니다. 그는 자신의 인생에서 일어난 불행한 순간에 대해 이렇게 말했습니다.

시력을 완전히 잃었을 때 두려움과 절망의 눈물을 모두 쏟아 버리는 데 필요한 시간은 꼭 한 시간이었다. 그리고 새로운 상황에 적응하는 데에는 일주일이면 충분했다.[15]

현실을 극복하는 길이 있습니다. 먼저 있는 그대로의 현실과 대면할 용기(勇氣)를 갖는 것입니다. 그것은 싫어도 자신의 인생이며, 피할 수 없는 것입니다. 그러나 어떤 사람은 현실을 받아들일 수 없어 오락이나 쾌락을 추구하거나 약물에 빠지기도 하는데, 그것은 현실 도피입니다.

인생의 문제는 그렇게 회피(回避)함으로써 해결되지 않습니다. 그것이 주는 일시적인 즐거움이나 환각에서 깨어나면 현실은 여전히 그대로 있고 더욱 무기력해진 자신을 발견할 뿐입니다.

괴로운 현실 때문에 자살을 시도하는 사람도 있습니다. 육신의 욕망이 없거나 세상에 대한 미련을 버렸기에 자살하는 게 아닙니다. 자살은 지금과 너무나 다르게 살고 싶은 욕망의 표현입니다. 살고 싶은 현실이 마주한 현실과 너무 다른 것을 감당할 수 없기에 죽음을 선택하는 것입니다. 그러나 이런 선택은 인생을 살아가는 것이라 할 수 없습니다.

우리는 자신의 인생을 살아내야 합니다. 그러기 위해서는 자신 앞의 현실을 받아들여야 합니다. 인간은 생각보다 강한 존재입니다. 우리는 자신이 연약하다고 생각하지만 사실은 용기를 잃어버렸기에 그렇게 느끼는 것입니다. 현실을 받아들이고 살겠노라고 결심(決心)하면 생각보다 강한 것이 인간입니다. 특별히 말씀의 은혜를 받으면 마음은 올바르고

---

15) 안드레아 보첼리, 『침묵의 음악: 안드레아 보첼리 자서전』, 이현경 역 (서울: 황금가지, 2003), 10.

담대해지며, 놀라운 힘이 신비한 방식으로 솟아납니다. 이것이 우리가 하나님을 믿는 이유입니다.

전투를 잘하는 군인들의 공통적인 특징이 있습니다. 그것은 훈련이나 실전을 통해 싸워 본 경험이 많다는 것입니다. 처음 싸울 때는 불안합니다. 그런데 한 번 이기고 나면 더 힘센 상대가 나타나도 이길 수 있을 것이라는 자신감이 생깁니다.

영적 싸움도 마찬가지입니다(엡 6:12). 어려운 현실을 피하면 피할수록 무력감과 두려움을 느낄 뿐입니다. 그렇지만 어려운 상황을 한 번 이겨 내고 나면 또 다른 상황에서도 맞설 수 있을 것 같은 힘이 생깁니다. 작은 일에 주님을 의지하여 이겨 내고 나면, 더 큰 일도 승리할 수 있으리라는 용기가 생기는 것입니다(마 25:23). 그러면 더 큰 일에 있어서도 주님을 의지하게 됩니다(고후 2:14).

간절히 기도하라

셋째로, 간절히 기도(祈禱)하는 것입니다. 어떤 상황에서 존재의 기반이 흔들릴 정도로 불안해하는 것은 대부분 기도의 은혜를 잃어버렸기 때문입니다. 신앙의 힘은 경건에서 나오고, 경건의 가장 탁월한 표현은 기도입니다. 기도 속에서 하나님을 만나는 사람들은 어떤 현실에서도 크게 흔들리지 않습니다(시 16:8).

깊이 기도하고 싶으나 그럴 수 없는 사람들이 있습니다. 이런 사람들에게 당장 기도의 사람이 되라는 것은 다리가 부러져 걸을 수 없는 사람에게 달리라고 요구하는 것과 같습니다. 이런 분들은 우선 짧게라도 기도하십시오. 30분, 1시간도 어렵다면 1분, 10초라도 가슴에 손을 얹고 마음을 담아 간절히 기도하십시오. "……하나님이여 불쌍히 여기소서……"(눅 18:13). "……내게 은혜를 베푸소서 주의 종에게 힘을 주시고……"(시 86:16).

하나님을 신뢰하지 못한 염려로 마음이 병들지 않는 비결은 열렬한 기도 생활에 있습니다. 그런데 우리는 그런 기도를 잃어버린 채 살아가기 쉽습니다. 이것은 근본적으로는 영혼의 싫증 때문입니다. 하나님을 찾고 신령한 은혜를 갈망하는 일에 권태감을 느끼기 때문입니다.

이때 우리는 기도의 실천이 없고, 기도에 마음을 쏟지도 않고, 기껏해야 아주 짧은 시간밖에 기도하지 않게 되는데, 그 때문에 기도의 능력이 마르는 것입니다.[16]

작은 불이 아니었던 큰 불은 없습니다. 큰 산불도 아주 작은 불씨에서 시작됩니다. 직면한 현실은 어렵지만 작은 불을 지피는 마음으로, 짧더라도 간절히 기도를 드리십시오. "여호와여 주의 긍휼을 내게서 거두지 마시고 주의 인자와 진리로 나를 항상 보호하소서"(시 40:11).

한 문장의 기도를 마음 깊은 곳에서 천천히 끌어올려 또박또박 간절히 드리십시오. 밀가루 반죽 덩어리 같은 두루뭉술한 느낌과 상념, 감각의 영향을 받은 인상들을 조금씩 떼어서 언어의 송편을 빚으십시오.

생각을 틀 삼아 단어를 연결하여 문장을 만드십시오. 고요히 영혼의 시선을 하나님께로 집중하십시오. 그렇게 만들어진 문장을 두레박 삼아 감정(感情)이라는 우물에 던져 담갔다가 길어 올리십시오. 간절히 그 문장

---

[16] "마음을 쏟아붓는 기도가 아니면 기도의 실천을 통하여 기도자 안에서 역사하는 죄를 죽이는 역사가 일어날 수 없기 때문입니다. ……마음으로부터 우러나오는 기도가 아니면 진실할 수도 없고 간절할 수도 없으며 하나님의 마음을 전수받을 수도 없습니다." 김남준, 『성화와 기도』 (서울: 생명의말씀사, 2011), 89-96.

을 물을 긷듯 들어 올리며 기도로 삼으십시오. 한 단어와 구절도 마음에 없는 말이 되지 않게 아뢰십시오.

기도의 문장이 말이 되어 드려질 때, 의미가 마음 깊은 곳에서 솟아오르며 정서의 막(膜)을 건드릴 것입니다. 마치 커다란 북이 아주 작은 두드림에 떨듯이 마음이 움직이기 시작할 것입니다. 호수 위에 던져진 작은 돌멩이가 작은 파문(波紋)을 그리고 그 파문들이 수면 위에 번져 가듯 마음에 은혜로운 움직임이 일어날 것이며, 홀로 버려진 것 같은 고립감(孤立感)은 사라지기 시작할 것입니다.

그 일을 마음속에서 반복하십시오. 빚어진 언어는 늘어날 것이며 문장은 문단을 만들 것이며, 문단은 사연이 될 것입니다. 아주 작게 시작되었던 마음의 파문은 파도와 같은 물결로 변할 것입니다. 조금씩 열리던 기도의 문은 활짝 열려 젖혀지고 열렬한 기도가 나오게 될 것입니다. 하나님이 가까이 계심을 경험하게 될 것입니다.

절망의 가장 가까운 친구는 고립감입니다. 이 감정은 모두로부터 소외되었다는 느낌입니다. 이런 마음은 세상 모든 사람을 타인으로 느끼게 하고, 하나님마저도 낯설게 합니다. 이는 우리를 절망으로 데려가는데, 이런 때에 하나님을 바라보는 것이 믿음입니다(시 25:15).

마음의 우물에 기도의 두레박을 던지십시오. 그래서 언어를 만들어 길어 올리십시오. 그 언어는 목마른 마음에 생수가 될 것이며 하나님을 의지하는 자신이 결코 홀로 버려진 존재가 아님을 깨닫게 할 것입니다.

이런 경험의 반복은 은혜의 정동(情動)을 가져오고, 하나님을 더욱 갈망하며 기도할 수 있게 만들어 줍니다. 그리고 결국, 자신의 인생을 하나님께 맡겨 드릴 수 있게 합니다(잠 16:3).

오늘 피었다 지는 들풀도 입히는 하나님
진흙 같은 이 몸을 정금같이 하시네.
푸른 하늘을 나는 새들도 먹이는 하나님
하물며 우리랴 염려 필요 없네.

맺는말

우리에게 살아 있다는 사실만큼 중요한 것은 없습니다. 먹고 입고 마시는 것은 살아 있기 위한 수단일 뿐입니다(눅 12:23). 하나님을 향하여 살도록 지음받았기 때문에 살아 있는 것 자체가 의미를 갖습니다.

그리고 우리에게는 육체의 생존뿐 아니라 영혼의 소생(蘇生)이 필요합니다. 영혼이 살아나야 사람답게 살 수 있기 때문입니다. "내 영혼을 살게 하소서 그리하시면 주를 찬송하리이다……"(시 119:175).

우리를 사람으로 살아가게 하시는 분은 하나님이십니다. 하나님께서는 우리의 영혼이 소생되어 평안과 기쁨, 은혜와 안식을 누리길 바라십니다(렘 29:11). 육신의 염려 때문에 삶 전체가 요동치게 하지 마십시오. 육신이 삶을 위해 있는 것이지, 육신을 위해 삶이 있지 않습니다.

세상일에 대한 염려가 마음을 산란하게 할 때 고요히 마음의 눈을 들어 하나님을 바라보십시오. 시인을 따라 기도해 보십시오. "하늘에 계시는 주여 내가 눈을 들어 주께 향하나이다"(시 123:1).

우리는 육신을 위한 과도한 염려로 마음까지 녹아내리게 하지 말아야 할 것이니, 그 마음은 죽으라고 주신 마음이 아니라 인생을 살라고 주신 마음이기 때문입니다. 아아, 하나님이시여. 외로운 벌판 세찬 바람에 나부

끼는 풀꽃의 이파리 같은 우리를 불쌍히 여기소서.

   하나님과 사랑의 밀어(密語)를 나누던 은혜로운 기억들을 회상해 보십시오. 이것은 아주 오래된 경건의 기술(art of piety)입니다. 자신의 영혼이 마치 다른 사람인 것처럼 타일러 보십시오. "내 영혼아 네가 어찌하여 낙심하며 어찌하여 내 속에서 불안해하는가 너는 하나님께 소망을 두라 그가 나타나 도우심으로 말미암아 내가 여전히 찬송하리로다"(시 42:5).

   하나님을 불신하는 염려를 내려놓으십시오. 하나님을 의지하며 살도록 자녀로 부르셨으니 우리의 인생이 선하신 그분의 손안에 있음을 믿으며 그분을 의지하기 바랍니다(롬 8:28). 이제껏 그러했듯이 우리는 앞으로도 주어진 현실을 살아낼 것입니다.

김남준 목사님의 연작 설교 '염려에 관하여' 중
두 번째 설교 '너희 자신을 알라'로 연결됩니다.

제2장

너희 자신을 알라

✦✶✦

너희 하늘 아버지께서 기르시나니
너희는 이것들보다 귀하지 아니하냐
καὶ ὁ πατὴρ ὑμῶν ὁ οὐράνιος τρέφει
αὐτά· οὐχ ὑμεῖς μᾶλλον
διαφέρετε αὐτῶν;

마 6:26

들어가는 말

소크라테스(Socrates, BC 470-BC 399)의 어록으로 알려진 "너 자신을 알라."라는 말은 본래 고대 그리스 델포이의 아폴론 신전 앞마당에 새겨진 신탁(神託)입니다. 거기에 그 말을 새긴 것은 신전에 들어오는 모든 이들이 꼭 기억하기를 바랐기 때문이 아닐까 싶습니다.

플라톤(Platon, BC 428경-BC 348경)은 소크라테스와 알키비아데스(Alkibiades, BC 450-BC 404)의 대화를 다룬 책 『알키비아데스』(*Alkibiades*)에서 소크라테스의 이 유명한 말을 다음과 같이 인용합니다.

> 그러므로 신이 너 자신을 알라고 명하시는 것은 우리가 영혼을 가진 자임을 생각하라고 깨우치시는 것이라네.[17]

---

17) "Ψυχὴν ἄρα ἡμᾶς κελεύει γνωρίσαι ὁ ἐπιτάττων γνῶναι ἑαυτόν"(1.130e). Plato, *Alcibiades I*, in *Loeb Classical Library*, vol. 201, trans. W. R. M. Lamb (Cambridge: Harvard University Press, 1955), 202-203.

"너 자신을 알라."라는 말은 흔히 우리가 이해하는 것처럼 '네 주제를 파악하라.'라는 뜻이 아닙니다. 인간이 영혼(靈魂)을 가진 위대한 존재임을 스스로 기억하여 거기에 어울리게끔 처신하라는 뜻입니다.[18]

너희 자신을 알라

그리스도께서는 염려하는 자들에게 자신이 하나님께 소중한 존재임을 깨달으라고 말씀하십니다(마 6:26). 하나님의 자녀만이 아니라 모든 인간이 하나님 앞에 얼마나 소중한 존재인지를 생각하게 하신 것입니다.

여기서 '보라.'(엠블렙사테, ἐμβλέψατε)는 단지 육신의 눈으로 그저 바라보라는 뜻이 아닙니다. 이것은 의도를 가지고 보거나(막 10:21, 눅 20:17), 눈에

---

[18] "아폴론이 '너 자신을 알라.'라고 했을 때, 그는 '네 영혼을 알라.'라고 말하는 것이다."(*Cum igitur: Nosce te, dicit, hoc dicit: Nosce animum tuum*). Marcus Tullius Cicero, *Tusculan Disputations*, in *Loeb Classical Library*, vol. 141, trans. J. E. King (Cambridge: Harvard University Press, 1945), 62–63.

보이는 사물에 대해 진지하게 사색(思索)하는 것을 가리킵니다.[19] 곧, 공중의 새를 볼 때 그 의미를 생각하여 관찰하고, 거기에서 삶에 적용할 깨달음을 얻으라는 것입니다. 우리를 압도하는 이 아름다운 비유는 다음과 같은 사실들을 숙고하게 합니다.

천부께서 돌보신다

첫째로, 하늘 아버지께서 공중의 새들을 돌보신다는 것입니다. "공중의 새를 보라[20] 심지도 않고 거두지도 않고 창고에 모아들이지도 아니하되 너희 하늘 아버지께서 기르시나니……"(마 6:26).

날짐승의 건강 상태를 알 수 있는 척도가 있습니다. 바로 날개의 위치입니다. 건강해서 생명력이 충만한 새는 날개가 바짝 접혀 위로 올라가 있지만, 병들고 기운 없는 새의 날개는 아래로 축 쳐져 있습니다. 따라서 '공중의 새'라는 표현은 충만한 생명(生命)을 보여줍니다.

자유롭게 하늘을 날아다니는 새들의 넘치는 생명력은 어디에서 오는 것일까요? 피조물인 생명체는 생명을 가지고 있을 뿐이지 그것의 기원은 아닙니다. 만물의 생명은 그것들을 창조하셨을 뿐 아니라 살아 있게 하시는 하나님께로부터 나와서 하나님 때문에 지속됩니다(행 17:25).

---

19) Walter Bauer, Frederick W. Danker, W. F. Arndt, F. W. Gingrich, eds., *A Greek-English Lexicon of the New Testament and Other Early Christian Literature*, 3rd ed. (Chicago: University of Chicago Press, 2000), 321-322.

20) 누가복음에는 "공중의 새를 보라"가 "까마귀를 생각하라"로 되어 있다(눅 12:24). 성경에서 까마귀는 하나님의 돌보심을 의존하는 대표적인 날짐승으로 묘사되었다. "까마귀 새끼가 하나님을 향하여 부르짖으며"(욥 38:41), "들짐승과 우는 까마귀 새끼에게 먹을 것을 주시는도다"(시 147:9).

아버지 되신 하나님

하나님께서는 공중의 새들을 돌보십니다. 이는 그분이 창조 세계의 아버지이시기 때문입니다. 하나님은 또한 우리의 아버지이십니다. 그래서 예수 그리스도께서는 이렇게 말씀하십니다. "……너희 하늘 아버지께서 기르시나니……"(마 6:26). 여기서 '너희'는 지상적 존재인 인간(human)을, '하늘'은 천상적 존재이신 하나님(God)을 뜻합니다. 이 두 단어를 이어 주는 것이 '아버지'(Father)입니다.

'아버지'라는 단어는 질적으로 전적인 타자(他者)인 하나님께서 인간과 어떤 관계를 맺고 계신지를 그림처럼 보여줍니다.[21] 하나님은 단지 우리를 창조하셨다는 이유 때문에만 아버지이신 것이 아니라, 자기의 아들의 죽음을 통해 우리를 구원해 주셨다는 이유 때문에 아버지이십니다. 세례의 물은 혈육의 피보다 더 진하니, 하나님께서 우리의 아버지 되심은 우리를 낳은 이가 육신의 아버지 되심보다 더욱 아버지스러우십니다.

우리는 하나님이 우리의 아버지이시라는 사실을 항상 기억하여야 합니다(마 6:9). 이것이 신앙의 핵심입니다. 이에 대해서 제임스 패커(James Innell Packer, 1926-2020)는 자신의 책 『하나님을 아는 지식』(*Knowing God*)에서 다음과 같이 말합니다.

> 한 사람이 기독교 신앙을 얼마나 잘 이해하고 있는지를 판단하려면, 자신이 하나님의 자녀이며 또 하나님이 자신의 아버지 되신다는 사실을 얼

---

[21] 하나님께서는 피조세계를 돌보신다. 이는 그분이 모든 피조물의 '창조적 아버지'(creative Father)가 되시기 때문이다(약 1:17). 또한 하나님께서는 그리스도의 구속 사역을 통해 우리를 당신의 자녀 삼으심으로써(갈 4:6), 신자들의 '양자적 아버지'(adoptive Father)가 되시길 원하셨다(롬 8:15-16).

마나 중요하게 여기는지를 보면 된다. 이 생각이 그의 예배와 기도 및 총체적인 인생관을 유발하거나 지배하지 않는다면, 그 사람은 기독교를 그렇게 잘 이해하고 있다고 볼 수 없다.[22]

은혜(恩惠) 가운데 있을 때는 하나님을 아버지로 친근하게 느낍니다(시 34:18, 145:18, 약 4:8). 그러나 은혜에서 멀어지면 자신과 상관없는 분처럼 느껴집니다. 신앙의 깊이는 하나님을 얼마나 잘 알고 친밀히 여기는지로 드러납니다. 이 앎과 친밀함의 깊이가 곧 믿음의 깊이입니다.

많은 사람들에게 육신의 아버지는 친근하거나 사랑스러운 분이 아닙니다. 그래서 하나님이 자신의 아버지가 되신다는 말이 얼마나 감격적인지 알지 못합니다. 경험을 통해 가지고 있는 아버지 상(像)이 하나님의 그것으로부터 너무 멀리 떨어져 있기 때문입니다.

하나님은 우리가 가까이하기에 두렵고 어색한 아버지가 아니십니다. 오히려 탕자의 비유에서 보여주는 바와 같이 어머니처럼 따뜻한 분이십니다. "……아직도 거리가 먼데 아버지가 그를 보고 측은히 여겨 달려가 목을 안고 입을 맞추니"(눅 15:20).

예전엔 온 동네 아이들이 골목에서 놀았습니다. 놀다가 다투기도 합니다. 그러다가 한 아이가 울기 시작합니다. 놀랍게도, 그 아이의 엄마는 집 안에 있다가도 자기 아이의 울음소리를 알아채고는 골목으로 급히 나옵니다. 그러면 아이는 엄마에게로 달려가 그 품에 안겨 서럽게 웁니다. 엄마는 항상 자기편이기 때문입니다.

---

22) James I. Packer, *Knowing God* (Downers Grove: InterVarsity Press, 1993), 201.

이러한 엄마의 사랑에 대해 시인 정채봉(丁埰琫, 1946-2001)은 '엄마가 휴가를 나온다면'이라는 시(詩)에서 다음과 같이 노래했습니다.

하늘나라에 가 계시는
엄마가
하루 휴가를 얻어 오신다면
아니 아니 아니 아니
반나절 반 시간도 안 된다면
단 5분
그래, 5분만 온대도 나는
원이 없겠다.

얼른 엄마 품속에 들어가
엄마와 눈맞춤을 하고
젖가슴을 만지고
그리고 한 번만이라도
엄마!
하고 소리 내어 불러 보고
숨겨 놓은 세상사 중
딱 한 가지 억울했던 그 일을 일러바치고
엉엉 울겠다.[23]

---

23) 정채봉, '엄마가 휴가를 나온다면', 『너를 생각하는 것이 나의 일생이었지』 (서울: 샘터, 2019), 31-32.

탕자의 비유에서 유산을 받아 집을 떠나 버린 둘째 아들을 기다린 것은 아버지였습니다(눅 15:20). 돌아온 그 아들을 야단치지 않고 따뜻이 맞아 준 분도 아버지였고(눅 15:22), 마음 상한 큰 아들을 달래어 잔치에 들어가자고 타이른 이도 아버지였습니다(눅 15:31-32). 이것이 성경이 그리고 있는 사랑이 많으신 우리 하나님 아버지의 모습입니다.

하나님께서는 우리가 이 세상에서 경험한 불완전하고 이기적인 아버지가 아니십니다. 완전하실 뿐만 아니라 자기 아들을 내어 주기까지 우리를 사랑하시는 분이십니다(롬 8:32). 우리가 운명(運命)처럼 염려의 사슬에 묶여 살아가는 것은 우리에게 그런 좋으신 아버지가 계시다는 사실을 잊고 있기 때문입니다.

돌보시는 하나님

사람들은 여러 가지 활동을 통해 양식을 얻습니다. 그리고 그것들을 모아 둠으로써 미래의 결핍에 대비합니다. 사람들은 이렇게 함으로써 자신의 생명을 유지한다고 생각하지만 그것들은 단지 육체의 생명을 유지하는 수단일 뿐입니다. 하나님께서 생명을 주고 기동하게 하시니 우리가 살아 있는 것입니다(행 17:28).

한 사람이 결혼하지 않고 독신으로 살다 죽었다고 가정합시다. 그러면 아무도 그 사람이 좋은 부모가 될 만한 사람이었는지 알 수 없습니다. 증명할 기회가 없었기 때문입니다. 또 다른 사람이 있습니다. 그는 결혼하여 아이를 낳았습니다. 그런데 자신의 행복을 위해서 아이를 버렸습니다. 그로써 그는 자신이 좋은 부모가 아니었음을 증명한 것입니다.

하나님께서는 세상을 창조하셨을 뿐 아니라 돌보십니다(요 5:17). 이로써 당신이 선한 분이심을 보여주십니다. 하나님께서는 우리를 낳으셨을 뿐 아니라 돌보십니다. 만약 하나님께서 우리를 돌보아 주지 않으신다면, 우리는 그분이 좋은 분이심을 알 수 없을 것이며, 더욱이 그분의 선하심을 세상에 선포할 수도 없을 것입니다(시 107:1).

만물을 창조하신 하나님의 능력이 찬송받는 것은 그것을 찬송할 피조물이 있기 때문이고, 피조물이 창조주를 찬양하는 것은 그것들을 돌보시는 하나님이 살아 계시기 때문입니다(시 104:24-29).

신앙은 하나님께서 자신을 창조하셨을 뿐 아니라 돌보신다는 사실을 믿는 것입니다. 모든 만물이 전에 창조하시고 지금 붙들고 계신 분이 있기에 존재하는 것처럼, 자신도 그런 방식으로 지금 여기에 있는 존재임을 믿는 것이 신앙입니다.

참된 신앙은 단지 차가운 법칙과 규칙으로써가 아니라 인격적인 사랑 안에서 하나님의 돌보심을 받고 있다는 사실을 믿는 것입니다.

귀하게 여기신다

둘째로, 하나님께서 당신의 자녀들을 귀하게 여기신다는 것입니다(사 43:4). 아버지이신 하나님께 자녀인 우리는 공중을 나는 새와 비교할 수 없을 만큼 귀한 존재입니다. 하나님의 형상(形狀)을 따라 창조되어 하나님을 알고 사랑하며 교제하도록 부르신 유일한 존재이기 때문입니다. "……너희는 이것들보다 귀하지 아니하냐"(마 6:26).

존 칼빈(John Calvin, 1509-1564)은 이 구절을 주석하면서 희망의 신론(神論)을 피력합니다. 즉, 공중의 새들도 먹이시는 하나님이시기에 우리는 어떤 상황에서도 희망을 가질 수 있다는 것입니다. 칼빈은 자신의 책 『공관복음서 주석』(Commentary on a Harmony of the Evangelists)에서 다음과 같이 말합니다.

> 하나님의 손이 새들을 먹이신다는 사실을 우리 마음에 단단히 새긴다면, 당신의 형상대로 지음 받았을 뿐 아니라 그분의 자녀로 여김을 받은 우리는 어떤 상황에서도 희망을 가질 수 있다. ……짐승들의 모든 필요까지도 풍성하게 채워 주시는 하나님의 섭리만으로 우리는 충분하다는 뜻이다.[24]

사람은 존귀하다

인간은 존귀(尊貴)합니다. 존귀함을 넘어 존엄(尊嚴)합니다. 인간의 존재는 높고 엄숙하여 그 누구도 그것을 침해할 수 없으니, 이는 그가 거룩하신 하나님의 형상을 가진 존재로 창조되었기 때문입니다(창 1:27). 그것은 질그릇에 담긴 보배와 같습니다(고후 4:7). 그 질그릇과 같은 육체까지도 또한 하나님의 거룩한 형상을 가졌기에, 넓은 의미에서 모든 인간은 하나님의 형상을 지닌 존재입니다.

인간의 탁월함은 하나님 닮은 영혼과 정신에 있습니다. 또한 인간은 그의 영혼과 마음 안에서 하나님과 영적인 교제(交際)를 누립니다. 그렇기에 인간 존재는 다른 피조물에 비교할 수 없으리만치 존귀합니다. 인간과 하나님과의 관계는 공중을 나는 새가 하나님과 맺는 관계와 비교할 수 없으리만치 특별합니다. 이에 대해 시인은 노래합니다.

---

[24] John Calvin, *Commentary on a Harmony of the Evangelists, Matthew, Mark, and Luke*, vol. 1, in *Calvin's Commentaries*, vol. 16, trans. William Pringle (Grand Rapids: Baker Book House, 1998), 341.

사람이 무엇이기에 주께서 그를 생각하시며 인자가 무엇이기에 주께서 그를 돌보시나이까 그를 하나님보다 조금 못하게 하시고 영화와 존귀로 관을 씌우셨나이다(시 8:4-5).

대부분의 신자들에게 이 부분은 보편적 인간의 존귀함에 대한 노래로 알려졌습니다. 그런데 히브리서 기자는 이 시(詩)를 성육신하신 예수 그리스도와 연결시킵니다.[25]

그러나 누구인가가 어디에서 증언하여 이르되 사람이 무엇이기에 주께서 그를 생각하시며 인자가 무엇이기에 주께서 그를 돌보시나이까 그를 잠시 동안 천사보다 못하게 하시며 영광과 존귀로 관을 씌우시며 만물을 그 발 아래에 복종하게 하셨느니라 하였으니……(히 2:6-8).

예수 그리스도께서는 하나님이시면서도 사람의 몸을 입고 세상에 오셨습니다. 우리를 하나님처럼 되게 하시기 위하여 하나님께서 친히 사람이 되셨습니다(롬 8:29, 벧후 1:4).[26] 하나님의 아들이 성육신함으로써 인성(人性)

---

[25] 이러한 해석은 콘스탄티노플의 총대주교였던 포티우스(Photius, 810경-893), 닛사의 그레고리우스(Gregorius, 335경-394경), 아우구스티누스(Aurelius Augustinus, 354-430), 크리소스토무스(Johannes Chrysostomus, 349경-407) 등에 의해서 지지된다. Erik M. Heen, Philip D. W. Krey, eds., Hebrews, in *Ancient Christian Commentary on Scripture, New Testament*, vol. 10 (Downers Grove: InterVarsity Press, 2005), 36-37. 존 오웬(John Owen, 1616-1683)도 이 구절이 메시아에 대한 진술임을 주장했다. John Owen, *An Exposition of the Epistle to the Hebrew*, in *The Works of John Owen*, vol. 19, ed. William H. Goold (Edinburgh: The Banner of Truth Trsut, 1991), 321-322.

[26] Irenaeus, *Against Heresies*, in *The Ante-Nicene Fathers*, vol. 1, trans. Alexander Roberts (Grand Rapid: Wm. B. Eerdmans Publishing Company, 1987), 526.

을 가지셨으니, 이는 자신의 인성 안에서 모든 인류와 연합하여 인류의 머리가 되시기 위함이었습니다. 이로써 인간이 얼마나 존귀한 존재인지를 보여주셨는데, 이것이 인류의 보편적인 인간 본성과 그리스도의 인성과의 결합입니다. 이를 신학적으로 '성육신적 연합'(incarnational union) 또는 '본성적 연합'(conjunction of nature)이라고 합니다.[27]

예수 그리스도께서는 인성에 있어서 모든 인류와 인류의 머리로서 연합을 이루고 계십니다. 당신을 믿는 사람들뿐 아니라 믿지 않는 사람들과도 이런 연합을 갖고 계십니다. 아주 넓은 의미에서 모든 인류는 그리스도의 몸이기 때문입니다(창 2:23).[28] 그래서 인간은 존귀합니다.

인간들 중 신자는 중생(重生)과 칭의(稱義)를 통해 영이신 그리스도께 접붙여졌습니다. 이를 통해 신자들과 신비한 연합을 갖게 하셨으니, 믿음으로 의롭다 함을 받은 신자의 영혼과 그리스도 사이의 원리적인 영혼의 연합입니다. 이것을 '감춰진 신비의 결합'(conjunction of a hidden mystery) 또는 '신비적 연합'(mystical union)이라고 합니다.[29] 이 연합 안에서 신자는 하나님과 영적으로 교제하고 생명과 사랑을 공급받으며 실제적으로 사랑의

---

27) J. V. Fesko, *Beyond Calvin: Union with Christ and Justification in Early Modern Reformed Theology(1517-1700)* (Göttingen: Vandenhoeck & Ruprecht, 2012), 192-193; Peter Martyr Vermigli, *Life, Letters, and Sermons*, in *The Peter Martyr Library*, vol. 5, ed. John Patrick Donnelly (Kirksville: Thomas Jefferson University Press, 1999), 134-137; Petri Martyris Vermilii, *Loci Communes* (Londini: Excudebat Thomas Vautrollerius, 1583), 1108-1109.

28) '성육신적 연합' 혹은 '본성적 연합'에 대해서는 다음을 참고하라. 김남준, 『교회와 하나님의 사랑』(서울: 익투스, 2019), 123; 김남준, 『교회와 그리스도의 남은 고난』(서울: 생명의말씀사, 2015), 122-126.

29) J. V. Fesko, *Beyond Calvin: Union with Christ and Justification in Early Modern Reformed Theology(1517-1700)* (Göttingen: Vandenhoeck & Ruprecht, 2012), 194; Peter Martyr Vermigli, *Life, Letters, and Sermons*, in *The Peter Martyr Library*, vol. 5, ed. John Patrick Donnelly (Kirksville: Thomas Jefferson University Press, 1999), 134-137; Petri Martyris Vermilii, *Loci Communes* (Londini: Excudebat Thomas Vautrollerius, 1583), 1108-1109.

연합을 이루어 가는데, 이렇게 성화(聖化)의 과정에서 누리게 되는 실제적인 연합을 '영적 연합'(spiritual union)이라고 합니다.30) 여기에는 부활의 날에 변화된 몸을 입어 구원이 최종적으로 완성되는 영화(榮化)가 포함됩니다.

이처럼 하나님께서는 인간을 존엄하게 태어나게 하시고 신자로 삼아 당신과 신비하게 연합시키셨습니다. 또한 거룩한 사랑으로 영적인 연합을 이루게 하시기에 신자는 더욱 존귀합니다.

자신의 귀함을 알라

인간이 염려로 마음을 상하게 하는 것은 자신이 얼마나 존귀한 존재인지 모르기 때문입니다.

그리스도께서는 인간이 얼마나 존귀한 존재인지를 설명하기 위해 참새에 대해 말씀하십니다. "참새 두 마리가 한 앗사리온에 팔리지 않느냐 그러나 너희 아버지께서 허락하지 아니하시면 그 하나도 땅에 떨어지지 아니하리라 너희에게는 머리털까지 다 세신 바 되었나니 두려워하지 말라 너희는 많은 참새보다 귀하니라"(마 10:29-31).

당시 참새는 가난한 사람들이 싼 값에 구입할 수 있는 육류였습니다. 참새 두 마리가 1앗사리온에 팔린다고 하셨는데, 1앗사리온은 당시 노동자의 하루 품삯인 1데나리온의 1/16의 가치였습니다.31) 그렇다면 당시

---

30) J. V. Fesko, *Beyond Calvin: Union with Christ and Justification in Early Modern Reformed Theology(1517-1700)* (Göttingen: Vandenhoeck & Ruprecht, 2012), 193; Peter Martyr Vermigli, *Life, Letters, and Sermons*, in *The Peter Martyr Library*, vol. 5, ed. John Patrick Donnelly (Kirksville: Thomas Jefferson University Press, 1999), 134-137; Petri Martyris Vermilii, *Loci Communes* (Londini: Excudebat Thomas Vautrollerius, 1583), 1108-1109.

31) W. H. Gloer, "Sparrow," in *The International Standard Bible Encyclopedia*, vol. 4, ed. Geoffrey W. Bromiley (Grand Rapids: Wm. B. Eerdmanns Publishing Company, 1988), 593.

노동자는 하루 품삯으로 약 서른두 마리의 참새를 살 수 있었습니다. 이렇게 가치가 적은 참새도 하나님께서 허락하시지 않으면 땅에 떨어지지 않습니다. 하나님께서 그것들도 돌보시기 때문입니다.

인간은 공중을 나는 새보다 귀합니다(눅 12:24). 하나님께서 어떤 새를 친히 당신의 형상으로 만드셨습니까?(창 1:26) 어떤 짐승에게 친히 생기(生氣)를 불어넣으셔서 영혼을 갖게 하셨습니까?(창 2:7) 어떤 사물이 하나님을 알고 사랑함으로써 만물을 다스리도록 창조되었습니까?(창 1:26, 28)

우리의 이름은 하나님의 기억에서 지워지지 않고(사 49:16), 하나님께서는 우리를 당신의 눈동자같이 지키시고 주님의 날개 그늘 아래에 감추십니다(시 17:8). 그리스도께서는 우리를 구하기 위해 하늘 영광 버리고 세상에 오셔서 당신의 죽음으로 우리의 생명을 사셨습니다(고전 7:23).

우리는 하나님께 얼마나 귀합니까? 때로는 고난과 시련을 당하고, 심지어 우리 자신의 죄 때문에 고생을 한다고 할지라도 그것도 우리를 당신의 자녀로 여기시기에 겪는 일이 아니겠습니까? "그가 비록 근심하게 하시나 그의 풍부한 인자하심에 따라 긍휼히 여기실 것임이라 주께서 인생으로 고생하게 하시며 근심하게 하심은 본심이 아니시로다"(애 3:32-33).

하나님의 사랑을 경험하라

그럼에도 불구하고 우리는 종종 버림받은 느낌을 경험합니다. 하나님 앞에 그렇게 소중한 존재인데도 말입니다. 넓은 우주 공간에 홀로 버려진 것 같은 때가 있습니다. 이것은 하나님과의 사랑의 관계가 멀어진 데서 오는 고립감입니다. 그래서 세상에 골몰할 때는 잠시 잊고 있던 고립감이 홀로 있을 때는 버림받은 소외감으로 나타납니다.[32] 그것은 외로움, 곧 선택하지 않은 고독입니다.

하나님을 사랑할 때 인간은 한 인간으로서의 주체성(主體性)뿐 아니라 자존감(自尊感)도 회복합니다. 그것은 불완전한 인간이 완전하신 하나님과의 관계 속에서 누리는 정신적 유익입니다. 하나님께서 자기를 사랑한다는 사실 때문에 주체적인 인격체로 살아갈 수 있습니다. 인간은 자신을 그렇게 여기며 살아가는 한, 열등감에 사로잡히지 않습니다. 왜냐하면 자신의 어떤 장점 때문이 아니라, 자기 존재 자체가 하나님께 소중하다고 확신하기 때문입니다.

하나님께 사랑을 받음으로써 자존감을 회복합니다. 이로써 교만해지지도 않고 비굴해지지도 않고 자기를 존중하게 됩니다. 이는 하나님께서 자신을 사랑하신다는 확신에서 비롯되는 것입니다. 그러니 무엇 때문에 소중한 현재를 외로움과 염려로 허비하겠습니까?

주의 인자는 끝이 없고 그의 자비는 무궁하며
아침마다 새롭고 늘 새로우니 주의 성실이 큼이라.
성실하신 주님.

---

32) 존 오웬이 자신의 책 『신자 안에 내재하는 죄』(*Indwelling Sin in Believers*)에서 지적한 바와 같이, 하나님의 은혜에서 멀어질 때 신자는 하나님과의 거리감(alienation)과 낯섦(unacquaintedness)을 느끼게 된다. 하나님의 사랑은 변함이 없지만 우리가 은혜의 상태에서 멀어지기 때문인데, 이는 은혜의 상태가 곧 하나님을 사랑하고 있는 상태이기 때문이다. John Owen, *The Nature, Power, Deceit, and Prevalency of the Remainders of Indwelling Sin in Believers*, in *The Works of John Owen*, vol. 6, ed. William H. Goold (Edinburgh: The Banner of Truth Trust, 1991), 310; John Owen, *The Mortification of Sin*, in *The Works of John Owen*, vol. 6, ed. William H. Goold (Edinburgh: The Banner of Truth Trust, 1991), 63.

예레미야는 유다가 멸망할 것이라는 계시를 받았습니다(렘 1:15). 그리고 그의 예언대로 유다는 멸망하였습니다. 예루살렘은 폐허가 되었고, 성전은 훼파되었습니다. 예레미야는 나라가 망하는 것을 보며 큰 고통을 받았습니다. "스스로 이르기를 나의 힘과 여호와께 대한 내 소망이 끊어졌다 하였도다 내 고초와 재난 곧 쑥과 담즙을 기억하소서"(애 3:18-19).

그러나 선지자는 이스라엘이 멸망한 상황에서도 끊어지지 않는 하나님의 사랑을 발견하였습니다. 여전히 하나님께서 변치 않는 사랑으로 이스라엘을 붙들고 계심을 알게 되었습니다.

그러자 예루살렘은 폐허가 되었지만, 선지자의 마음 깊은 곳에서는 찬양이 울려 퍼졌습니다. "이것을 내가 내 마음에 담아 두었더니 그것이 오히려 나의 소망이 되었사옴은 여호와의 인자와 긍휼이 무궁하시므로 우리가 진멸되지 아니함이니이다 이것들이 아침마다 새로우니 주의 성실하심이 크시도소이다 내 심령에 이르기를 여호와는 나의 기업이시니 그러므로 내가 그를 바라리라 하도다 기다리는 자들에게나 구하는 영혼들에게 여호와는 선하시도다 사람이 여호와의 구원을 바라고 잠잠히 기다림이 좋도다"(애 3:21-26).

나라가 망했을 때 이스라엘 사람들은 하나님께서 자신들을 버리셨다고 생각했습니다. 그러나 하나님께서는 여전히 그들을 사랑으로 붙들고 계셨습니다. 그 사랑은 지금도 계속되고 있으니, 하나님께서는 매 순간 우리를 돌보십니다. 우리가 성령 충만해서 하나님을 잘 섬길 때뿐만 아니라 은혜에서 미끄러져 죄에 빠졌을 때도 사랑하십니다.

여러분의 자녀가 폭력배의 일원이 되었다는 소식을 들었다고 생각해 보십시오. 그 자식을 포기하겠습니까? 그렇기 때문에 더욱 그를 찾기 위해 집을 나서지 않겠습니까?(눅 15:4) 불완전한 인간도 자녀를 포기하지 않고 사랑한다면 완전하신 하나님께서는 우리를 얼마나 더 변함없이 사랑하시겠습니까? "여인이 어찌 그 젖 먹는 자식을 잊겠으며 자기 태에서 난 아들을 긍휼히 여기지 않겠느냐 그들은 혹시 잊을지라도 나는 너를 잊지 아니할 것이라"(사 49:15).

세상을 사랑할수록 우리는 고통을 당합니다(렘 2:14-17). 그런데도 세상에 대한 우리의 사랑은 멈추지 않습니다. 마치 고통으로 파멸당할 때까지 달려가기로 작정한 것처럼 계속 나아갑니다. 그러나 우리가 누구를 위해 그런 삶을 계속해야 합니까? 그렇게 삶으로써 누구를 행복하게 할 수 있습니까? 우리 자신을 위한 것이라면, 자신의 무엇을 위한 것입니까? 잠시 있다가 사라질 육체의 만족을 위한 것입니까? 그렇다면 그것은 정말 참된 나를 위하는 것입니까?[33]

우리에게 필요한 것은 세상을 아는 지식보다 먼저 하나님을 아는 지식을 소유하는 것입니다(호 4:1, 6:3). 단지 이지(理智)로써 아는 것이 아닙니다. 사랑으로써 아는 것입니다.

하나님의 거룩한 성품(性品)을 인격적으로 경험함으로써 알아야 합니다. 왜냐하면 모든 현실을 이기게 하는 힘이 하나님을 아는 데서 나오기 때문입니다. "너희는 여호와의 선하심을 맛보아 알지어다 그에게 피하는 자는 복이 있도다"(시 34:8).

---

[33] 세상을 사랑하는 사람들은 사실 자신을 사랑하는 것이니, 세상을 통해 자신의 욕망대로 살고자 하는 것이다. 그들은 인생이 자기 뜻대로 되지 않을 때 하나님을 원망하는데, 이는 하나님께서 내 인생에 잘못 간섭하고 계신다고 생각하기 때문이다. 그러면 하나님께 감사할 수도 없고, 기뻐할 수도 없으며, 끊임없는 불만과 원망 속에서 악을 쏟아 내며 살게 된다. 어떻게 그런 삶이 행복하다고 말할 수가 있겠는가? 김남준, 『영원 안에서 나를 찾다』 (서울: 포이에마, 2018), 187-190.

하나님의 사랑을 믿는 사람은 염려하지 않습니다. 현실은 파도처럼 요동치나 마음은 평화를 누리니, 이는 하나님 앞에서 자신이 얼마나 소중한 존재인지를 알기 때문입니다. 인생이 자기 뜻대로 되지 않더라도 불안해하지 않습니다. 왜냐하면 그에게 일어나는 모든 일이 하나님의 사랑 안에서 합력하여 선(善)을 이룰 것을 믿기 때문입니다(롬 8:28).

맺는말

어떤 문제가 생겼습니다. 그것을 염려합니다. 후에 그 문제가 해결되었습니다. 그러면 이제 다시는 염려할 것이 없을까요? 그렇지 않습니다. 또 다른 염려거리가 생깁니다. 그것이 우리의 인생사입니다.

때로는 염려할 근거가 아무것도 확실히 밝혀지지 않았는데도 끊임없이 불안해할 때가 있습니다. 지금의 평안이 앞으로 발생할 큰 문제에 대해 예고하는 것은 아닐까 하는 막연한 두려움이 있기 때문입니다. 이는 현재의 편안한 상태에 집착하는 마음이 빚어내는 불안한 감정입니다.

염려할 때는 염려할 것이 없게 되기를 원하기에 안정이 없고, 염려가 없을 때는 염려하게 될까 봐 평안을 누리지 못하니, 이것이 영혼의 쉴 곳을 찾지 못하는 인간의 마음이 아니고 무엇이겠습니까? "내가 기억하기만 하여도 불안하고 두려움이 내 몸을 잡는구나"(욥 21:6)

마음은 우주와 같습니다. 밤하늘에 무한히 펼쳐진 어두운 우주 공간을 응시하면서 우리는 그것을 바라보고 있는 자신을 잊게 되듯이, 인간은 자신의 마음속을 들여다보고 있을 때 오히려 자신이 누구인지 잊어버리게 됩니다. 때로는 마음을 들여다보면서, 마음은 자기의 일부가 아닌 것처럼 느껴지기도 하여 자신이 마음에 속했는지 마음이 자신에게 속했는지 분간할 수 없게 됩니다.

누가 넓은 우주와 깊은 심리(心理)의 비밀을 다 터득했노라고 단언할 수 있겠습니까? 그러나 확실한 것은 이것입니다. 영원하시고 불변하시고 무한하신 하나님이 계시다는 사실과 내가 그분의 사랑을 받고 있다는 사실입니다. 내가 있다는 사실은 살아가야 함을 의미하고, 하나님의 사랑을 받고 있다는 것은 내가 의미 있는 존재임을 뜻합니다.

끊임없이 염려 가운데 사는 것은 우리가 누구인지 모르기 때문입니다. 하나님께 얼마나 귀중한 존재인지를 알지 못하기 때문입니다. 하나님께서 어떠한 사랑을 베풀어 우리를 당신의 자녀 삼으시고 여기까지 인도하셨는지를 잊었기 때문입니다. "보라 아버지께서 어떠한 사랑을 우리에게 베푸사 하나님의 자녀라 일컬음을 받게 하셨는가, 우리가 그러하도다……"(요일 3:1).

이 순간에도 하나님께서는 우리를 사랑으로 돌보십니다. 염려의 짐을 내려놓고 자유롭게 살아야 합니다. 주님께서 그렇게 살도록 부르셨기 때문입니다. 한 번밖에 없는 아름다운 인생이기에…….

김남준 목사님의 연작 설교 '염려에 관하여' 중
세 번째 설교 '들풀에 깃든 사랑'으로 연결됩니다.

제3장

들풀에 깃든 사랑

❊

오늘 있다가 내일 아궁이에 던져지는 들풀도
하나님이 이렇게 입히시거든
하물며 너희일까보냐 믿음이 작은 자들아

εἰ δὲ τὸν χόρτον τοῦ ἀγροῦ σήμερον
ὄντα καὶ αὔριον εἰς κλίβανον
βαλλόμενον ὁ θεὸς οὕτως ἀμφιέννυσιν,
οὐ πολλῷ μᾶλλον ὑμᾶς, ὀλιγόπιστοι;

마 6:30

들어가는 말

예수 그리스도께서는 우리가 하나님 앞에서 얼마나 존귀한 존재인지를 말씀하신 후, 들에 핀 백합화(百合花)를 보라고 하십니다. "또 너희가 어찌 의복을 위하여 염려하느냐 들의 백합화가 어떻게 자라는가 생각하여 보라 수고도 아니하고 길쌈도 아니하느니라"(마 6:28). 하나님께서 들풀도 입히시는데 우리를 돌보지 않으시겠느냐는 것입니다. 성경에서 백합화는 상반된 두 가지 의미로 사용되었습니다.

첫째로, 백합화는 고귀(高貴)함을 상징하였습니다. 아가서에서 신랑이 자신의 신부를 백합화에 비유하였고(아 2:2), 솔로몬 성전의 두 기둥 꼭대기도 백합화 모양으로 만들어졌습니다(왕상 7:21–22). 또한 성전에는 제사장들의 성결 의식에 사용되는 물을 담는 큰 그릇이 있었는데, 그것의 테두리 문양(紋樣)도 백합화로 장식되었습니다(왕상 7:26).[34] 놋으로 만든 이

---

34) 솔로몬의 성전 뜰에 놓여 있던 바다는 직경이 4.6미터, 높이가 2.3미터, 두께가 7.5센티미터, 상부 둘레가 13.5미터 정도 되는 둥근 모양의 놋대야로 약 44,000리터의 물을 담을 수 있었다. 열 개의 작은 물두멍이 번제 제물을 씻기 위해 만들어졌다면, 제단 옆에 위치했던 이 놋대야는 제사를 드릴 때에 제사장들의 손과 발을 씻기 위한 물을 담아 놓는 용도로 만들어졌다(대하 4:6). 매우 정교하게 장식된

용기는 크기가 매우 커서 '그 바다'(하얌, הַיָּם)라고 불렸습니다(왕상 7:23).

  자유주의의 물결이 넘실거리던 시대에 복음적인 신앙을 지켰던 19세기 독일의 주석가 카를 프리드리히 카일(Carl Friedrich Keil, 1807-1888)이 올바르게 해석한 바와 같이, 이 문양은 성소로부터 흘러나오는 신적 생명의 거룩함과 사랑스러움을 지시하려는 의도로 새겨졌습니다.[35] 그래서 이것은 이 영적 생명을 받는 하나님의 백성들이 얼마나 거룩하고 존귀한 존재인지를 잘 보여줍니다.

  둘째로, 백합화는 하찮은 것을 상징하였습니다. 팔레스타인 지방에서 백

바다의 문양은 온 천지를 다스리시는 하나님의 주권과 능력을 사람들에게 보여주기 위한 상징적인 가치도 있었다(시 93:1-4). Kevin D. Hall, "Sea, Molten," in *Eerdmans Dictionary of the Bible*, eds. David Noel Freedman, Allen C. Myers, Astrid B. Beck (Grand Rapids: Wm. B. Eerdmans Publishing Company, 2000), 1175; Allen C. Myers, *The Eerdmans Bible Dictionary* (Grand Rapids: Wm. B. Eerdmans Publishing Company, 1987), 918-919.

35) Carl Friedrich Keil, Franz Delitzsch, *First Book of the Kings*, in *Commentary on the Old Testament*, vol. 3, trans. James Martin (Grand Rapids: Wm. B. Eerdmans Publishing Company, 1987), 75.

합은 흔히 볼 수 있는 여러해살이풀의 화초입니다. 그것은 언제든지 아궁이에 던져질 수 있는 가치 없는 들풀로 묘사되었습니다(마 6:30). 그래서 구약성경은 힘없고 연약한 인간을 들풀에 비유하기도 하였습니다. "……모든 육체는 풀이요 그의 모든 아름다움은 들의 꽃과 같으니……"(사 40:6-7).

들풀도 돌보신다

공중을 나는 새에 대한 말씀이 먹을 것에 관한 교훈이라면, 들에 핀 백합화에 대한 말씀은 입을 것에 관한 교훈입니다. 먹고 입고 마시는 것에 대한 염려는 모두 육체(肉體)를 위한 것이니, 좁게는 육체의 생명을 위해서 넓게는 육체의 만족을 위해서 하는 염려입니다.

예수 그리스도께서는 돌보는 사람이 없어도 아름답게 피었다가 지는 백합화를 보며 교훈을 받으라고 하십니다. 그 요점은 하나님께서 그런 들풀조차도 소중히 여겨 돌보신다는 것입니다. "……오늘 있다가 내일 아궁이에 던져지는 들풀도 하나님이 이렇게 입히시거든 하물며 너희일까보냐 믿음이 작은 자들아"(마 6:30).

들풀이 영광스러운 이유

그리스도께서는 들에 핀 백합화가 얼마나 아름다운지에 대해 말씀하시면서 이스라엘이 오랜 동안 칭송해 왔던 솔로몬의 영광과 비교하십니다. "그러나 내가 너희에게 말하노니 솔로몬의 모든 영광으로도 입은 것이 이 꽃 하나만 같지 못하였느니라"(마 6:29).

들꽃은 가치 없는 것이니, 그것은 내일 아궁이에 던져질 존재일 뿐입니다(마 6:30). 그런데 왜 이것이 솔로몬왕이 모든 영광으로 입은 의복보다 뛰어날까요? 그 이유는 다음과 같습니다.

첫째로, 옷의 아름다움은 꽃의 아름다움의 모방(模倣)이기 때문입니다. 최고의 장인(匠人)인 전의(典衣)가 만든 솔로몬의 예복(禮服)이 아무리 아름답다고 해도 그것은 자연의 아름다움을 본뜬 것일 뿐입니다. 모조품은 실물보다 낫지 못합니다. 그래서 들에 핀 백합화의 아름다움이 솔로몬왕이 입은 옷의 아름다움보다 뛰어납니다(눅 12:27).

둘째로, 옷에는 생명이 없지만 꽃에는 생명이 있기 때문입니다. 꽃의 생명은 생명이 아닌 것보다 소중합니다. 비록 오늘 피었다가 내일 지는 들풀이지만 그것은 생명을 가지고 있습니다. 생명은 살아 있음으로 하나님을 보여주니, 어찌 의복의 영광을 들꽃의 생명에 비할 수 있겠습니까?

셋째로, 옷은 왕의 영광을 드러내지만 꽃은 하나님의 사랑을 보여주기 때문입니다. 왕의 옷은 최고의 장인이 솜씨를 다해 만들었을 것이기에 그 옷을 보는 사람들은 왕의 영광을 생각하고 장인의 솜씨를 기억할 것입니다. 그러나 들에 핀 백합화는 창조주 하나님을 생각나게 합니다. 백합화는 자신의 아름다움을 위해 화려한 의복을 지을 뜻이 없고, 노력한 적도 없습니다. 자신을 만드시고 살아 있게 하시고 돌보시는 하나님 때문에 아름다울 뿐입니다.

이로써 백합은 솔로몬왕의 화려한 의복이 보여주지 못한 하나님의 성품(性品)을 보여줍니다. 생명의 신비를 보여줍니다. 하나님의 무한한 사랑이 작은 꽃 하나에도 미치고 있음을 선포합니다. 그래서 들에 핀 백합화의 아름다움이 솔로몬의 옷을 능가합니다.

하찮은 피조물도 돌보신다

예수 그리스도께서는 "……들의 백합화가 어떻게 자라는가 생각하여 보라……"(마 6:28)라고 말씀하십니다. 활짝 핀 꽃만이 아니라 백합이 자라는 모든 과정을 생각해 보라는 것입니다. 그 꽃의 알뿌리가 땅에 심겨지면 싹이 나옵니다. 그 싹이 어느 정도의 크기로 자라면, 꽃대가 올라오고 이어서 꽃봉오리가 맺히고, 어느 날 눈부시도록 아름다운 꽃이 피어납니다. 그 모든 과정을 통해서 하나님께서 그 꽃을 지으셨을 뿐 아니라 돌보신다는 사실을 생각해 보라는 것입니다.

지구에는 수많은 꽃들이 있습니다. 그러나 사람들이 보고 감탄(感歎)하는 꽃은 실제로 있는 수많은 꽃들 중 극소수에 지나지 않습니다. 찾아오는 이 없는 깊은 골짜기에서도 계절이 돌아오면 어김없이 수많은 꽃들이 피었다가 집니다. 그러나 아무도 그 존재를 알지 못합니다. 그러면 그 꽃들이 거기에 있는 의미(意味)는 무엇일까요?

인간의 육안으로 볼 수 있는 별은 약 6,000여 개라고 합니다. 그렇지만 천문학자들에 의하면, 실제로 우리 은하계(銀河系)에는 약 4조 개의 별들이 있고, 우주의 지평선(cosmic horizon) 안쪽 즉 인간이 관측할 수 있는 범위의 우주 안쪽에만 이런 은하계가 1천억 개 이상 존재한다고 합니다.[36] 우주 공간에 있는 대부분의 별들은 인간의 눈으로 볼 수 없습니다. 그렇다면

---

36) "태양 주위를 여덟 개의 행성들이 돌고 있습니다. 그리고 그 행성들 주위를 다시 약 160개의 더 작은 위성들이 돌고 있습니다. 우리 은하계에 있는 모든 항성들마다 태양계와 같은 공식을 적용한다면, 우리 은하계 안에만 약 3조 2천억 개의 별들이 있다는 말이 됩니다. 칼 세이건(Carl Edward Sagan, 1934-1996)이 우리 은하계의 별들이 약 4조 개라고 추정한 것도 바로 이러한 계산을 따른 것입니다." 김남준, 『깊이 읽는 주기도문』(서울: 생명의말씀사, 2013), 44.

인간의 눈에 띄지도 않는 별들의 존재 의미는 무엇일까요?

어떤 사물의 가치는 인간이 보고 감탄하는 것에만 달려 있지 않습니다. 하나님께서 보고 계시기에 그것들은 의미가 있습니다. 이름 없이 피었다 지는 수많은 꽃들도, 먼 우주 공간에서 지켜보는 이 없이 생겼다 사라지는 별들도, 깊은 바닷속을 헤엄치다가 사라지는 이름 없는 물고기들도 하나님께서는 보십니다.

> 하나님이 지으신 그 모든 것을 보시니 보시기에 심히 좋았더라 저녁이 되고 아침이 되니 이는 여섯째 날이니라(창 1:31).

이것이 그 사물들의 의미입니다. 보실 뿐 아니라 돌보고 계시기에 그것들은 하나님을 찬송하는 크고 작은 악기와 같습니다.[37] 그래서 하나님께서 지으신 모든 것들은 가치가 있고 아름답습니다.

인간의 삶도 그렇습니다. 우리의 가치는 다른 사람들의 인정에 달려 있지 않습니다. 하나님의 관심에 달려 있습니다. 이것이 바로 예수 그리스도께서 화려하게 장식된 값비싼 꽃이 아니라 들에 핀 백합화를 보라고 하신 이유입니다. 그 누구에게도 주목받지 못한 채 오늘 피었다 내일 지는 들풀에도 하나님의 사랑이 깃들어 있어, 그 사실이 우리에게 알려지기를 기다리고 있기 때문입니다.

---

[37] "천지를 창조하셨을 때, 온 천지의 아름다움을 생각해 보십시오. 낮에는 찬란한 태양과 아름다운 바다가 하나님을 노래하고 밤에는 반짝이는 별들과 빛나는 달빛이 그 영광을 찬송하였습니다. 바다에 반짝이는 햇살과 풀밭에 아름다운 꽃들과 바람과 새들의 노래와 흐르는 시냇물과 대지를 가로지르는 바람……. 이 모든 것들이 크고 작은 악기가 되어 하나님을 노래하는 교향곡이 되었다면, 인간은 그 앞에 선 지휘자였습니다." 김남준, 『구원과 하나님의 계획』(서울: 부흥과개혁사, 2010), 30.

'보심'과 존재의 의미

들에 핀 이름 없는 야생화들을 보십시오. 누가 그것을 소중(所重)하다고 생각하겠습니까? 보아주는 사람이 없는데 누가 그런 생각이라도 하겠습니까? 그러나 그 작은 꽃 한 송이에도 하나님의 영광이 깃들어 있으니, 하나님께서 사랑으로 돌보시기 때문입니다.

하나님께서 그것들도 그렇게 소중히 여기신다면 우리는 얼마나 더 귀중한 존재이겠습니까? 당신의 자녀이니 얼마나 더 사랑으로 잘 돌보아 주시겠습니까? "오늘 있다가 내일 아궁이에 던져지는 들풀도 하나님이 이렇게 입히시거든 하물며 너희일까보냐……"(마 6:30).

우리는 자신을 귀하게 보지 않을 때가 많습니다(사 43:4). 더욱이 염려가 엄습하여 절망의 골짜기로 떨어지면 자신의 존재를 비관하기까지 합니다. "어찌하여 내가 태에서 죽어 나오지 아니하였던가 어찌하여 내 어머니가 해산할 때에 내가 숨지지 아니하였던가"(욥 3:11).

그러면 모든 관계의 의미는 희박해지게 됩니다. 가족도, 친구들도 모두 예전에 가졌던 의미를 잃어버리게 됩니다. 되고 싶은 자신과 지금의 자신 사이에 있는 거리가 매우 멀게 느껴지고, 원하는 바를 갖지 못한 자신의 처지를 생각하며 버려진 존재의 격한 외로움에 빠지게 됩니다.

그러나 하나님께서는 '나'를 보십니다. 그분은 우주 안에서는 보이지 않는 점과 같고 지구 위에서는 티끌처럼 의미가 없을 것 같은 나를 지으셨습니다. 그리고 보십니다. 그분이 보아 주심으로 나는 의미 있는 존재가 되었습니다. 그 자체가 사랑이었으니, 나라는 존재를 향한 사랑이 나의 존재의 의미를 말해 줍니다. 그분은 내가 없는 것보다 있는 것이 더 좋으셨기에 세상에 태어나게 하셨습니다. 나를 세상에 보내신 것은 여기서 당신과 사랑의 관계를 맺게 하시기 위함이었습니다(막 3:14). 단지 사용하시기 위해 나를 만드신 것이 아니라 사랑해 주시려고 이 세상에 태어나게 하셨습니다. 당신의 사랑 안에서 나만의 인생(人生)을 살게 하시려고 보내셨습니다. 하나님께서는 당신 안에서 나를 보셨고, 나는 하나님 안에서 나를 보았습니다.

인생의 의미는 이것이니, 나는 나로서 하나님을 사랑하고 그 사랑으로 사람들을 사랑하며 창조 세계를 돌보며 행복하게 사는 것입니다(창 1:26–28). 그 안에서 나는 하나님 때문에 행복합니다(창 1:22, 28, 2:3, 5:2).

하나님의 선하심을 맛본 사람은 자신이 얼마나 소중한 존재인지를 압니다(시 34:8–9). 세상이 하찮게 여길지라도 자신이 하나님 때문에 소중한 존재라는 사실을 기억합니다. 이것이 신앙(信仰)입니다. "보라 아버지께서 어떠한 사랑을 우리에게 베푸사 하나님의 자녀라 일컬음을 받게 하셨는가, 우리가 그러하도다 그러므로 세상이 우리를 알지 못함은 그를 알지 못함이라"(요일 3:1).

이 사랑의 확신으로 한 번밖에 없는 인생을 주체적으로 살아야 합니다. 어리석은 사람들은 자신의 가치를 다른 사람들과의 비교 속에서 찾으려고 하는데, 이런 비교 의식은 끊임없는 교만심과 열등감을 가져올 뿐입니다. 이런 삶은 참된 '나'로 사는 것이 아닙니다.

밤하늘이 아름다운 이유는 별들이 빛나기 때문입니다. 그 수많은 별들은 크기와 빛깔도, 지구로부터의 거리도 모두 다릅니다. 이렇게 서로 다른 별들이 각자의 자리에서 다른 모양으로 빛나기에 밤하늘은 찬란하도록 아름답습니다. 서로의 다름이 아름다움입니다.

하나님께서 수많은 별들을 다르게 만드신 것처럼, 사람도 모두 다르게 창조하셨습니다(고전 15:41). 각 사람에게 고유한 영혼과 인생을 주셨으며, 전에도 없었고 앞으로도 없을 단 하나의 '나'로 살도록 선한 일을 위하여 지으셨습니다(엡 2:10).

이 글을 읽고 있는 당신을 생물학적으로 표현하면 인간이라는 종(種) 안에서도 세계에 유일하게 남은 마지막 개체(個體)입니다. 인류 역사상 두 번 다시 반복될 수 없는 특별하고 고유한 인생을 살고 있는 하나님의 걸작품입니다. 그러니 어찌 당신이 소중하지 않겠습니까?

믿음을 깨우치신 예수님

하나님께서는 아무도 눈여겨보지 않는 들풀조차 돌보아 주시니, 들풀보다 귀한 인간은 더욱 큰 사랑으로 돌보심을 받을 것이라는 사실은 의심할 여지가 없이 분명합니다.

그러나 많은 사람들이 이 사실을 믿지 않습니다. 그래서 예수 그리스도께서는 믿음에 관해 말씀하십니다. "오늘 있다가 내일 아궁이에 던져지는 들풀도 하나님이 이렇게 입히시거든 하물며 너희일까보냐 믿음이 작은 자들아"(마 6:30).

진정한 믿음

성경은 믿음의 본질(本質)보다는 그 기능(機能)에 대해 가르쳐 줍니다. 우리는 믿음으로 세상을 이기고, 고통을 견디고 기뻐합니다. 이것이 믿음의

기능입니다. 그렇다면 믿음이란 무엇일까요? 믿음에는 최소한 다음 네 가지 요소가 포함되어 있습니다.[38]

첫째로, 포기(抛棄)입니다. 자기를 행복하게 할 가능성이 있다고 생각하던 모든 길을 전적으로 포기하는 것입니다. 학문이나 예술, 사상이나 종교, 도덕이나 쾌락 그 무엇이든지 간에 궁극적으로 자기를 행복하게 할 수 있을 것이라고 생각하는 것들 말입니다. 다시 말해서 예수 그리스도가 아닌 다른 것을 통해서 행복에 도달할 수 있을 것이라고 믿었던 모든 길을 포기하는 것입니다.

둘째로, 찬동(贊同)입니다. 복음이 무엇인지 알고 그 내용에 찬성하고 동의하는 것입니다. 복음이 가르치는 내용대로 자신도 그렇게 생각하겠다는 마음의 뜻입니다. 이것은 이미 그의 지성에 알려진 진리의 내용에 자신의 생각을 일치시킨 데서 비롯된 것입니다.

셋째로, 인정(認定)입니다. 이는 알게 된 지식을 통해 하나님을 마음 깊이 받아들이는 것입니다. 하나님이 은혜와 자비로써 죄인을 구원하시는 분이심을 마음 깊이 받아들여 자신의 존재 의미를 그분과 연결 짓는 마음의 작용입니다. 무엇을 판단하고 결정하든지 하나님을 받아들인 사실에서 떠나지 않겠다는 마음입니다.

넷째로, 의존(依存)입니다. 이는 말씀의 지식이 옳다는 것을 알고 마음으로 받아들인 후 하나님께 자신을 맡기는 것입니다. 곧 그리스도를 통해 주어진 하나님의 구원 방법을 신뢰하기에 자신의 모든 삶을 그분께 절대

---

[38] "즉, 하나님을 온전히 바라보는 의존의 마음이 믿음이라고 한다면, 이 의존의 마음은 자신이 아무 희망 없는 죄인이라는 사실과 그러한 자신의 구원은 오직 하나님께로부터 온다는 사실을 아는 데서 오는 것입니다." 김남준, 『구원과 하나님의 계획』(서울: 부흥과개혁사, 2010), 203. 자세한 내용은 같은 책 p. 202-210을 참고하라.

적으로 맡기는 것입니다. 하나님의 의지에 자신의 뜻을 합치시킨 상태에서 떠나지 않는 것입니다.

이에 대한 이해를 쉽게 하기 위해 비유를 들어 보겠습니다. 중국 북경 근교에 용경협(龍慶峽)이라는 계곡이 있습니다. 계곡 양쪽에 높은 봉우리들이 병풍처럼 서 있고 그 사이로 강물이 흐릅니다. 계곡 사이로 흐르는 물을 댐으로 막아 길고 커다란 저수지를 만들었는데, 지점에 따라 다르겠지만 물 깊이는 대략 450미터 정도라고 합니다. 그렇게 좁고 깊은 저수지를 사이에 둔 가파른 절벽 양쪽으로 외줄을 걸어 놓고, 약 180미터 높이에 있는 그 외줄에서 오토바이로 왕복을 하며 곡예를 부리기도 합니다.

강을 건너기 위한 다른 길이 없어서 그처럼 곡예하듯 다니는 오토바이를 이용할 수밖에 없다고 치고 생각해 봅시다.

어느 날 오토바이를 탄 사람이 여러분에게 묻습니다. "이곳에서 저쪽으로 출발하려고 합니다. 제가 이번에도 성공할까요?" 여러분은 아마 이번에도 성공할 것이라고 대답할 것입니다. 찬동과 인정이 생겼습니다. 이미 그전에 다른 길로 가기를 포기했습니다. 그러나 이것만으로는 아직 진정한 믿음이라고 할 수 없습니다.

잠시 후 오토바이를 탄 사람이 말합니다. "그러면 제 뒤에 타시지요." 그때 무엇이라 답하겠습니까? "네, 타겠습니다."라고 하겠습니까? 아니면 "싫습니다."라고 하겠습니까? 만약 싫다고 한다면 그것은 진정한 믿음이 아닙니다. 의존이 없기 때문입니다.

믿음은 아는 것 이상이고, 그럴 것이라는 기대를 넘어서는 것입니다. 참으로 하나님의 자녀답게 살게 하는 믿음은 확률에 대한 기대가 아니라, 하나님 아버지의 존재와 인격적 성품에 대한 신뢰입니다. "……하나님께 나아가는 자는 반드시 그가 계신 것과 또한 그가 자기를 찾는 자들에게 상 주시는 이심을 믿어야 할지니라"(히 11:6).

따라서 참믿음은 하나님의 사랑을 믿고, 그 사실에 자신의 온 인생을 얹는 것입니다. 이런 사람에게는 살아야 할 삶이 믿어야 할 사실과 분리되지 않습니다. 잘 믿기에 잘 살고, 잘 살기에 잘 믿습니다. "그러므로 우리가 믿음으로 의롭다 하심을 받았으니 우리 주 예수 그리스도로 말미암아 하나님과 화평을 누리자"(롬 5:1).

믿음이 없는 것은 이와 정반대입니다. 하나님에 대해 무지하고 불신하고 의지하지 않으며 하나님께 자신을 내어 맡기지 못합니다. 그러면 그의 마음은 염려와 결별할 수 없습니다.

큰 믿음을 요구하심

우리는 무엇이 부족하여 염려한다고 생각하지만 사실, 점증하는 욕망(慾望) 때문에 염려하는 경우가 더 많습니다. 인간의 욕망은 끝이 없기에 느끼는 결핍도 끝이 없습니다(전 1:8). 그 간격이 크면 클수록 신자는 하나님과의 친밀함에서 멀어지게 됩니다. 왜냐하면 성장하는 순수한 믿음은 점증하는 육욕적 욕망과 양립하기 어렵기 때문입니다.

욕망은 더 많은 세속적 염려를 낳습니다. 옥토에 뿌려진 씨가 잘 자라면 많은 열매를 맺지만 염려는 결실을 가로막습니다. "가시떨기에 뿌려졌다는 것은 말씀을 들으나 세상의 염려와 재물의 유혹에 말씀이 막혀 결실하지 못하는 자요"(마 13:22).

우리에게 필요한 부분을 채우는 것만으로는 염려에서 벗어날 수 없는 것도 바로 이 때문입니다. 그러므로 우리는 그리스도를 아는 지식과 은혜에서 자라 가야 합니다(벧후 3:18). 염려는 결핍이 아니라 믿음의 부족에서 오기 때문입니다.

"하물며 너희일까보냐 믿음이 작은 자들아"(마 6:30). 여기서 '믿음이 작은'에 해당하는 헬라어(올리고피스토스, ὀλιγόπιστος)는 '모자라는 믿음' 혹은 '부족한 신뢰'를 가리킵니다.[39] 신자에게는 믿음이 전혀 없을 수 없습니다. 그리스도께로부터 산상수훈의 말씀을 듣고 있던 사람들 중에는 열두 제자뿐 아니라 그리스도를 따르던 무리도 있었습니다(마 5:1, 7:28). 그들 중 어떤 이들에게는 믿음이 있었지만 많은 이들에게는 믿음이 부족하였습니다.

부족한 믿음으로는 온전히 하나님의 나라와 의(義)를 위해 살지 못하는데, 이는 그가 한편으로는 그리스도를 따르나 한편으로는 육신의 염려에 마음이 매여 있기 때문입니다(마 8:21-22).

우리에게는 믿음이 요구됩니다. 하나님께서는 나를 사랑하시기에 돌보아 주실 것이며, 전능하시기에 결핍 속에 버려두지 않으실 것을 굳게 확신하는 것이 큰 믿음입니다. 이것은 하나님께 대한 인격적인 신뢰를 바탕으로 하는 것이니, 이 신뢰는 사랑에서 오는 것입니다.

염려로 불안한 마음은 불안한 미래 때문이 아니라 현재적으로 하나님과 인격적 사랑을 누리지 못하기 때문입니다. 우리가 날마다 은혜 안에 살아야 할 이유가 여기 있습니다.

---

[39] 이 단어는 수나 크기, 길이, 범위, 정도에서 '상대적으로 작은'(relatively small)이라는 의미를 지닌 올리고스(ὀλίγος)와 '믿을 만한', '신뢰할 만한'을 뜻하는 피스토스(πιστός)의 합성어이다. Walter Bauer, Frederick W. Danker, W. F. Arndt, F. W. Gingrich, eds., *A Greek-English Lexicon of the New Testament and Other Early Christian Literature*, 3rd ed. (Chicago: University of Chicago Press, 2000), 702, 820.

염려를 극복하는 실제적 방법

하나님께서는 우리를 돌보십니다. 그러나 세상을 사랑하면 눈에 보이는 표상(表象)들에 속아서 그 사실을 쉽게 잊어버리고 끊임없이 염려하게 됩니다. 이제 염려가 마음에 찾아올 때 이것을 이기고 더욱 믿음으로 나아가는 방법에 대해 생각해 보겠습니다.

인생의 무상함을 생각하라

첫째로, 인생의 무상(無常)함을 생각하는 것입니다. 무상함이란 '없는 것'을 뜻합니다. '어떤 사물이 변함없이 지금 있는 그대로 있지 않음'을 가리킵니다. 눈에 보이는 모든 사물은 무상한 존재이니, 아름답게 피었던 들풀이 스러지는 것처럼 우리의 육체도 그러합니다. 이 사실을 기억할 때 염려의 원인인 세속적 욕망을 효과적으로 제어할 수 있게 됩니다(전 3:19–20). 인생의 무상함에 대해 숙고함으로써 누릴 수 있는 실제적인 유익은 다음과 같습니다.

첫째로는, 가치 없는 것들에 대한 집착(執着)을 버릴 수 있습니다. 육신에 속하는 것들은 결국 소멸할 것들이고(시 89:47), 육신을 통해 얻는 만족도 잠깐이니, 나의 날은 경주자보다 빨리 사라져 버립니다(욥 9:25). 우리 육체의 생명도 심지가 다 타들어 간 촛불처럼 사그라질 것이니, 이 사실을 생각하면 널뛰던 욕망은 가라앉고 평안을 얻게 됩니다.

둘째로는, 영원한 것을 사모(思慕)하게 됩니다. 인생의 무상을 생각할 때 우리는 죽음 이후에 항상 있을 천국을 생각하게 됩니다. 천국에서의 삶과 세상에서의 삶을 냉정하게 대조함으로써 세상에 마음을 빼앗기지 않을 수 있게 되는데, 이것은 경건에 큰 유익이 됩니다(딤전 4:7-8).

참되고 거룩한 것들에 대한 묵상(默想)은 우리의 마음을 잠시 있는 세속적인 것들에 매이지 않게 하고, 하늘나라로 이끌리게 합니다. 이에 대해 칼빈(John Calvin, 1509-1564)은 자신의 책 『기독교 강요』(*Institutio Christianae Religionis*)에서 다음과 같이 말합니다.

> 만약 하늘이 우리의 본향이라면 이 땅은 다만 나그네길이 아니겠는가? 만약 이 세상을 떠나는 것이 생명에 들어가는 것이라면 이 세상은 무덤이 아니고 무엇이겠으며, 거기에 사는 것은 죽음으로 이끌어져 들어가는 것 외에 무엇이겠는가? ······이처럼 이 세상에서의 삶을 천국에서의 삶과 비교한다면 분명 그것은 경멸할 만하며, 발로 짓밟아 버려도 될 만큼 하찮게 여기게 될 것이다(3.9.4).[40]

우리가 동의(同意)함으로써 세상에 태어나지 않은 것처럼, 언젠가 우리 일생도 우리의 동의 없이 끝날 것입니다. 그때 이 땅에서 의지했던 것들은 더 이상 우리와 함께하지 못할 것입니다. 하나님의 품에서 태어난 것처럼 그분께로 돌아갈 것이니, 고요히 우리의 영혼과 육체의 운명을 아버지 손에 맡겨 드릴 뿐입니다. 아아, 바람 같은 인생이여. 그날들은 풀과 같고 세상 영화도 들의 꽃과 같으니 그것도 바람이 지나가면 없어짐과 같아서 누구도 그 있던 자리를 기억하지 않습니다(시 103:15-16).

---

40) John Calvin, *Institutes of the Christian Religion*, vol. 2, trans. Henry Beveridge (Grand Rapids: Wm. B. Eerdmans Publishing Company, 1981), 28.

과거의 염려를 생각하라

둘째로, 과거에 염려했던 때를 생각하는 것입니다. 지난날에도 염려로 마음을 하얗게 태웠던 적이 있었습니다. 그러나 그렇게 해서는 아무것도 얻지 못했습니다. 일찍이 시인도 같은 경험을 하였습니다. "비방이 나의 마음을 상하게 하여 근심이 충만하니 불쌍히 여길 자를 바라나 없고 긍휼히 여길 자를 바라나 찾지 못하였나이다"(시 69:20).

지금 하고 있는 염려는 대부분 일어나지 않을 일들에 대한 것입니다. 설령 일어날 일이라고 할지라도 염려한다고 해결될 수 있는 것도 아니니, 이는 인생이 생각하던 바와는 다르게 전개되기 때문입니다. 그래서 염려는 실제적으로 도움을 주지 못합니다. 오히려 끝없는 좌절과 절망으로 데려갈 뿐입니다.

염려에 사로잡히지 말라

셋째로, 염려에 사로잡히지 않는 것입니다. 살아 있는 한 염려를 피할 수 없습니다. 염려는 내가 선택한 것도 아닌데 마음 안에서 자연스럽게 생겨나니 사물의 그림자 같습니다. 평안과 기쁨은 은혜를 받아야 생기지만 염려는 마음속에서 본성적으로 솟아납니다. 그러나 우리가 염려에 사로잡히는 것은 의지적인 선택(選擇)으로써 이루어집니다.

염려되는 일들이 마음속에 떠오르는 것은 피할 수 없지만, 마음으로 그 생각을 붙잡을 때 염려는 점점 더 깊이 뿌리를 내리고 자라게 됩니다. 그래서 염려하는 마음은 불안(不安)이라는 바다로 떠나는 항구입니다. 만약 작은 염려를 떨쳐 버리지 못하고 거기에 사로잡힌다면 그것은 더 큰 염려로 발전할 것입니다. 여기서 주목해야 할 사실이 있습니다. '생활의 염려'는 마음이 둔하게 되는 요인인데, 예수 그리스도의 가르침에서 '방탕함', '술취함'과 함께 나란히 제시된다는 것입니다. 이는 하나님의 자녀들이 부당한 염려에 사로잡히게 되는 것이 그만큼 큰 잘못임을 보여줍니다. "너희는 스스로 조심하라 그렇지 않으면 방탕함과 술취함과 생활의 염려로 마음이 둔하여지고 뜻밖에 그날이 덫과 같이 너희에게 임하리라"(눅 21:34).[41]

이 구절의 의미에 대해, 17세기 영국의 경건한 청교도 주석가 매튜 풀(Matthew Poole, 1624–1679)은 다음과 같이 해석합니다.

> 특별히 그리스도께서는 제자들에게 사치함과 세속적으로 생각이 쏠리는 것(worldly mindedness)에 대해 경고하셨다. 먼저 방탕과 술취함에 대해 말씀하셨는데 이는 두 종류의 두드러진 죄였다. 이어서 이생의 염려들에 관해 말씀하셨는데 이는 꼭 필요하고 앞날에 대비하는 걱정들이 아니라, 불필요하고 마음을 나뉘게 하는 염려들을 가리킨다.[42]

---

[41] 이 구절의 헬라어 원문을 직역하면 다음과 같다. "방탕함과 술취함과 생활의 염려들로 인해 너희 마음들이 무겁게 되지 않도록, 또한 그날이 덫과 같이 갑자기 너희에게 임하지 않도록 스스로 경계하라"(Προσέχετε δὲ ἑαυτοῖς μήποτε βαρηθῶσιν ὑμῶν αἱ καρδίαι ἐν κραιπάλῃ καὶ μέθῃ καὶ μερίμναις βιωτικαῖς, καὶ ἐπιστῇ ἐφ᾽ ὑμᾶς αἰφνίδιος ἡ ἡμέρα ἐκείνη). 여기서 '둔하여지고'에 해당하는 헬라어 바레쏘신(βαρηθῶσιν)은 바뤼노(βαρύνω)의 가정법, 수동태, 3인칭 복수형으로 '무거운 그 어떤 것으로 압력을 발생시키다.', '짐을 지우다.', '무겁게 하다.'의 뜻이 있다. Walter Bauer, Frederick W. Danker, W. F. Arndt, F. W. Gingrich, eds., *A Greek-English Lexicon of the New Testament and Other Early Christian Literature*, 3rd ed. (Chicago: University of Chicago Press, 2000), 167.

[42] Matthew Poole, *A Commentary on the Holy Bible*, vol. 3 (Edinburgh: The Banner of Truth Trust, 1990), 266.

결국 방치된 염려는 마음을 나누어지게 하여 하나님의 나라와 그의 의를 위하여 살지 못하게 합니다. 그러므로 염려가 생길 때 그것에 빠져들지 말고 눈을 들어 하나님을 바라보십시오. 하나님 아버지의 거룩한 성품을 묵상하십시오. 천국을 묵상하면서 세상의 덧없음을 생각하십시오. 하나님의 은혜로 상황을 극복하거나 피할 길을 주시도록 간절히 기도하십시오(고전 10:13).

잠시 염려하게 될 때가 있을지라도 그 염려가 우리의 마음에 뿌리를 내리게 하지는 말아야 합니다. 왜냐하면 그것은 그토록 우리를 사랑해 주신 하나님께 대한 불신(不信)의 뿌리이기 때문입니다.

은혜 주셨던 때를 기억하라

넷째로, 은혜 주셨던 때를 생각하는 것입니다. 경건한 시인도 고통으로 잠을 이루지 못할 때가 있었습니다. 그도 한때 마치 하나님께 버림받은 것 같았고, 하나님의 사랑을 받지 못한 처지가 되었다고 비관하였습니다. "주께서 영원히 버리실까, 다시는 은혜를 베풀지 아니하실까, 그의 인자하심은 영원히 끝났는가, 그의 약속하심도 영구히 폐하였는가, 하나님이 그가 베푸실 은혜를 잊으셨는가, 노하심으로 그가 베푸실 긍휼을 그치셨는가 하였나이다"(시 77:7-9).

그렇지만 염려하던 시인이 절망(絕望)에서 희망(希望)으로 나아가는 계기가 있었는데, 그것은 자신이 지난날 하나님과 누렸던 은혜의 때를 기억한 것이었습니다.

시인은 괴로운 시절을 만났고 하나님을 간절히 찾았습니다. 그의 영혼은 헛된 위로를 거절하였습니다. 불면증에 시달리기까지 근심하고 불안해하였으니 괴로워 말할 수 없을 정도였습니다(시 77:2-4).

> 또 내가 말하기를 이는 나의 잘못이라 지존자의 오른손의 해 곧 여호와의 일들을 기억하며 주께서 옛적에 행하신 기이한 일을 기억하리이다 또 주의 모든 일을 작은 소리로 읊조리며 주의 행사를 낮은 소리로 되뇌이리이다(시 77:10-12).

그러한 시련의 날에 시인은 고요히 하나님을 생각했습니다. 현재의 사랑은 과거의 추억을 머금어 살아 있습니다. 시인은 아버지께서 조상들에게, 그리고 자신에게 행하셨던 이전 일들을 기억하였고, 그 일들을 깊이 묵상하였습니다. 그러자 기도할 마음이 생겼습니다. "내가 내 음성으로 하나님께 부르짖으리니 내 음성으로 하나님께 부르짖으면 내게 귀를 기울이시리로다"(시 77:1).

조용히 과거의 일들을 묵상한 것은 그때 은혜를 주셨던 기억을 소환하여 마음에 담기 위한 노력입니다.

하나님의 사랑은 우리의 상태에 달려 있지 않습니다. 만약 하나님께서 그런 분이시라면 우리가 어떻게 그분 앞에 설 수 있겠습니까?(시 130:3) 어떻게 영원하고 무한하며 완전하신 분이실 수 있겠습니까?(시 18:25)

하나님께서는 당신이 사랑이시므로 우리를 사랑하십니다(요일 4:16). 그 사랑은 우리의 옳고 그름에 달려 있지 아니하니, 그렇지 않다면 하나님의 사랑이 변덕스러운 사람의 사랑과 무엇이 다르겠습니까? 당신을 멀리 떠난 자가 스스로 외롭게 되는 것도, 회개하고 돌아오는 자가 따뜻하게 받아들여지는 것도 모두 하나님 아버지의 사랑을 받고 있다는 증거입니다. 이 사랑을 깨닫고 이렇게 하나님을 사랑하는 정서(情緖) 안에 있을 때, 우리는 폭풍우 흑암 속을 지나는 상황 속에서도 실제적으로 평안을 누리게 됩니다.

이에 대하여 조나단 에드워즈(Jonathan Edwards, 1703-1758)는 자신의 책 『신앙 감정론』(*Religious Affections*)에서 다음과 같이 말합니다.

> 나는 다음 사실을 담대히 말할 수 있다. 즉 어떤 사람이 신앙에 대해 아무리 많이 알고 듣고 보았다고 할지라도 만약 그것으로써 그의 정서가 감동받지 않았다면 그의 마음이나 일상적 행동에 어떤 변화도 일어나지 않을 것이라는 사실이다.[43]

염려가 마음을 지배하기 전에 먼저, 은혜의 정서가 약화되는 일이 있습니다. 이때 어려움 속에서 경험했던 하나님의 은혜를 회고(回顧)하는 것은 매우 훌륭한 경건의 기술입니다.

우리는 하나님의 자녀입니다. 이전에도 염려하던 때가 있었습니다. 도저히 스스로 해결할 수 없는 문제를 만난 때가 있었으나 그때도 지나왔으니, 우리의 염려가 아니라 하나님의 은혜가 우리를 살렸습니다. 하나님 아버지께서 생각하지 못한 방식으로 우리를 도우셨습니다(신 24:18).

하나님의 은혜로 어려움을 이기던 때를 기억하십시오. 그때 그 주님이 지금도 우리를 지키시는 아버지이십니다. "예수 그리스도는 어제나 오늘이나 영원토록 동일하시니라"(히 13:8).

---

[43] Jonathan Edwards, *Religious Affections*, in *The Works of Jonathan Edwards*, vol. 2, ed. John E. Smith (New Haven: Yale University Press, 1959), 102.

맺는말

인생은 잠시 집을 떠나는 여행과도 같습니다. 나그네길에서 기쁘고 즐겁고 힘들고 당황스러운 시간들을 만나지만 그 길은 여행길입니다. 여행을 시작하기 전에 살아왔던 삶이 있고 여행이 끝나면 살아가야 할 삶도 있습니다.

나그네에게 여행길은 아무리 사연이 많을지라도 더 긴 인생길에 비하면 소풍길과 같을 뿐이니, 우리의 존재는 영원하신 하나님의 품 안에서 계획된 것처럼 이 세상을 떠나는 날에도 그분과 함께 있을 것입니다. 아아, 그래서 인생은 참으로 두 영원 사이 틈바구니에 있는 한 토막 박막(薄膜)의 시간입니다.

인생을 하나님께 맡기면 왠지 불행하게 될지도 모른다는 마음이 드는 것은 작은 믿음 때문이니, 영원을 순간처럼 여기고 순간을 영원처럼 바꾸어 생각한 것입니다. 그런 믿음으로는 염려를 극복할 수 없습니다. 하나님의 존재와 사랑에 대한 큰 믿음이 필요합니다. 그러므로 우리가 참으로 염려해야 할 것은 물질의 부족이 아니라 믿음의 부족입니다. 우리의 마음이 소리를 질러 "나의 믿음 없는 것을 도와주소서."라고 외치는 것도 바로 이 때문입니다(막 9:24).

마음이 힘들기까지 염려하지 마십시오. 염려 속에서 시들어 버리기에는 우리 인생이 너무 고귀합니다. 왜냐하면 한 사람의 인생은 하나님을 사랑하며 비교될 수 없는 존재로 살아가도록 그에게만 주어진 것이기 때문입니다. 들풀에도 깃든 사랑이 있습니다.

김남준 목사님의 연작 설교 '염려에 관하여' 중
네 번째 설교 '필요한 것을 아심'으로 연결됩니다.

제4장

필요한 것을 아신다

---※---

이는 다 이방인들이 구하는 것이라
너희 하늘 아버지께서 이 모든 것이
너희에게 있어야 할 줄을 아시느니라

πάντα γὰρ ταῦτα τὰ ἔθνη
ἐπιζητοῦσιν· οἶδεν γὰρ ὁ πατὴρ
ὑμῶν ὁ οὐράνιος ὅτι χρῄζετε
τούτων ἁπάντων.

마 6:32

들어가는 말

하나님께서는 시간(時間)과 공간(空間)을 초월하시기에 무엇을 보실 때도 시간과 공간에 매이지 않으십니다. 모든 것이 그분의 눈앞에 감추인 것이 없이 드러나기 때문에 하나님께는 새로운 것이 없습니다. 만물을 이렇게 시간을 초월하여 한 번에 아시는 것을 하나님의 '오성 단순지'(悟性 單純知, *scientia simplicis intelligentiae*), 혹은 그냥 '단순지'라고 합니다.[44]

이와 함께 성경은, 하나님께서 시간과 공간의 한계 안에서 어떤 것을 보시는 것처럼 표현하기도 합니다(창 6:6, 22:12). 마치 몰랐던 사실을 새롭게 아신 것처럼 묘사하기도 합니다. "하나님이 지으신 그 모든 것을 보시니 보시기에 심히 좋았더라 저녁이 되고 아침이 되니 이는 여섯째 날이니라"(창 1:31). 그러나 하나님께서는 학습하지 않으시니 엄밀히 말해 하나님께는 이런 일은 있을 수 없습니다. 모든 것을 아시는 하나님이시니 새롭게

---

44) Richard A. Muller, *The Divine Essence and Attributes* in *Post-Reformation Reformed Dogmatics: The Rise and Development of Reformed Orthodoxy, ca. 1520 to ca. 1725*, vol. 3 (Grand Rapids: Baker Academic, 2003), 407-408.

아시는 것이 있을 수 없습니다. 따라서 이것은 시간과 공간에 매여 있는 인간과 소통하시기 위한 표현인데, 저는 이것을 하나님의 '현견지'(現見知, *scientia visionis*)라고 번역합니다.[45]

시간을 초월하시는 하나님께서는 모든 것을 현재로서 아십니다. 따라서 그분 앞에서는 과거, 현재, 미래가 모두 드러납니다. 이에 대해 아우구스티누스(Aurelius Augustinus, 354-430)는 자신의 유명한 책 『신국론』(*De Civitate Dei*)에서 이렇게 말합니다.

---

[45] Richard A. Muller, *The Divine Essence and Attributes* in *Post-Reformation Reformed Dogmatics: The Rise and Development of Reformed Orthodoxy, ca. 1520 to ca. 1725*, vol. 3 (Grand Rapids: Baker Academic, 2003), 407-408. "하나님께서는 이 세상에서 일어나는 일들 중 어느 것도 새로운 것이 없고 더욱이 그것들을 통해 전에는 없던 새로운 지식을 얻지 아니하십니다. ……그분에게는 모든 것이 영원한 현재입니다. ……그러나 하나님께서 인간과 만물을 이처럼 시간과 공간을 초월해서만 보신다면, 시간과 공간 안에 묶여 있는 인간들과 교통할 수 없을 것이고 도덕적으로 교화하실 수도 없을 것입니다. ……하나님께서 시간과 공간 안에서 인간과 사물을 보시는 것처럼 우리에게 계시된다는 것입니다." 김남준, 『교회와 그리스도의 남은 고난』 (서울: 생명의말씀사, 2015), 127-128.

시간 안에서 발생하는 것들에 관해 말하자면, 미래는 아직 존재하지 않고, 현재는 이미 존재하고 있으며, 과거는 더 이상 존재하지 않는 것이다. 그러나 하나님께서는 이 모든 것을 불변하고도 영원한 현재로 바라보신다(11.21).[46]

모든 시간과 공간을 초월하여 아시는 지식 때문에 우리는 그분의 통치가 완전함을 믿으며, 시간과 공간 안에서 아시는 지식 때문에 그분이 우리와 공감(共感)하심을 알 수 있습니다. 하나님께서는 지식이 완전하고 능력이 무한하실 뿐 아니라, 우리를 사랑하시기에 우리는 그분의 통치를 기뻐할 수 있습니다. 이러한 깨달음은 온 땅과 하늘 위에 높으신 하나님 아버지를 더욱 의지하게 합니다.

염려의 해결 방식

예수 그리스도께서는 먹고 입고 마시는 것을 위해 염려하지 말아야 할 이유에 대해 말씀하십니다. "그러므로 염려하여 이르기를 무엇을 먹을까 무엇을 마실까 무엇을 입을까 하지 말라 이는 다 이방인들이 구하는 것이라 너희 하늘 아버지께서 이 모든 것이 너희에게 있어야 할 줄을 아시느니라"(마 6:31-32).

하나님은 우리의 모든 필요를 아시는 아버지이시기에 육신(肉身)의 필요

---

[46] Avrelivs Avgvstinvs, *De Civitate Dei*, in *Corpvs Christianorvm Series Latina*, XLVIII: *Avrelii Avgvstini Opera,* Pars XIV, 2 (Tvrnholti: Typographi Brepols Editores Pontificii, 1955), 339.

에 대한 우리의 해결 방식은 이방인들의 그것과는 달라야 합니다. 이것을 좀 더 자세히 살펴보면 다음과 같습니다.

이방인의 해결 방식

첫째로, 이방인들의 문제 해결 방식입니다. 이방인들은 먹고 입고 마시는 것에 대해 구합니다. "그러므로 염려하여 이르기를 무엇을 먹을까 무엇을 마실까 무엇을 입을까 하지 말라 이는 다 이방인들이 구하는 것이라 너희 하늘 아버지께서 이 모든 것이 너희에게 있어야 할 줄을 아시느니라"(마 6:31-32).[47]

여기서 '구한다.'라는 말의 의미는 단순히 이방인들의 기도(祈禱) 행위만을 가리키는 것이 아닙니다. 오히려 이방인들이 삶으로 추구하는 바를 가리킵니다. 이방인들은 육신을 위해 무엇을 누리느냐를 중요하게 생각합니다. 이것이 이방인들의 삶의 목표이자 가치이며, 그들에게는 종교조차 이것을 위한 수단일 뿐입니다(빌 3:19).

아직도 사업을 시작하거나 건물을 지을 때 고사(告祀)를 지내는 사람들이 있습니다. 그런 사람들은 고사 드리는 신과 교제하거나 사랑하고 싶은 마음으로 그렇게 하는 것은 아닙니다. 단지 신이 자기가 하고자 하는 일

---

[47] 여기서 '이방인'(에쓰네, ἔθνη)은 '혈연, 문화 그리고 공통된 전통에 의해 묶여진 사람들의 연합체'를 의미한다(행 8:9, 10:22). 고전 헬라어에서는 '특정 집단과는 이질적인 사람들의 모임'을 뜻하기도 하였다. 신약성경에서 이 단어는 '나라들, 이교도들, 불신자들'을 의미하였는데, 특히 '여러 신을 섬기는 자들'을 뜻했다(마 10:18). 때로는 '이스라엘 사람이 아닌 그리스도인들'을 가리키기도 했다(롬 16:4). Walter Bauer, Frederick W. Danker, W. F. Arndt, F. W. Gingrich, eds., *A Greek-English Lexicon of the New Testament and Other Early Christian Literature*, 3rd ed. (Chicago: University of Chicago Press, 2000), 276-277.

에 훼방을 놓아 어려움이 생기지 않기만을 바라는 마음에서 하는 것입니다. 다시 말해서 그 터를 담당하고 있다고 생각되는 신에게 뇌물을 주는 마음으로 고사를 지내는 것입니다.

이방인들은 신을 섬길 뿐 사랑하지는 않습니다. 단지 신에게 잘 보여 자신이 원하는 것을 얻고자 할 뿐입니다. 그들에게 기도라는 행위는 신에게 원하는 바를 알리기 위한 수단이고, 원하는 것을 얻고자 조르는 방편이었습니다(마 6:7). 그래서 이방인과 신의 관계는 인격적인 사랑과 신뢰로 묶여진 것이 아닙니다.

그들은 얻고 싶은 바를 위해 부지런히 빌면서도 끊임없이 염려합니다. 이방인들은 자신이 섬기는 신의 인격성이나 신실함, 사랑과 전능함을 확신하지 못하기 때문입니다.

신자의 해결 방식

둘째로, 신자의 문제 해결 방식입니다. 신자는 하나님의 사랑이 부은 바 된 사람들로서, 하나님과 인격적인 관계를 맺고 있습니다(롬 5:5). 그래서 신자의 문제 해결 방식은 이방인의 그것과는 다릅니다.

이방인들은 육신을 위한 만족을 삶의 목표로 삼고 그것을 염려하며 살지만, 신자들은 하나님과의 인격적인 사랑과 신뢰의 관계 속에서 더 높은 목적을 향해 믿음으로 살아갑니다. 이방인들은 신뢰와 사랑이 없는 이방 신에 간청해서 육신의 필요를 채우지만, 신자는 하나님의 나라와 의를 위해 삶으로써 그것들을 공급받습니다.

인격이란 무엇인가?

하나님과 신자의 관계는 인격적입니다. '인격적 관계'란 서로를 자유롭고 독립된 존재로 여겨서 인격체 대(對) 인격체로서 교제하는 관계를 가리킵니다. 그러면 기독교 신앙을 설명함에 있어서 너무나 자주 사용되는 용어인 인격이란 무엇일까요?

본래 '인격'(人格, person)이라는 단어는 고대 그리스 시대 연극의 소품(小品)에서 유래하였습니다. 고대 그리스에서는 연극이 유행하였습니다. 그런데 당시 배우의 수는 극중 인물의 수보다 적었기에 한 사람이 여러 배역을 맡기도 했습니다. 그리하여 배우는 출연할 때마다 자신의 배역에 알맞은 가면을 쓰고 연기하였습니다. 이때 사용된 가면을 가리키는 헬라어(프로소폰, πρόσωπον)[48]는 그 누구와도 같지 않은 극 중 인물의 얼굴을 뜻하였습니다. 바로 이 단어에서 '인격'을 의미하는 라틴어(페르소나, persona)가 유래되었고, 또 여기에서 같은 의미의 영어 단어(person)가 나왔습니다.

기독교는 이 인격을 새로운 방식으로 해석하였습니다. 초기 기독교 신학자들은 '인격'을 '신과 결합된 존재성'으로 보았습니다. 그들 중에서 특별히 아우구스티누스는 삼위일체를 설명하는 데 사용되던 인격(人格) 혹은 위격(位格)의 개념을 영혼과 육체로 구성된 인간에게도 적용하여 '하나의 인격'이라고 표현했습니다.[49]

---

[48] 이 의미 깊은 단어는 고전 그리스 문학에서 많이 사용되었는데, 크게 다음 네 가지 의미로 사용되었다. (1) '얼굴, 용모'(countenance). 호메로스(Homeros, BC 8−9세기경)는 이 단어를 언제나 복수형(πρόσωπα)으로 사용하였다. (2) '어떤 사람의 모습이나 외관'(look). (3) '연극 등에서 사용되던 가면'(mask). (4) '사람의 인격'(person) 혹은 '법적 인격성' 혹은 '사람이나 사물의 특성.' H. G. Liddell, R. Scott, eds., *A Greek-English Lexicon* (Oxford: Clarendon Press, 1996), 1533.

[49] B. Studer, "persona, person," in *Encyclopedia of the Early Church*, vol. 2, ed. Angelo Di Bernardino, trans. Adrian Walford (Cambridge: James Clarke & Co., 1992), 675.

아우구스티누스는 인간의 인격이 삼위일체 하나님의 위격의 형상(形狀)을 따라 지음받았다고 보았습니다. 특별히 그는 인간의 영혼 안에서 삼위일체의 유비를 찾았는데, 기억(memory), 이해(understanding), 의지(will)라는 세 기능이 한 영혼 안에 있음을 소개하였습니다. 인간은 이러한 영혼과 마음을 가지고 있기에 자기로서의 인격적 정체성을 갖습니다.[50]

따라서 아우구스티누스에게 인격이라는 인간의 정체성은, 단지 이러한 영혼의 기능이 존재한다는 사실에만이 아니라 그것을 사용하여 자신이 새롭게 되는 과정에도 있는 것이었습니다.[51]

요점은 이것입니다. 아우구스티누스는 '나'라는 한 사람의 인격의 정체성은 하나님과의 사랑의 관계에서 발견된다고 보았다는 것입니다. 다시 말해서 내가 나라는 사실은 죄로 오염된 참되지 않은 내가 참된 나로 변화되어 감으로써 입증된다는 것입니다.

계몽주의 사상이 해일처럼 일어나던 시대에 영국 경험론의 대표적 철학자였던 존 로크(John Locke, 1632-1704)가 『인간 오성론』(*An Essay Concerning Human Understanding*)에서 인격에 대해 내린 유명한 정의(定義)도 기억할 가치가 있습니다.

---

[50] Sheri Katz, "Person," *Augustine through the Ages: an Encyclopedia*, ed. Allan D. Fitzgerald (Grand Rapids: Wm. B. Eerdmans Publishing Company, 1999), 649.
[51] 이러한 사실을 아우구스티누스는 자신의 책 『삼위일체』(*De Trinitate*)에서 다음과 같은 경건한 기도로 표현하였다. "당신을 기억하게 하소서. 당신을 알게 하소서. 당신을 사랑하게 하소서. 저를 완전히 새롭게 하시기까지 이 모든 것을 제 안에서 확장해 주소서"(*Meminerim tui; intellegam te; diligam te. Auge in me ista donec me reformes ad integrum.* 15.28.51). Avrelivs Avgvstinvs, *De Trinitate*, in *Corpvs Christianorvm Series Latina*, L$_A$: *Avrelii Avgvstini Opera*, Pars XVI, 2 (Tvrnholti: Typographi Brepols Editores Pontificii, 1968), 533-535; 김남준, 『교회와 하나님의 사랑』 (서울: 익투스, 2019), 39-44.

내가 생각하기에, 인격이란 생각하는 지성적 존재로서 추론(reason)과 반성(reflection)의 능력을 갖고 있으며, 자기를 자신으로 여길 수 있고 서로 다른 시간과 공간 속에서도 동일하게 생각하는 사물(thing)이다.[52]

위의 사실들을 종합하면 인격은, 사람을 사람이게 하는 '내적 실체'(內的 實體), 혹은 주체성을 가진 인격체가 되게 하는 '자립적 본질'(自立的 本質)을 뜻합니다.[53] 인격은 '그 사람'을 '그 사람'이게 하는 것입니다. 인격을 지님으로써 공통된 인간 본성과 함께 자기만의 독특한 본성을 지닌 '나'라는 사람이 됩니다. 인격이 있기에 인간은, 하나님 혹은 다른 사람들과 관계를 맺을 때 자유롭고 책임 있는 주체(主體)가 될 수 있습니다.

하나님께서는 각 사람에게 인간으로서의 공통적(共通的) 본성을 주셨을 뿐만 아니라 각기 고유한 개별적(個別的) 본성도 주셨습니다. 그래서 모든 사람이 자기 인격 안에서, 서로 다른 사람으로 타인들과 관계를 맺으며 자유롭고 책임 있는 주체로 살아가게 하셨습니다.

여기서 고려해야 할 것은 '인격의 사회성(社會性)'입니다. 사람은 다른 사람들과 함께 살아가면서 여러 가지 일들을 겪습니다. 수많은 삶의 사태(事態)들을 만나며 온갖 종류의 겪음들(passions)을 당합니다. 그 겪음들 속에

---

[52] "……which, I think, is a thinking intelligent being, that has reason and reflection, and can consider itself as itself, the same thinking thing, in defferent times and places……"(2.27.9). John Locke, *An Essay Concerning Human Understanding* (London: Thomas Tegg, 1841), 217.

[53] 사람을 사람이게 하는 것이 인격인데, 이것은 변하지 않고 지속적으로 있으면서 사람됨의 근원을 이룬다. 이것을 '자립적 본질'이라고 부르는 것은 다음 두 가지 이유 때문이다. 첫째로, 보이는 사람은 이 본질에 의존하여 있으나 그것은 보이는 인간에 의해 스스로 있는 것이 아니기 때문이다. 둘째로, 사람은 이것이 있음으로 타인과 구별된 독립적인 존재가 되기 때문이다. 곧 고유하고 주체적인 자아를 가진 존재가 되기 때문이다.

서 사람은 여러 반응을 보이는데, 이것은 그 사람의 영혼과 정신의 독특한 특징이 되어 갑니다. 이처럼 한 사람의 인격이 형성되는 데에는 태어날 때에 부여받은 선천적(先天的) 요소말고도 사회 속에서 획득되는 후천적(後天的) 요소가 있습니다. 인격의 형성에 있어서 후자로 인해 전자의 좋은 점들이 나쁘게 왜곡되기도 하고, 그 반대로 좋게 되기도 합니다.

하나님께서는 우리를 자유와 책임을 가진 인격체로 대해 주십니다. 그렇지 않다면 하나님과 우리 사이에 사랑의 관계가 성립할 수 없을 것입니다. 사랑이라는 정신 작용은 인격체들만의 특성이기 때문입니다.

인격적인 관계를 누려라

자녀들에게 많은 지식을 주입(注入)시키는 것만이 올바른 교육은 아닙니다. 자녀의 요구를 무조건 들어주는 것도 좋은 교육이 아닙니다.

좋은 교육은 하나님께서 만드신 우주적 질서와 타인들과의 관계 속에서 자신을 알고 타인을 사랑하며 자연 만물을 선의(善意)로 대하도록 돕는 것입니다. 이를 위해서는 어려서부터 하나님께서, 인간과 또한 자연과 어떻게 관계를 맺고 계신지를 배워야 합니다.

한 인간으로서 행복한 삶을 살게 하기 위해서 강조되어야 할 교육의 내용은 하나님을 사랑하는 것입니다. 그리고 다른 사람과 대등한 인격체로서 관계 맺을 수 있는 능력을 길러 주는 것입니다. 다른 사람을 언어(言語)로 설득하고 예술(藝術)로써 감화시킬 뿐만 아니라 자신도 다른 사람들로부터 그렇게 영향받는 관계를 갖도록 도와주어야 합니다.

이 모든 활동들을 통해 선(善)을 지향하도록 사랑으로 교통하는 능력을 길러 주어야 하는데, 이때 자녀는 타인을 통해 자신의 소중함을 알게 됩니다. 또한 자신을 통해 타인도 그것을 배우게 하고 자신도 함께 배움으로써 서로의 인간성을 완성해 갑니다. 우리는 이런 관계를 '인격적 관계'(人格的 關係)라고 부릅니다.

하나님과의 관계도 그렇습니다. 하나님께서는 인격적이시기에, 우리가 자원하는 마음으로 하나님을 알고 사랑하기를 바라십니다. 우리를 거룩하게 하심에 있어서, 우리의 마음의 작용을 거슬러 억지로 끌고 가지 않으십니다. 우리를 기계의 부속품처럼 다루지 않으시고, 독립된 인격체로 존중하며 다루십니다.

그래서 하나님께서는 당신을 사랑하려고 하지 않는 사람들을 때로는 그냥 내버려 두십니다(롬 1:24, 26, 28). 만약 은혜로 감화받을 기회를 거절하면 하나님 없이 사는 고통을 느끼게끔 내버려 두십니다. 우리가 인격적으로 당신을 사랑하게 되길 바라시기 때문입니다.

이 점에 있어서 이방신(異邦神)은 다릅니다. 이방신은 인간을 인격적 독립체이며, 목적을 가진 존재로 인정하지 않습니다. 자기를 위한 수단 정도로 생각합니다. 이방신이 인간에게 종종 무엇을 준다고 알려졌지만, 그것이 사실이라고 할지라도 기껏해야 거래(去來)일 뿐입니다.

이방신은 비인격적이기 때문에 인간을 사랑하는 존중심은 없습니다.[54] 끊임없이 인간을 두렵게 하여 굴복하게 하는데 이는 하나님의 방법과는 다릅니다. "하나님이 우리에게 주신 것은 두려워하는 마음이 아니요 오직 능력과 사랑과 절제하는 마음이니"(딤후 1:7).

---

54) 우리는 하나님 이외에 신이 있다고 생각하지 않는다. 하나님 이외의 영적 존재는 인간과 천사, 타락한 천사(사탄과 그를 따르는 귀신들)뿐이다. 천사나 타락한 천사가 하나님과 대적할 정도의 존재는 아니다. 그들 모두 하나님께서 만드신 피조물일 뿐이다.

하나님께서는 우리를 비인격적으로 대하지 않으십니다. 그분은 인격적이시기에 우리를 부르실 때 우리의 지성(知性)에 말을 건네십니다. 우리의 마음에 감화를 주셔서 하나님을 사랑하게 하십니다. 그래서 좋은 것을 원하게 하시되 스스로 선택하도록 은혜를 주십니다. 아우구스티누스가 바르게 지적한 것과 같이 "믿음은 추구하고, 지성은 발견합니다"(Fides quaerit, intellectus inuenit).[55]

하나님과 신자의 관계가 인격적이기에 신자의 기도는 이방인의 그것과 다릅니다. 신자도 원하는 것이 있을 때 기도하지만 이방인처럼 기도하지는 않습니다. 참된 신자는 기도할 때 일방적으로 자신의 요구 사항만 되풀이해서 말하지 않습니다. 그는 간절히 기도하면서 하나님의 마음을 전심으로 전수(傳受)받습니다.

자신이 기도하는 바에 대한 하나님의 뜻을 숙고(熟考)하고, 자신이 원하는 것과 하나님께서 바라시는 것이 서로 다를 때는 기도하는 과정을 통해 자기를 부인(否認)하는 법을 배웁니다(막 8:34). 불완전하고 불순한 지혜를 버리고 완전하고 순수한 지혜를 찾아가는 법을 배웁니다(시 1:1). 이는 그가 하나님을 신뢰하고 사랑하기 때문입니다. 신자는 그 사랑 안에서 그리스도를 닮아가 인격적으로 성숙(成熟)해집니다.

이처럼 기도를 통한 하나님과의 인격적인 교제는 우리가 하나님의 자

---

55) "'믿음은 추구하고, 지성은 발견한다.' 그래서 선지자는 '너희가 굳게 믿지 아니하면 이해하지 못한다.'라고 말한다(사 7:9). 그러나 지성은 그토록 찾았던 그분을 여전히 찾는다. 시편의 말씀처럼, 여호와께서 하늘에서 인생을 굽어살피사 지각이 있어 하나님을 찾는 자가 있는가 보려 하시기 때문이다(시 14:2). 그러므로 사람은 하나님을 찾기 위해서는 지해(知解)해야 한다"(15.2.2). Avrelivs Avgvstinvs, *De Trinitate*, in *Corpvs Christianorvm Series Latina, L₄: Avrelii Avgvstini Opera*, Pars XVI, 2 (Tvrnholti: Typographi Brepols Editores Pontificii, 1968), 461–462.

녀다워져 가는 중요한 과정입니다. 기도는 세상 염려에 빠지기 쉬운 마음을 돌이켜 하나님께로 향하게 하는 은혜의 방편(方便)이니, 곧 하나님과의 실제적인 사랑의 연합을 위한 훈련입니다.

필요를 아시는 하나님

이방인들은 기도하면서도 염려합니다. 그러나 그리스도께서는 염려하지 말라고 하십니다. 이는 하나님께서 이미 우리의 모든 필요를 아시기 때문입니다. "……너희 하늘 아버지께서 이 모든 것이 너희에게 있어야 할 줄을 아시느니라"(마 6:32).

'아시느니라.'에 해당하는 헬라어(오이다, οἶδα)는 현재 완료형 동사로서 '-에 대해 (이미) 알았다.' 혹은 '(어떻게 해야 하는지) 이미 알고 있다.'라는 뜻입니다.[56] 하나님께서는 모든 것을 아시는 지식으로써 우리에게 언제, 무엇이 필요한지를 완전하게 아십니다.

육신의 필요에 대한 두 가르침

육체의 필요에 대한 그리스도의 가르침은 하나님의 성품에 대한 지식과 밀접한 관련이 있습니다. "……너희 하늘 아버지께서 이 모든 것이 너희에게 있어야 할 줄을 아시느니라"(마 6:32).

---

56) Walter Bauer, Frederick W. Danker, W. F. Arndt, F. W. Gingrich, eds., *A Greek-English Lexicon of the New Testament and Other Early Christian Literature*, 3rd ed. (Chicago: University of Chicago Press, 2000), 693–694.

여기서 우리는 육신의 필요를 위해 염려하지 말아야 할 두 가지 근거를 발견합니다. 그것은 하나님의 지식과 지식의 범위입니다.

첫째로, 하나님의 지식(知識)입니다. 곧 하나님께서 이미 우리의 필요를 알고 계시는 지식을 가리킵니다(마 6:32). 존재하는 모든 것을 아실 뿐 아니라 원하시는 것을 행하실 수 있는 하나님이십니다. 그래서 우리는 믿음과 감사의 마음으로 기도를 드립니다. 결핍에 대한 두려움 때문이 아니라, 모든 필요를 아시는 하나님 아버지를 의존하는 마음으로 살아갈 수 있습니다.

둘째로, 그 지식의 범위(範圍)입니다. 하나님께서는 우리가 살아가기 위해 필요한 모든 것을 이미 알고 계십니다. 다시 말해서 그분에게는 모르시는 것이 없다는 것입니다. 특별히 당신의 자녀에 대해서는 더욱 그러합니다. 그런데 예수 그리스도께서는 육신의 생활을 위해 다음과 같이 기도하라고 가르치십니다. "오늘 우리에게 일용할 양식을 주시옵고"(마 6:11). 이는 하나님께서 새로운 지식을 얻으시기 위함이 아니라 우리로 하여금 당신을 의지하게 하시기 위함입니다.

여기서 '일용할 양식'(daily bread)이라는 표현은 매일 쓸 양식을 공급받는 일이 하나님께 의지해야 할 일임을 보여줍니다. 마치 매일 만나를 공급받았던 이스라엘 백성들처럼 말입니다(출 16:21). 일용할 양식은 문자 그대로 하루의 먹을 것만을 뜻하지 않습니다. 여기에는 먹고 마시고 입을 것들뿐만 아니라 인간다운 삶을 영위하기 위해 필요한 모든 것이 포함됩니다.[57]

교부들과 중세 신학자들은 이것을 초자연적이고 영적인 것으로 해석하였습니다.[58] 그러나 마르틴 루터(Martin Luther, 1483-1546)는 이것이 우리의

---

57) 김남준, 『깊이 읽는 주기도문』 (서울: 생명의말씀사, 2013), 248-251.
58) '일용할 양식'에 해당하는 헬라어 원문은 다음과 같다. 'τὸν ἄρτον ἡμῶν τὸν ἐπιούσιον.' 여기서

삶을 위한 양식과 필수품이라고 규정하면서 심지어 올곧은 배우자와 아이들, 좋은 정부와 날씨, 평화와 품격과 명예, 좋은 친구와 신실한 이웃들까지를 포함한다고 하였습니다.[59] 또한 존 칼빈(John Calvin, 1509-1564) 역시 이것이 우리가 하루에 먹을 것뿐만 아니라 현재 생활에 필요한 모든 것들을 의미한다고 보았습니다.[60]

결국 육신의 모든 필요에 있어서 하나님을 의지함으로써 우리가 전적으로 하나님의 은혜 아래에서 살아가는 존재임을 고백해야 합니다.

예수 그리스도께서는 육신의 필요를 위해 도무지 기도하지 말라고 가르치지 않으셨습니다. "……염려하여 이르기를 무엇을 먹을까 무엇을 마실까 무엇을 입을까 하지 말라"(마 6:31)라고 하셨습니다. 이 말씀의 방점(傍點)은 '이르기를'에 있지 않고 '염려하여'에 있습니다.[61] 다시 말해서 육신의

논쟁이 된 단어는 에피우시온(ἐπιούσιον)인데, 이 단어는 '-관하여', '-위에'라는 뜻을 가진 전치사 에피(ἐπί)와 '본질'이라는 뜻을 가진 우시아(οὐσία)의 합성어로 보아 '초실체적인' 혹은 '실체 너머에 있는'이라는 뜻으로 해석되었다. 요한네스 카시아누스(Johannes Cassianus, 360경-435경)를 비롯한 많은 교부들과 중세 신학자들이 이 해석을 따랐다. 이들은 이 구절이 육체의 양식이 아닌 초자연적이고 영적인 것을 의미한다고 보았다. Manlio Simonetti, ed., *Matthew 1-13*, in *Ancient Christian Commentary on Scripture, New Testament*, vol. Ia (Downers Grove: InterVarsity Press, 2001), 135.

59) Martin Luther, "Handbook: The Small Catechism (of Dr. Martin Luther) for Ordinary Pastors and Preachers," in *The Book of Concord: The Confessions of the Evangelical Lutheran Church*, eds. Robert Kold, Timothy J. Wengert (Minneapolis: Fortress Press, 2000), 357.

60) John Calvin, *Commentary on a Harmony of the Evangelists, Matthew, Mark, and Luke*, vol. 1, in *Calvin's Commentaries*, vol. 16, trans. William Pringle (Grand Rapids: Baker Book House, 1998), 321-325.

61) 많은 교부들이 '일용할 양식'(τὸν ἄρτον ἡμῶν τὸν ἐπιούσιον)을 해석함에 있어 오류에 빠졌던 것도 바로 이 방점의 오해 때문이다. 그들은 대부분 먹을 것에 대해 염려하지 말라고 하신 그리스도께서 육적 양식을 위해 기도하라고 하셨을 리가 없다고 생각했다. 그래서 암브로시우스(Ambrosius, 340경-397)는 '성찬의 떡'으로, 키프리아누스(Thascius Caecilius Cyprianus, 200경-258)는 '그리스도 안에서 영원히 거하는 것'으로, 오리게네스(Origenes Adamantius, 185경-254경)는 '영적 양식'으로 해석하였다. 그러나 아우구스티누스(Aurelius Augustinus, 354-430)는 '일용할 양식'이라

필요를 위하여 기도하는 것이 믿음 없는 것이 아니라, 염려하는 것이 믿음이 없는 것이라는 말씀입니다. 만약 이에 관하여 기도하는 것이 잘못된 일이라면 그리스도께서 우리에게 일용할 양식을 위하여 기도하라고 가르치셨을 리가 없지 않겠습니까?(마 6:11).

신자가 육신의 것들을 위해 염려하는 것은 하나님의 경륜보다 육신에 속한 것들에 더 애착(愛着)하기 때문입니다. 그러나 그는 마땅히 보다 더 높은 인생의 목적에 관심을 가지고 살아야 합니다.

기도를 통해 배우는 것들

하나님께서는 모든 것을 아십니다. 그런데 왜 기도하라고 하실까요? 열렬히 기도하라고 하시고, 기도하지 않으면 아무것도 얻지 못할 것처럼 말씀하시는 이유가 무엇일까요?(약 4:2) 이는 기도를 통해 가르치고 싶은 것이 있기 때문입니다. 우리는 기도를 통해 다음 사실을 배웁니다.

첫째로, 모든 좋은 것의 기원(起源)을 배웁니다. 즉 그것들이 오직 선(善)하신 하나님께로부터만 온다는 사실을 배웁니다. "온갖 좋은 은사와 온전

는 말에는 다음 세 가지 의미가 포함되어 있다고 보았다. 첫째는 '육체적 생명의 지속을 위한 빵'이며, 둘째는 '그리스도의 거룩한 몸'이며, 셋째는 '계명, 곧 영적인 양식으로서의 하나님의 말씀'이다. 이 해석들에 관해서는 다음 책들을 참고하라. Kenneth W. Stevenson, *The Lord's Prayer: A Text in Tradition* (Minneapolis: Fortress Press, 2004), 72-73; Cyprian, *The Lord's Prayer*, in *The Fathers of the Church*, vol. 36, trans. Roy J. Deferrari (Washington: The Catholic University of America Press, 1981), 142-143; Tertullian, *Prayer*, in *The Fathers of the Church*, vol. 40, trans. E. J. Daly (Washington: The Catholic University of America Press, 1985), 164; Manlio Simonetti, ed., *Matthew 1-13*, in *Ancient Christian Commentary on Scripture, New Testament*, vol. Ia (Downers Grove: InterVarsity Press, 2001), 135; Augustine, *Commentary on the Lord's Sermon on the Mount*, in *The Fathers of the Church*, vol. 11, trans. Denis J. Kavanagh (Washington: The Catholic University of America Press, 1988), 132-135.

한 선물이 다 위로부터 빛들의 아버지께로부터 내려오나니 그는 변함도 없으시고 회전하는 그림자도 없으시니라"(약 1:17).

우리에게 나빠 보였지만 결국 좋았던 것은 하나님께서 주신 것이고, 좋아 보였지만 나빴던 것은 우리의 악(惡)함 때문에 생겨난 것이었습니다. 결국 하나님을 믿는 믿음을 갖게 된다는 것은 모든 좋은 것이 하나님에게서 온다는 사실을 아는 것입니다. "그가 사모하는 영혼에게 만족을 주시며 주린 영혼에게 좋은 것으로 채워 주심이로다"(시 107:9).

기도하지 않는 신자는 좋은 일이 생기면 운(運)이 좋았다고 생각하고, 나쁜 일이 생기면 하나님을 원망하고 사람을 탓합니다. 그러나 기도하는 신자는 좋은 일이 생기면 하나님께 감사하고, 나쁜 일이 생기면 그 안에서 하나님의 뜻을 찾습니다. 어떤 경우든지 그는 하나님께로 가까이 다가가게 되니, 이는 그가 세상의 모든 일을 하나님께서 주관하심을 믿기 때문입니다. "마음의 경영은 사람에게 있어도 말의 응답은 여호와께로부터 나오느니라"(잠 16:1).

둘째로, 하나님께 대한 의존(依存)을 배웁니다. 인간은 끊임없이 하나님을 떠나 독립하고자 하는데, 이는 그럴수록 자신이 더 행복해질 것이라고 생각하기 때문입니다. 그러나 인간 영혼의 선함은 하나님과 올바른 관계를 맺는 데 있으니, 마음이 그분으로부터 멀어질수록 우리는 불행하게 됩니다. 인간의 아름다움은 영혼의 아름다움에 있는데, 아름답지 않은 영혼으로 누리는 행복이 어찌 참된 행복일 수 있겠습니까?[62]

---

62) "하나님께서 창조하신 만물은 개체로서 완전성을 소유하고 또한 하나님께서 지정하신 자리에 있음으로 선함을 갖게 되는데, 이에 대한 미학적 평가가 바로 아름다움입니다. 그리고 거기서 그 사물은 탁월함(excellency)을 갖습니다. 그러므로 선하지 않은 것들 중 아름다운 것이 없고, 아름답지 않은 것이 뛰어난 것일 수 없습니다." 김남준, 『하나님의 도덕적 통치』 (서울: 생명의말씀사, 2007), 83.

하나님의 사랑은 그릇된 우리를 속박하는 데서 나타납니다. 하나님께서 선하시기에 당신 안에서만 행복할 수 있으므로, 인간이 당신을 떠나고자 그릇 행할 때 그를 속박하시는 것은 사랑의 표현입니다. 인간이 속박받는다고 느끼는 것은 그만큼 그릇된 자유를 갈망하고 있기 때문입니다.

그러나 사람들은 모두 속박으로부터 벗어나고 싶어합니다. 모든 속박으로부터 벗어나 자기 마음대로 할 수 있는 무제한의 자유가 주어진다면 행복할까요? 그렇지 않습니다. 인간은 자신을 위해 참으로 좋은 것이 무엇인지를 모를 뿐 아니라 하나님으로부터 멀어질수록 욕망에 속박받게 되니, 이로써 혼란(混亂)과 소외(疏外) 속에서 살게 됩니다.

하나님께서는 당신의 사랑에 매임으로써 우리가 더 행복하게 된다는 사실을 아시기에 말씀으로 당신께 묶어 두려고 하십니다. 이를 위한 가장 좋은 방법은 우리가 자신의 힘으로는 살 수 없는 존재라는 사실을 깨닫게 하시는 것입니다. 그래서 때로는 고난(苦難)을 허락하십니다.

고난을 겪으면서 우리는 자신의 한계를 깨닫습니다. 자신의 힘만으로는 살 수 없다는 사실을 알게 될 뿐만 아니라 다른 사람의 도움도 소용없는 때가 많다는 사실을 알게 됩니다. 은혜에서 미끄러져 죄로 다가가게 하였던 교만을 회개하고, 하나님의 사랑을 그리워하게 만들어 줍니다. 오직 하나님의 사랑으로 돌아가 그분의 사랑과 보호를 받고 싶다는 마음을 갖게 합니다. 그런 깨달음이 기도하게 합니다.

하나님께서는 그런 사람들에게 성령의 은혜를 주십니다. 하나님 사랑에 감화를 받음으로써 그분을 사랑하게 하십니다. 그리고 이 사랑은 하나님만을 의지하는 성향(性向)으로 드러납니다. 힘써 기도할 때 그는 오직 하나님만 자신의 피난처가 된다는 사실을 알게 됩니다(시 62:8, 91:1-3).

하늘 아버지께서 아신다

기도에 대해(마 6:9), 우주적 절대자에 대해(마 26:53, 막 13:32), 거룩한 은혜에 대해(마 5:45, 25:34) 가르치실 때, 그리스도께서는 하나님을 '아버지'로 즐겨 부르셨습니다.

예수 그리스도께서는 하나님을 아버지로 부르심으로써 우리가 그 어떤 상황 속에서도 하나님께 사랑받는 존재임을 보여주고자 하셨습니다. 이것은 염려에 대한 가르침에서도 드러납니다. "……너희 하늘 아버지께서 이 모든 것이 너희에게 있어야 할 줄을 아시느니라"(마 6:32).

유대인의 문맥에서 볼 때, '아버지'로 번역된 헬라어(파테르, πατήρ)의 우선적인 뜻은 자신을 태어나게 한 아버지입니다(마 2:22, 4:21, 요 4:53). 또한 이 뜻이 확장되어 그 아버지의 아버지, 할아버지의 아버지 등 직계에 있는 모든 부자 관계에 속하는 조상을 통칭하기도 하였습니다(마 3:9, 눅 1:73, 요 4:12).[63] 어떤 때는 몇 십 대 위의 할아버지를 '아버지'라 하기도 하고, 모든 조상을 '아버지들'이라고 하기도 하였습니다.

이 호칭은 유대 사회에서 가족 관계에서만 불리던 것이었습니다. 예수 그리스도께서는 하나님이 '우리의 아버지'이시라는 사실을 말씀하시면서 하나님과의 가족 관계를 강조하셨습니다.

이와 같은 사실을 고려할 때, 하나님께서 우리의 아버지가 되시는 것은 다른 피조물의 창조주가 되시는 것과는 비교될 수 없는 관계임를 보여줌

---

[63] Walter Bauer, Frederick W. Danker, W. F. Arndt, F. W. Gingrich, eds., *A Greek-English Lexicon of the New Testament and Other Early Christian Literature*, 3rd ed. (Chicago: University of Chicago Press, 2000), 786.

니다. 우리를 가족으로 삼으시기 위해서 자기의 독생자를 주시기까지 구원하신 사랑으로 지금도 돌보아 주고 계신다는 것입니다.

또한 우리의 아버지가 되시는 하나님은 '하늘 아버지'이십니다.[64] '하늘'(우라니오스, οὐράνιος)이라고 번역된 단어는 원래 '하늘에 계신'(heavenly)이라는 뜻인데, 그것은 하나님을 뜻합니다.[65]

이는 유대인 독자들과의 소통을 위한 표현이었습니다. 왜냐하면 유대인들에게는 '하늘' 자체가 하나님의 보좌이며(마 5:34), 그분의 보좌가 하늘에 있기 때문입니다(행 7:49, 히 8:1).

신약성경에서 '하늘'이라는 단어는 '초월', '영광', '무한', '능력' 등을 의미합니다. 곧 하나님이 능력에 있어서 무한하신 존재임을 가리킵니다(마 3:16, 5:16, 막 8:11, 요 3:27). 이러한 표현은 하나님의 자녀들이 종말론적 결단 가운데 살도록 촉구하시기 위한 것이었습니다.[66]

'아버지'라는 말이 가족으로서의 친밀함을 보여준다면, '하늘'이라는 표현은 절대자로서의 초월성을 보여줍니다. 따라서 이 두 단어의 결합은 하나님의 완전한 사랑과 무한한 능력을 함께 보여줍니다.

---

[64] 후기 유대교에서는 십계명에 대한 엄격한 해석으로 하나님의 이름을 사용하지 않으려는 경향이 강했다(출 20:7 참고). 하나님의 이름 대신에 '하늘'이 대체어로 사용되었다. H. Bietenhard, "Heaven," in *The New International Dictionary of New Testament Theology*, vol. 2, ed. Colin Brown (Grand Rapids: Paternoster Press, 1986), 191.

[65] H. Bietenhard, "Heaven," in *The New International Dictionary of New Testament Theology*, vol. 2, ed. Colin Brown (Grand Rapids: Paternoster Press, 1986), 193.

[66] 마태복음에는 신약성경의 다른 어떤 책보다 '하늘'이라는 표현이 강조되어 나타나는데, 이는 하나님의 통치의 국면과 세상 나라 사이의 본질적인 차별성을 보여줌으로써 종말론적 결단에 대한 소망의 중요성을 부각시키기 위해서이다. Beate Ego, "Heaven," in *T&T Clark Encyclopedia of Second Temple Judaism*, vol. 2, eds. Daniel M. Gurtner, Loren T. Stuckenbruck (London: T&T Clark, 2020), 320.

능력 없는 사랑은 무력하고, 사랑 없는 능력은 무질서합니다. 그러나 하나님께서는 우리를 사랑하실 뿐 아니라 무한한 능력을 갖고 계시기에, 우리는 사랑을 받는 존재로서 그분의 통치의 질서 안에 있습니다. 이것이 우리가 미래에 대한 염려로 불안해하지 말아야 할 이유입니다.

은혜 가운데 살라

염려는 우리가 당면한 현실이지만 염려로는 그것을 해결할 수 없다는 데 문제가 있습니다. 우리의 문제는 마음으로 염려를 물리치지 못하는 미지근한 신앙생활입니다(계 3:16). 염려가 될 때 더욱 은혜를 받아야 하는데, 이는 은혜를 받을 때 육신의 염려는 하나님을 향한 영혼의 갈망으로 전환되기 때문입니다(시 42:1-2).

한 부부가 있었습니다. 사회적으로, 경제적으로 어느 것 하나 부족한 것이 없었습니다. 그 둘 사이에서 아이가 태어났습니다. 그런데 장애를 가진 아이였습니다. 평온하기만 했던 집안에 아이의 출생은 커다란 먹구름을 몰고 왔습니다. 부부 사이에 다툼은 잦아졌고, 고성과 눈물이 그칠 날이 없었습니다. 고통 가운데 살던 부부는 아이가 태어난 지 1년이 되던 날, 아이를 어딘가로 보내 버렸습니다. 그렇지만 그들은 예전처럼 다시 행복할 수 없었습니다.

외국에 살고 있던 또 다른 부부의 이야기입니다. 첫아이가 걸음마를 시작할 무렵 남편이 아내에게 말합니다. "여보, 우리 둘째 아이는 입양하면 어떨까요? 부모 없는 아이들이 너무 가엾지 않아요?" 아내는 남편의 말에 동의하였습니다. 그리고 기도 중에 한국 땅에서는 입양될 것 같지 않은 장애를 가진 아이를 입양하기로 결정했습니다. 그 부부는 자기 몸도 제대로 가누지 못하는 장애 아이를 입양하였고, 그때부터 고달픈 생활이 시작되었습니다. 그러나 부부는 최선을 다해 아이를 키웠습니다.

세월이 흐른 후 아내는 이렇게 고백했습니다. "처음에는 이 아이를 키우는 것이 크나큰 고생이었습니다. 그러나 아이를 키우면서 하나님의 사랑을 알게 되었습니다. 이 아이는 하나님께서 우리에게 주신 선물입니다."

자기가 낳은 자녀가 장애를 지닌 것과 장애를 지닌 아이를 입양하는 것은 결코 같지 않은 일일 것입니다. 그렇지만 한 가정은 고통(苦痛) 때문에 불행(不幸)해졌고 다른 가정은 고통을 통해서 하나님의 은혜(恩惠)를 누리게 되었습니다.

왜 비슷한 상황을 만났는데 다른 결과가 생겼을까요? 그것은 환경이 아니라 두 부부가 받은 은혜의 차이 때문입니다. 그들의 마음에 부어 주신 하나님의 은혜가 모든 것을 바꾸어 놓은 것입니다.

육신의 염려를 극복하는 길은 재물을 모으고 권력을 얻는 것이 아닙니다. 이것으로는 염려를 극복할 수 없습니다. 유한한 인간은 한정된 자원으로 사는 존재이니, 아무리 애쓰고 노력할지라도 염려할 수밖에 없는 상황은 끊임없이 생깁니다.

육신의 염려에 매인 마음으로는 행복(幸福)에 이를 수 없습니다. 육체를 위해서는 더 많은 지상의 자원을 욕망하지만, 영혼을 위해서는 천상의 자원이 필요한 줄 모른 채 살아갑니다. 여기에 인간의 불행이 있습니다. 그러므로 어떤 상황 속에서도 평안(平安)을 누리는 최고의 대안은 하나님의 은혜 안에서 살아가는 것입니다.

맺는말

사랑이 필요(必要)를 압니다. 사랑이 온전할수록 사랑받는 자의 아주 작은 필요에도 민감하게 됩니다. 왜냐하면 사랑할수록 사랑받는 자의 만족이 자신에게 기쁨이 되고, 그의 결핍은 자신에게 고통이 되기 때문입니다. 하나님께서는 우리를 사랑하시며 필요를 아실 뿐만 아니라 그것을 주실 수 있는 능력을 가지셨습니다.

믿음으로 산다고 할지라도 인생의 모든 일이 언제나 순풍에 돛 단 듯 형통하지는 않습니다. 결핍(缺乏)과 어려움도 있습니다. 그러나 은혜는 그 모든 어려움을 이기게 합니다. 모든 것을 참으며 모든 것을 견디게 합니다. 우리 안에 하나님의 사랑이 있기 때문입니다. "(사랑은) 모든 것을 참으며 모든 것을 믿으며 모든 것을 바라며 모든 것을 견디느니라"(고전 13:7).

하나님께서 모든 필요를 아시기에, 우리는 그것을 위해 기도하면서 그분을 의지하지만 결핍에 대해 염려하지 않습니다(빌 4:6). 더욱이 결핍 때문에 마음이 나뉘어져 불안과 혼돈 속에서 갈 길을 잃어버리기까지는 하지 않습니다. 하나님 우리 아버지가 계시기 때문입니다.

우리의 영혼이 날마다 하나님 아버지를 만나 은혜를 누리면서 살아가기 때문에 삶이 힘들지라도 두려워하지는 않습니다. 오히려 그 시련 가운데 하나님 아버지의 품에서 은혜의 비밀을 배웁니다. "주를 두려워하는 자를 위하여 쌓아 두신 은혜 곧 주께 피하는 자를 위하여 인생 앞에 베푸신 은혜가 어찌 그리 큰지요"(시 31:19).

세상 만물을 붙드시는 하나님께서 사랑하는 아버지로서 우리의 인생도 붙들고 계심을 의심할 수 없습니다. 매 순간 누리고 있는 하나님과의 인격적인 교제가 그 사실을 의심할 수 없게 합니다. 그 사랑을 의심하기보다는 차라리 우리 눈앞에 있는 세상의 실재를 부인하는 것이 더 쉬울 것입니다. 회의(懷疑)를 품는 것이 가능하지 않을 정도로 선명한 사랑의 기억과 넘치는 은혜의 경험 안에서 어떤 소외감도 느끼지 않기에 우리는 염려하지 않습니다.

다만 하나의 경건한 염려가 있으니, 나의 태만과 죄로 인해 이 사랑에서 멀어져 홀로 있게 되는 것입니다. 그렇지만 그 경건한 염려는 오히려 우리의 마음을 온전히 드려서 하나님의 얼굴을 찾게 합니다.

내일 무슨 일을 만날지 모르지만, 하나님께서는 우리를 아십니다. 일어나지도 않은 내일 일 때문에 마음을 졸이며 살지 마십시오. 꼭 일어날 수밖에 없는 일이라면 일어나라고 하십시오. "그까짓 것!"이라고 하십시오.

우리는 용기(勇氣) 있게 그 현실에 마주할 것입니다. 또한 이 용기를 내는 것이 두렵지 아니하니, 이는 마주치게 되는 어떤 현실도 우리를 하나님의 사랑에서 끊어 놓을 수 없을 것이기 때문입니다. "내가 확신하노니 사망이나 생명이나 천사들이나 권세자들이나 현재 일이나 장래 일이나 능력이나 높음이나 깊음이나 다른 어떤 피조물이라도 우리를 우리 주 그리스도 예수 안에 있는 하나님의 사랑에서 끊을 수 없으리라"(롬 8:38-39).

제2부

의미 있게 살라

제5장 먼저 그의 나라를 구하라
제6장 먼저 그의 의를 구하라 1
제7장 먼저 그의 의를 구하라 2
제8장 이 모든 것을 더하시리라
제9장 오늘, 염려하지 말라

인생에 괴로움이 없을 수 없습니다. 고대로부터 시작해서 현대에 이르기까지, 이 땅을 살아간 모든 사람의 인생이 고달픈 것이었습니다. 인생의 괴로움은 염려를 불러일으키고, 때로 염려는 절망과 함께 찾아오기도 합니다. 그때 우리는 깊은 두려움으로 삶의 벼랑 끝에 서서 정신이 바닥이 보이지 않는 심연 속으로 추락하는 것 같은 위기를 겪습니다.

그러나 한편으로는 믿고 의지하던 것이 사라졌기에 무섭기도 하지만, 또 한편으로는 믿고 의지할 분을 깨달았기에 용기를 낼 수 있습니다. 이렇게 미끄러진 모습으로 하나님을 찾는 것이 부끄럽기도 하지만 그분이 나의 아버지이시라는 사실에 기운을 차립니다. "아버지!"

엄숙하리만치 존귀한 존재로 태어나게 하셨는데 부끄러우리만치 하찮은 존재로 살았습니다. 친구 삼아야 할 아버지는 대적하고 원수로 여겨야 할 염려는 연인처럼 품에 안았습니다. 그런 우리에게 예수 그리스도께서 참된 인생의 목적에 관해 말씀하십니다. "그런즉 너희는 먼저 그의 나라와 그의 의를 구하라 그리하면 이 모든 것을 너희에게 더하시리라"(마 6:33).

이 말씀은 우리 인생의 가치를 소유가 아니라 의미에 두라는 가르침입니다. 인생길에서 겪는 슬픔과 기쁨, 고통과 평안은 모두 **빨래**와 같으니 줄에 널면 요긴하게 쓸 수 있으나 바닥에 던져 놓으면 쓰레기처럼 됩니다. 우리 인생에서 그 의미의 줄은 무엇입니까?

김남준 목사님의 연작 설교 '염려에 관하여' 중
다섯 번째 설교 '먼저 그 나라를 구하라'로 연결됩니다.

제5장

먼저 그의 나라를 구하라

―✦✕✦―

**그런즉 너희는 먼저
그의 나라와 그의 의를 구하라**

ζητεῖτε δὲ πρῶτον τὴν βασιλείαν [τοῦ
θεοῦ] καὶ τὴν δικαιοσύνην αὐτοῦ,

마 6:33

들어가는 말

성경에서 이방인들은 종교조차 자기들의 먹고 입고 마시는 육체의 필요를 위한 수단으로 여기며 살아갑니다. 그러한 삶 한복판에는 육체 사랑과 세상 사랑이 있습니다.

그러나 하나님의 자녀는 전혀 다른 방식의 삶을 살아갑니다. 그들도 육체의 필요를 가지고 있지만 신앙을 그것을 위한 수단으로 여기지 않습니다. 하나님 아버지께서 사랑하는 자녀들에게 그 모든 것을 더하여 주시리라고 믿기 때문입니다. 그들에게는 하나님께서 주신 소명이 있으니, 그것은 먼저 하나님의 나라를 추구하며 사는 것입니다.

나라는 무엇인가?

그리스도께서는 "너희는 먼저 그의 나라를 구하라."라고 말씀하십니다. "나라는 무엇인가?"라는 질문이 중요한 것은 세상 나라가 하나님 나라의 실패한 모형이기 때문입니다. 따라서 인류 역사에서 나라에 대해 생각해 온 바를 간략히 살펴보는 것이 좋을 것입니다.

어떤 나라가 좋은 나라인지에 대해 철학자들이 지속적으로 탐구한 것은 그 질문이 개인의 행복과 관계가 있기 때문이었습니다.

플라톤(Platon, BC 428경-BC 348경)은 『국가론』(The Republic)에서 이상적인 국가란 철학자인 통치자, 수호자, 생산에 종사하는 일반 백성들로 이루어져 법과 제도로써 각 구성원들의 욕구가 정화(淨化)되는 나라라고 보았습니다.[67] 그것이 바로 정의가 구현된 나라이자 모든 백성이 행복할 수 있는 국가라고 생각했습니다.

아리스토텔레스(Aristoteles, BC 384-BC 322)는 『정치학』(The Politics)에서 이상적인 국가는 법과 정의를 통해 최고선을 실현하기 위한 공동체라고 말하였습니다. 국가란 정치적 결사체로서 백성이 자급자족할 수 있는 경제적 기반과 선한 삶을 보장해야 한다고 본 것입니다.[68]

---

67) 플라톤, 『국가・정체(政體)』, 박종현 역주 (서울: 서광사, 2005), 155, 159, 243.
68) 아리스토텔레스, 『정치학』, 천병희 역 (고양: 도서출판숲, 2009), 15, 22, 156-159.

로마 시대의 키케로(Marcus Tullius Cicero, BC 106-BC 43)는 왕정과 귀족정과 민주정이 혼합된 정체(政體)를 가지고 백성들의 권리와 공동체의 선이 보장되는 나라를 이상 국가로 제시했습니다.[69]

르네상스 이후 최선의 상태의 공영 사회를 꿈꾸었던 토머스 모어(Thomas More, 1478-1535)로부터, 국가를 계약의 개념으로 파악했던 토머스 홉스(Thomas Hobbes, 1588-1679)나 기존의 이상 국가 개념을 부인하고 혁명에 의해 성취되는 과학적 사회주의의 새로운 이상 국가를 바라보았던 카를 마르크스(Karl Marx, 1818-1883)와 프리드리히 엥겔스(Friedrich Engels, 1820-1895)에 이르기까지 많은 학자들에 의해 국가가 무엇이고 어떤 비전을 가져야 할지가 제시되었습니다.

동북아의 사상사(思想史)에서도 이상적인 국가에 대한 다양한 견해들이 제시되었습니다. 노자(老子, BC 605경-BC 531경)는 크기가 작고 백성이 적은 사회인 '소국과민'(小國寡民)의 나라로서 자유와 행복이 있는 사회를 가장 이상적인 국가로 보았습니다.

묵자(墨子, BC 479경-BC 438경)는 겸애(兼愛) 사상을 따라 백성 중에 아무도 남인 사람 곧 타인(他人)이 없기에 모두를 형제처럼 여기며 살아 삶이 평안한 '천하무인 안생생'(天下無人 安生生)의 나라를, 장자(莊子, BC 369경-BC 286경)는 성인(聖人)인 왕의 덕이 지극히 커서 무엇을 행하지 않아도 다스려지는 '무위지치'(無爲之治)의 나라를 이상적인 국가로 이해했습니다.

흔히 태평성대(太平聖代)는 도덕적이고 탁월한 군주(君主)가 다스리는 국가의 평화롭고 행복한 시기를 가리킵니다. 이상적인 국가가 되기 위해서

---

[69] 마르쿠스 툴리우스 키케로, 『국가론』, 김창성 역 (파주: 한길사, 2009), 130, 154.

는 그것을 가능하게 하는 좋은 질서가 필요한데, 사람으로서 그 정점에 있는 존재가 왕(王) 혹은 황제(皇帝)였습니다. 따라서 왕이 될 사람에게는 특별한 훈련이 필요했고, 이와 관련된 학문이 바로 제왕학(帝王學)입니다.

왕이든 황제든 최고 통치자로서 권력을 가지고 나라를 다스리지만 그들이 모든 도리(道理)와 이상(理想)의 원천이라고 생각하지는 않았습니다. 그들도 역시 사람이기 때문에 그것들을 배워 가면서 왕다운 왕이 되어 간다고 보았습니다. 그러므로 그들에게는 사람다운 사람이 되어 가는 고민과 나라다운 나라가 되어 가는 고민은 결국 따로 떨어진 것이 아니라 하나였습니다.

그런 왕이 되기 위한 가르침이 사서(四書) 중 하나인 『대학』(大學)에 녹아 있습니다. 이 책은 작자 미상이나 공자(孔子, BC 551–BC 479)의 가르침을 토대로 학문의 근본을 다루었는데, 원래 『예기』(禮記)의 한 편(篇)이었던 것이 주희(朱熹, 1130–1200)의 교정을 거쳐 현재의 형태로 남아 있습니다.

조선 시대 최고의 유학자인 퇴계 이황(退溪 李滉, 1501–1570)은 68세의 노령에 16세 소년으로서 왕위에 오른 선조(宣祖, 1552–1608)에게 소책자를 바칩니다. 『성학십도』(聖學十圖)라는 이 책은 『대학』에 기초하여 제왕학에 관한 그의 학문과 사상을 열 폭의 도표에 집대성한 것이었습니다.[70] 이 열 개의 도표 중 '제4대학도'(第四大學圖)에는 성왕(聖王)이 되는 세 가지 근본이 맨 위에 제시되어 있습니다. "대학의 길은 밝은 덕을 더욱 밝히고, 백성을 새롭게 하며, 그들 모두 지극한 선에 머물러 있게 하는 것"(大學之道 在明明德 在新民 在止於至善).[71]

---

70) 이황, '제4대학도'(第四大學圖), 『성학십도』(聖學十圖), 이광호 역 (서울: 홍익출판사, 2008), 177.
71) 여기서 백성을 '새롭게 하며'(新民)는 본래 백성을 '가까이하며'(親民)라고 되어 있던 것을 주희가 바꾼 것

이러한 모든 학문적 논구(論究)는 한결같이 어떤 나라가 되어야 좋은 나라인지에 대한 담론들이었습니다.

국가는 질서를 가진 유기체(有機體)입니다. 그 질서의 맨 꼭대기에는 통치자가 있습니다. 동북아 사상사에서 제왕학이 그토록 치열하게 탐구되었던 것도, 결국 모든 인간이 행복한 삶을 누릴 수 있는 질서 있는 유기체로서의 국가를 만드는 데 있어 최고 통치자가 얼마나 중요한지를 알았기 때문입니다.

하나님 나라와 세상 나라 모두 질서를 가지고 있습니다. 그렇지만 두 나라는 서로 다른 사랑의 질서로 이루어졌습니다.

세상 나라는 사람이 자기를 주인 삼은 나라이고 하나님 나라는 하나님을 주인으로 삼은 나라입니다. 세상 나라는 모든 사람이 각자 자기 사랑으로 주권의 깃발을 세운 수많은 작은 나라들로 이루어져 있습니다. 그 나라는 하나님을 대적한다는 점에서는 하나의 나라이지만, 자기 사랑을 추구한다는 점에서 무수히 분열된 나라입니다. 그래서 더 많은 세상 자원과 그것을 사용할 수 있는 권력을 가진 자들이 작은 나라들을 무너뜨리고 각기 서로 다른 동심원(同心圓)을 그리며 확장되려고 합니다.

세상 나라에서 이익이 충돌하면 분쟁과 다툼이 발생하게 되고 그것이 나라들 사이에서 일어날 경우 전쟁으로 발전하기도 합니다. 따라서 세상 나라는 평화를 원하나 늘 분쟁이 그치지 않습니다.

이라는 주장이 있다. "大學之道 在明明德 在親民 在止於至善. 知止而后有定 定而后能靜 靜而后能安 安而后能慮 慮而后能得. 物有本末 事有終始 知所先後 則近道矣." 주희 집주, 『대학』(大學), 임동석 역주 (서울: 동서문화사, 2009), 59. 후일 명나라 유학자인 왕양명(王陽明, 1472-1528)은 주희가 이것을 잘못 바꾼 것이라 주장하여 본래대로 '친민'(親民)으로 바로잡았다. 진덕수, 『대학연의(大學衍義): 리더십을 말하다 상(上)』, 정재훈 외 3인 역주 (서울: 서울대학교출판문화원, 2018), 14.

이와 대조적으로 하나님의 나라는 하나님 한 분에 대한 사랑을 중심축으로 그려지는 단 하나의 동심원과 같습니다. 하나님 나라의 완전성은 하나님께서 최고의 통치자이시라는 데 있습니다. 선하시고 전능하시고 무한히 완전하신 하나님이시기에 그분이 다스리는 나라는 완전한 나라입니다.

교회는 하나님께서 주신 진리와 성령의 힘으로 수많은 자기 사랑의 동심원들을 버리고 단 하나인 하나님 사랑의 동심원의 구심점(求心點)으로 돌아오게 합니다. 따라서 선교는 본질적으로 하나님을 향한 사랑의 확장(extensio caritatis)입니다.

아우구스티누스(Aurelius Augustinus, 354-430)는 자신이 직접 쓴 '마르켈리누스의 편지 136에 대한 답장'(Responsio ad Epistula CXXXVI)에서 하나님 나라의 성격에 관해 다음과 같이 말합니다.

> 이에 덧붙여서 다음과 같은 사실이 알려질 것이니, (신자들은 세상과는) 다른 도성의 백성들이며, 그 도성의 왕은 진리이시며, 그 도성의 법은 사랑이며, 그 도성의 기한은 영원이다.[72]

하나님 나라는 은혜를 받은 사람들이 끊임없이 진리를 통해 자기 사랑을 버리는 나라입니다. 그 나라가 최종적으로 완성될 때에 완전한 평화가 이룩될 것입니다. 하나님께서는 지금도 그리스도의 교회를 통하여 믿음과 성령을 주심으로써 자기 사랑을 버리고 단 하나인 하나님의 사랑으로

---

[72] "……*ut intellegeretur hac addita fieri homines ciues alterius ciuitatis, cuius rex ueritas, cuius lex caritas, cuius modus aeternitas*"(138,3,17), Avrelivs Avgvstinvs, "Epistvla CXXXVIII," in *Corpvs Christianorvm Series Latina, XXXI$_B$: Avrelii Avgvstini Opera*, Pars III, 3 (Tvrnholti: Typographi Brepols Editores Pontificii, 2009), 288.

돌아오게 하십니다. 기쁨으로 당신의 통치를 받으며 살아가도록 사람들을 끊임없이 그 사랑으로 돌아오게 하십니다.

불순종은 하나님을 중심으로 삼던 사랑의 질서를 버리고 다시 자기 중심의 깃발을 세우는 반역이며, 회개는 그런 삶을 돌이켜 자기 중심의 깃발을 꺾고 단 하나의 하나님 사랑으로 돌아오는 것입니다.

눈에 보이는 교회는 큰 변화가 없어 보이지만 지금도 그 안에서는 많은 변화가 일어나고 있습니다. 신자들 안에서도 반역과 회개가 끊임없이 이루어지고 있기에 현실 교회는 불완전한 하나님의 나라를 반영합니다. 그러나 하나님의 사랑은 변함없으니 이는 그 나라가 완전하고 영원하고 무궁하게 완성될 것이기 때문입니다.

이처럼 하나님을 사랑하던 사람들의 마음은 변할 수 있습니다. 그렇게 될 때 그들 역시 하나님의 사랑을 거슬러 다시 자기를 주인으로 삼은 옛 삶으로 돌아가고자 합니다. 그러므로 우리는 날마다 하나님의 사랑 안에 살아가야 하고 이 사랑을 거슬러 자기 사랑의 질서를 세우고자 하는 옛 자아와의 싸움을 계속해야 합니다.

> 우리가 날마다 죄를 죽이고 신령한 은혜 안에서 거룩한 삶을 살며 죄악된 이 세상과 분투하는 것은 바로 그런 존재가 되기 위해서입니다. 그러한 삶으로써 망가진 창조 세계의 한 모퉁이를 고치는 도구로 살기 위해서입니다. 우리가 더 많이 자기 깨어짐을 경험하고 참된 신자가 되어야 할 이유가 여기에 있습니다.[73]

---

73) 김남준, 「자기 깨어짐」 (서울: 생명의말씀사, 2019), 264-265.

하나님의 나라를 추구하라

예수 그리스도께서는 염려에 대한 꽤 긴 가르침을 종합하면서 다음과 같은 결론을 내리십니다. "그런즉[74] 너희는 먼저 그의 나라와 그의 의를 구하라……"(마 6:33).

하나님께서는 우리를 사랑하실 뿐 아니라 모든 필요를 채워 주실 수 있으십니다. 이런 하늘 아버지를 의지하며 하나님의 나라와 그의 의를 추구하며 살라는 것입니다. 따라서 이 말씀은 단지 육체를 위한 기도 제목이 아니라, 인생의 목적에 관한 것입니다.

이것은 하나님께서 우리를 창조하시고 구원하신 목적이기도 하고, 그 안에서 참으로 행복하게 살 수 있는 유일한 길이기도 합니다. 신자는 마땅히 그의 나라와 그의 의를 추구하며 살아야 합니다.

먼저 구하라

그리스도께서는 "너희는 먼저……구하라."라고 하십니다. 여기서 '먼저'(프로톤, πρῶτον)는 단지 시간(時間)의 순서만이 아니라 의미(意味)의 순서까지 포함합니다. 곧 인생의 목적을 정할 때, 시간에 있어서나 의미에 있어서

---

[74] '그런즉'(데, δέ)이라는 표현은 한글 성경 번역자가 앞선 논리와 순접(順接)의 연결을 시도한 것을 보여준다. 원래 헬라어에서 이 단어는 문법적으로 매우 흔하게 사용되는 불변화사(particle)인데, '그리고', '-에 관한 한', '이제', '그러면', '그래서', ' 말하자면', '또 한편으로', '또한 그와 같이', '유사하게', '역시' 등 다양한 의미로 문맥에 따라 사용되었다. Walter Bauer, Frederick W. Danker, W. F. Arndt, F. W. Gingrich, eds., *A Greek-English Lexicon of the New Testament and Other Early Christian Literature*, 3rd ed. (Chicago: University of Chicago Press, 2000), 213.

다른 것들과는 비교할 수 없이 앞서는 것이 있다는 의미입니다. 그것은 하나님의 나라와 그의 의를 추구하는 삶입니다. '먼저'라는 단어는 신자의 인생에서 가장 중요한 목표가 이 땅에서 이루어질 하나님의 통치(統治)와 그분의 뜻을 위해 살아가는 것임을 보여줍니다.[75] 그러한 삶 안에서만 참된 행복을 누릴 수 있습니다.

'구하라.'(제테이테, $\zeta\eta\tau\epsilon\hat{\iota}\tau\epsilon$)라는 명령어는 '추구하라.', '이루려고 애쓰라.', '실현되기를 바라라.'라는 뜻입니다. 궁극의 목적에 이를 때까지 포기하지 말고 헌신하는 보람으로 인생을 살아야 한다는 것입니다.

이것은 현재 주어지지 않은 어떤 것을 추구하라는 것도 아니고, 우리의 힘으로 그 목적을 이룰 수 있다는 것을 의미하지도 않습니다. 오히려 예수 그리스도를 믿고 구원받음으로써 이미 하나님의 나라와 의가 우리 안에 임했으니, 계속해서 그 나라와 의를 추구하며 살아야 한다는 것입니다. 이것이 신자에게 주어진 새로운 본성에 알맞은 삶입니다. 마음 안에서 이미 하나님의 은혜의 통치를 경험하고, 그것을 삶으로써 계속해서 추구하는 것(keep seeking)이 신자의 소명임을 강조한 표현입니다.[76]

하나님의 나라를 구하라

여기서 말하는 '그의 나라'는 누구의 나라일까요? 문맥상 앞서서 '하늘 아버지'(마 6:26, 32)와 '하나님'(마 6:30)이라는 표현이 나오는 것으로 보아 이

---

[75] Leon Morris, *The Gospel According to Matthew*, in *The Pillar New Testament Commentary* (Grand Rapids: Wm. B. Eerdmans Publishing Company, 1992), 161.

[76] Donald A. Hagner, *Matthew 1–13*, in *Word Biblical Commentary*, vol. 33A (Dallas: Word Book Publisher, 1993), 165–166.

나라는 '하늘에 계신 아버지의 나라'임을 알 수 있습니다. 이것은 예수 그리스도께서 제자들에게 가르쳐 주신 주기도문에서 첫 번째 간구이기도 합니다. "……하늘에 계신 우리 아버지여 이름이 거룩히 여김을 받으시오며 나라가 임하시오며 뜻이 하늘에서 이루어진 것같이 땅에서도 이루어지이다"(마 6:9-10).

이방인들은 육체의 만족을 위해 살아가지만, 신자는 하나님의 나라를 추구하며 살아야 합니다(마 6:32-33). 그것이 행복하고 보람 있는 인생을 살아가는 비결입니다. 만약 한 사람이 하나님의 나라와 그의 의를 추구하며 산다면 그의 삶의 질서는 달라질 것입니다. 그렇지 않다면 그것들을 추구하며 사는 것이 아닙니다.

하나님을 사랑하는 사람은 무엇이 중요하고 무엇이 하찮은지를 알고 살아가기에 그의 삶은 선하고 올바르게 질서 지워집니다. 더욱이 하나님을 사랑하는 것만큼 그분의 말씀을 사랑할 것이니, 이는 말씀이 자기가 사랑하는 그분의 마음이기 때문입니다. 신자가 그 말씀을 따라 은혜 아래 살아간다면 더욱 아름다운 질서를 갖게 될 것입니다.

오늘날 많은 그리스도인들은 자기 인생의 추구점(追求點)이 무엇인지 분명히 알지 못한 채 살아갑니다. 예수 그리스도를 믿는 것이 무엇을 의미하는지도 잘 모르거나 아주 부분적으로만 알고 있기에 은혜를 주시는 하나님의 계획도 잘 알지 못합니다. 많은 신자들이 하나님의 부르심보다는 자기 만족을 위해 사는 것도 이 때문입니다.

구원은 은혜인 동시에 부르심입니다. 그것은 우리로 하여금 하나님의 나라를 추구하면서 살게 하시는 소명입니다. 우리는 이미 임한 하나님 나라를 충만히 누리면서, 아직 완전히 도래하지 않은 그 나라의 완성을 위해 살아가야 합니다. 이것은 세계와 인류를 위한 하나님의 경륜입니다. 하나님께서는 이 일을 위해 우리를 지으셨고 구원하셨습니다(엡 2:10).

하나님 나라의 두 차원

'그의 나라'는 하나님께서 왕이 되어 다스리시는 나라입니다. 따라서 거기에는 하나님께 소속된 백성들과 영역, 하나님의 실효적(實效的)인 통치가 있습니다. 이 나라는 두 차원에서 생각될 수 있습니다. 현재적 차원에서 '이미'(already) 임한 나라와 미래적 차원에서 '그러나 아직'(but not yet) 성취되지 않은 나라입니다.

현재적 차원

첫째로, 현재적(現在的) 차원의 나라입니다. 이는 예수 그리스도께서 세상에 오심으로써 이미 임한 하나님의 통치를 가리킵니다.[77] 하나님의 통치는 세상에 임했고, 사람들이 이미 그것을 영혼과 마음 안에서 누리고 있다는 점에서 현재적인 나라입니다.

아직 종식되지 않은 세상 나라의 영향력이 여전히 있지만, 사탄의 권세는 이미 깨뜨려졌습니다. 예수 그리스도께서 하나님의 능력으로 귀신을 쫓아내시고 기적을 행하심으로 이 사실이 입증되었습니다. "그러나 내가

---

[77] "여기서 말하는 '이미 임한 나라'는 예수 그리스도의 강림과 함께 이미 지상에 침투한 하나님의 나라입니다. 또한 이 나라는 아직도 종식되지 않은 세상 나라 속에 침투한 하나님의 통치입니다. 그래서 지금 우리는 이미 임한 하나님의 나라와 아직 완전히 성취되지 않은 하나님의 나라 사이에 있습니다." 김남준, 『깊이 읽는 주기도문』 (서울: 생명의말씀사, 2013), 153-154.

만일 하나님의 손을 힘입어 귀신을 쫓아낸다면 하나님의 나라가 이미 너희에게 임하였느니라"(눅 11:20).

이미 임한 나라

인류의 조상이 범죄하여 타락함으로써 하나님께서 다스리던 세상은 악한 세력에게 넘겨준 바 되었습니다. 사탄은 죽음의 위협으로 사람들을 굴복시켜 세상 나라를 위해 살아가게 만들었습니다.

그러나 하나님께서는 은총(恩寵)을 베푸셨습니다. 인간의 육체의 죽음을 유보하시고, 구원자를 약속하셨습니다.[78] 그래서 때가 되면 여자의 후손이 와서 사탄의 통치를 끝낼 것임을 말씀해 주셨습니다. "내가 너로 여자와 원수가 되게 하고 네 후손도 여자의 후손과 원수가 되게 하리니……"(창 3:15). 그리고 제사 제도를 주심으로써 비록 제한적이지만 하나님과 교제할 수 있는 길을 열어 주셨습니다.

하나님의 때가 이르자 예수 그리스도께서 여자의 몸에서 나셨습니다(갈 4:4). 그분이 세상에 오심으로써 이 땅을 지배하던 강력한 악(惡)의 세력은 꺾였습니다. 메시아이신 예수 그리스도께서 오심으로써 사탄의 나라는 파괴되었고, 하나님 나라는 도래하였습니다. "……하나님의 아들이 나타나신 것은 마귀의 일을 멸하려 하심이라"(요일 3:8).

생명(生命)이신 예수 그리스도께서 세상에 오심으로써 사망을 이기셨고

---

[78] "범죄한 인간들에게 하나님께서는 육체의 죽음을 연기함으로써 계속 인류를 번성하게 하시고, 그리스도를 이 땅에 보내시는 구원 사역을 통해 그렇게 생육된 인간들의 살아 있는 육체 속에 있는 영혼을 죽음의 상태에서 구원하심으로써 그들이 다시 창조의 목적을 따라 살아갈 수 있는 가능성을 열어 주셨습니다." 김남준, 『구원과 하나님의 계획』 (서울: 부흥과개혁사, 2010), 72-73. 범죄한 인류에 대한 죽음의 유보와 메시아의 약속에 대해서는 같은 책 p. 71-76을 참고하라.

(요 1:4), 빛이신 그분이 오심으로써 그늘 가운데 있던 자들에게 빛이 비치었습니다(마 4:16, 요1:5). 그래서 공생애를 시작하신 예수 그리스도의 첫 선포(宣布)는 당신의 오심과 함께 하나님의 나라가 임했다는 선언이었습니다. "이때부터 예수께서 비로소 전파하여 이르시되 회개하라 천국이 가까이 왔느니라 하시더라"(마 4:17).

예수 그리스도의 생애를 생각해 보십시오. 그분은 천국 복음을 가르치며 모든 병든 것과 약한 것들을 고쳐 주셨습니다(마 4:23). 죽은 자를 살리셨고(눅 7:11-16, 요 11:43-44), 풍랑이 이는 바다를 말씀으로 잔잔케 하셨습니다(막 4:41). 그리고 사탄의 세력에 얽매인 자들을 풀어 주셨으니, 이는 이 땅에 하나님의 나라가 능력으로 임했음을 보여주신 것입니다(마 12:28).

사랑으로 죽음을 이긴 나라

아담과 하와가 범죄한 이후로 그들의 후손은 죄에서 벗어날 수 없었습니다. 인간은 죄에 굴복함으로 죄의 종이 되는데, 그 이유는 다음 두 가지 때문입니다(요 8:33).

첫째로는, 즐거움 때문입니다. 이는 정욕(情慾)에서 오는 즐거움을 가리킵니다. 인간은 죄가 주는 즐거움에 취해 죄에 종노릇합니다. "우리도 전에는 어리석은 자요 순종하지 아니한 자요 속은 자요 여러 가지 정욕과 행락에 종노릇한 자요 악독과 투기를 일삼은 자요 가증스러운 자요 피차 미워한 자였으나"(딛 3:3).

둘째로는, 두려움 때문입니다. 이는 죽음에 대한 두려움을 말합니다. "또 죽기를 무서워하므로 한평생 매여 종노릇하는 모든 자들을 놓아주려 하심이니"(히 2:15). 사탄은 '죽음의 세력을 잡은 자'입니다(히 2:14). 죽음에 대한 공포(恐怖) 때문에 인간은 사탄을 대적하는 대신 죄에 종노릇하여 육체와 마음이 원하는 것을 행합니다. 그럼으로써 본질상 진노의 자녀로 살았습니다(엡 2:3).

죄의 대가(代價)는 사망입니다(롬 6:23). 모든 사람에게 사망이 이르러 영혼과 육체의 죽음을 겪게 되었습니다(롬 5:12). 범죄한 인류는 영적인 세계를 올바르게 알 수 없었으므로 영혼의 죽음보다 감각적으로 알 수 있는 육체의 죽음을 더 두려워하게 되었습니다. 죽어 가는 사람들을 보면서 공포와 함께 자기 보호의 본능에 사로잡혀 살게 되었습니다. 그러나 더욱 두려워해야 할 것은 영혼의 죽음이었습니다(마 10:28).

영혼의 죽음은 하나님과의 생명적인 관계가 끊어진 상태를 말합니다. 이는 하나님으로부터 오는 사랑의 교제에서 끊어진 것을 의미합니다.

모든 인간은 죄를 범함으로써 거룩한 하나님과 더 이상 영적 교제를 누릴 수 없게 되었습니다. 그러나 예수 그리스도께서는 당신의 희생적이고 대리적인 죽음을 통해서 당신을 믿는 자들의 영혼을 살리십니다. 그럼으로써 다시 죽은 영혼을 살아나게 하셔서 하나님과의 사랑의 교제를 누릴 수 있게 하셨습니다.

이 생명의 교제는 하나님의 은혜를 인하여 믿음으로 말미암아 주어진 것입니다(엡 2:8). 이 교제 속에서 신자는 진정한 하나님 나라의 백성이 되고, 하나님으로부터 공급받는 사랑으로 하나님과 이웃을 사랑하고 자연 만물을 선의(善意)로 돌볼 마음을 갖게 됩니다.

이에 대해 교부 루스페의 풀겐티우스(Fulgentius, 467경-533경)는 '그리스도의 성육신과 은혜'(*De Incarnatione et Gratia*)라고도 불리는 자신의 서신(書信)에서 다음과 같이 말합니다.

그러나 생명의 성령(聖靈)께서는 단지 믿음을 보심으로써가 아니라 믿음을 주심으로써 자유하게 하신다. 이는 불경건한 자를 의롭게 하시는 하나님께서 당신의 선한 의지에서 비롯된 은혜로써 불신자의 마음에 믿음을 불러일으키시고 이 믿음은 사랑으로 역사하기 때문이다.[79]

하나님의 아들을 믿는 자에게는 영생이 있습니다(요 3:36). 여기에서 '영생'(永生)은 하나님과 교제하면서 하늘 자원과 지상 자원을 공급받으면서 사는 관계를 가리킵니다. 이렇게 영적 교제로 주어지는 하늘 자원으로 신자는, 죄와 싸워 이기고 신령한 기쁨을 누립니다.

신자 안에 임하신 성령은 죄를 이길 은혜를 주시고, 충만한 생명은 죽음을 이기게 합니다. 이는 이제껏 견고하던 사탄의 통치가 끝났음을 보여줍니다. "예수께서 이르시되 사탄이 하늘로부터 번개같이 떨어지는 것을 내가 보았노라"(눅 10:18).

사탄이 인간을 굴복케 하는 최고의 무기는 죽음이었습니다(히 2:15). 그런데 어느 날, 사람들이 복음을 믿습니다. 하나님의 사랑이 그들의 마음속에 임합니다. 하나님의 사랑의 통치 속으로 들어가면 죽음은 기껏해야

---

[79] "Liberauit autem non in quolibet homine fidem inueniendo, sed dando. Deus enim qui impium iustificat, ipse infideli fidem, quae per caritatem operatur, gratia suae bonae uoluntatis inspirat."(17.17.34). Fulgentius, "Epistvla XVII", in *Corpvs Christianorvm Series Latina, XCI₄: S. Fvlgentii Rvspensis Opera* (Tvrnholti: Typographi Brepols Editores Pontificii, 1968), 589. 이 서신은 '우리 주 예수 그리스도의 성육신과 은혜에 관하여 집사 베드로와 다른 사람들, 곧 신앙 때문에 동방에서 로마로 보내어진 이들에게 보내는 편지'(*Epistola de incarnatione et gratia Domini nostri Iesu Christi, ad Petrum Diaconum et alios qui ex Oriente in causa fidei Romam missi sunt*)라는 긴 명칭으로도 언급되었다. Rebecca Harden Weaver, *Divine Grace and Human Agency: A Study of the Semi-Pelagian Controversy* (Washington: Catholic University of America Press, 1996), 185.

육체의 사라짐일 뿐임을 깨닫게 됩니다(마 10:28).

이제 그들은 육체의 죽음을 두려워하지 않으니, 이는 죽음을 통해 불멸하는 영혼이 영원하고 완전한 사랑의 나라로 들어갈 것을 알기 때문입니다(요 11:25-26).[80] "사랑 안에 두려움이 없고 온전한 사랑이 두려움을 내쫓나니 두려움에는 형벌이 있음이라 두려워하는 자는 사랑 안에서 온전히 이루지 못하였느니라"(요일 4:18).

그리스도께서 다시 오시는 날, 우리의 육체는 부활(復活)의 영광을 누릴 것입니다(고전 15:12-13). 그때 썩지 않고 병들지 않는 완전한 육체와 영혼을 갖게 될 것입니다(골 1:22). 이것이 신자가 죽음을 두려워하지 않는 이유니, 이는 우리가 영원한 천국의 복락(福樂)에 이르는 길입니다.

"하나님의 영광은 무한할 것이고, 어떤 식으로든지 천국에서도 그 영광은 성도들에게 비추일 것이고 그것이 더 많이 알려질 때마다 성도는 복된 상태에서 기쁨과 행복은 증진할 것입니다."[81]

예수 그리스도를 믿음으로써 사망의 위협에 굴복하지 않는 사람들이 생겨났습니다(히 11:38). 사탄의 입장에서 보면 이것은 매우 심각한 일이었습니다. 자신이 지금까지 인류를 지배해 오던 죽음의 위협이라는 최종 병기가 쓸모없게 되었기 때문입니다.

---

[80] 죽음의 공포를 이기는 사랑의 힘에 대하여, 러시아의 대문호 이반 세르게예비치 투르게네프(Ivan Sergeyevich Turgenev, 1818-1883)는 자신의 글 '참새'에서 다음과 같이 말한다. "어미 새가 새끼를 구하기 위해 돌진했고, 자기 몸을 희생하면서 새끼를 구하려 한 것이다. ……이 영웅적인 작은 새에 대해, 그 사랑의 충동과 돌진에 대해 경건한 마음이 들었다. 생각해 보니, 사랑은 죽음보다, 죽음의 공포보다 더 강하다. 삶은 사랑에 의해서만 유지되고 움직인다." 이반 세르게예비치 투르게네프, '참새', 『사랑은 죽음보다 더 강하다』, 조주관 역 (서울: 민음사, 2018), 50.

[81] 김남준, 『구원과 하나님의 계획』 (서울: 부흥과개혁사, 2010), 355; John H. Gerstner, *Jonathan Edwards on Heaven and Hell* (Morgan: Soli Deo Gloria, 1998), 23-24.

영적 원리를 따라 살라

하나님의 나라는 하나님과 사랑의 교통(交通)을 누리는 나라입니다.[82] 신자는 은혜의 경험을 통해서 하나님을 사랑하게 됩니다. 사랑은 그가 선하고 행복하게 살아가도록 그의 삶을 질서 지워 줍니다.

하나님의 통치는 행복과 기쁨, 만족과 안식을 줍니다. 신자에게 이미 임하신 성령이 그에게서 영원히 떠나지 않으시기에 하나님의 사랑의 통치도 영원합니다. 왜냐하면 성령은 곧 하나님의 사랑이기 때문입니다. "몸은 죽여도 영혼은 능히 죽이지 못하는 자들을 두려워하지 말고 오직 몸과 영혼을 능히 지옥에 멸하실 수 있는 이를 두려워하라"(마 10:28).

여기에서 신자들이 느끼는 현실적인 혼란이 있습니다. "이미 하나님의 나라가 임했다고 하는데 나는 왜 행복하지 않은 걸까? 나는 왜 이렇게 사는 것이 힘들까?"

이미 하나님의 나라가 임했다는 사실과 지금 내가 힘들어 하는 현실이 어떻게 조화를 이룰 수 있을까요? 하나님의 나라는 의와 평강과 희락의 나라인데(롬 14:17), 삶이 의롭지 않고 평화롭지도 않고 마음에 기쁨이 없다면 그것을 어떻게 설명할 수 있을까요?

우리가 직면하고 있는 현실적인 문제는 힘이 없다는 것입니다. 사는 것이 힘든 것은 살아갈 힘이 없기 때문입니다. 다섯 살 난 아이가 1kg의 물건을 드는 것은 온 힘을 기울여도 어려운 일입니다. 그러나 보통의 성인에게 이 일은 매우 쉽지 않겠습니까?

---

[82] "예수 그리스도께서 이 세상에 임하셨음을 알게 하고자 하신 하나님의 나라는 죄의 문제가 해결된 나라, 하나님의 사랑의 교통이 있는 나라이기 때문입니다." 김남준, 『깊이 읽는 주기도문』 (서울: 생명의 말씀사, 2013), 155.

아직도 세상에는 하나님 나라의 통치를 방해하는 것들이 있습니다. 그것은 우리 안에도 있고, 우리 밖에도 있습니다. 그래서 현재적으로 임한 하나님의 나라는 다가올 그 나라의 성취를 위해 백성들에게 믿음과 순종의 삶을 요구합니다(롬 1:5, 6:17). 그러므로 하나님의 능력으로 살고 싶다면 말씀에 은혜를 받고 간절한 기도 속에서 살아야 합니다. 그것을 통해서 현실을 살아낼 수 있는 힘을 주시기 때문입니다.

어느 날 어려움을 겪습니다. 경제적으로 고통을 겪게 되고 인간관계가 깨집니다. 자신이 원하지 않는 삶의 상황이 전개되고 건강까지 잃게 됩니다. 그때 비로소 하나님을 생각하며 마음을 모아 간절히 기도합니다. 이는 하나님을 사랑해서가 아닙니다. 오히려 자신의 처지가 너무 힘들고 서러워서 그리하는 것입니다. 하나님께서는 그러한 착한 의지(意志)를 당신을 향한 믿음으로 보십니다(요 11:20-26). 이미 하나님의 은혜가 그 사람의 마음을 바꾸어 하나님을 의지할 새 힘을 주신 것입니다.

한참 동안 간절히 기도하고 나니 하나님이 가까이 느껴집니다. 그리고 자신의 죄(罪)가 생각나기 시작하고, 하나님을 대적하며 살았던 날들이 떠오릅니다. 자기의 죄와 불순종 때문에 그리스도께서 십자가에서 죽으셨음을 깨닫게 되어 눈물로 회개(悔改)하게 됩니다.

예배당에서 기도한 후 어두운 골목길을 걸어 집으로 돌아옵니다. 자신을 울게 만든 힘겨운 상황은 하나도 변하지 않았습니다. 그런데 마음에 평안이 밀려옵니다. 두려움으로 요동치던 마음은 잔잔해지고, 이 어려운 현실을 이기며 살 수 있게 하는 힘이 솟아나는 것을 경험하게 됩니다. 이것이 우리 안에 있는 하나님 나라의 현재적 통치가 주는 힘입니다.

미래적 차원

둘째로, 미래적(未來的) 차원입니다. 이는 이미 임한 하나님의 통치가 완전히 성취된 미래적 국면을 가리킵니다. 하나님의 통치를 방해하는 모든 요소가 제거되어 하나님의 다스리심이 완전해진 상태입니다. 이것은 개인적 차원뿐 아니라 교회적 차원과 우주적 차원에서 이루어집니다.[83]

사탄의 통치를 거대한 공룡에 비유하면 이렇습니다. 예수 그리스도께서는 십자가의 죽음과 부활로 공룡의 머리를 박살 내셨습니다(창 3:15). 그는 치명적인 타격을 받고 쓰러졌습니다. 그런데 아직 공룡의 숨통이 아주 끊어지지는 않았습니다. 조금씩 움직일 수는 있습니다.

절대적 의미에서는 이미 패배한 사탄이지만, 신앙의 원리를 따라 살지 않는 사람들을 겁박하고 유혹할 힘은 그에게 남아 있습니다(엡 4:27). 그래서 신자의 삶은 영적 전투(spiritual warfare)입니다. "우리의 씨름은 혈과 육을 상대하는 것이 아니요 통치자들과 권세들과 이 어둠의 세상 주관자들과 하늘에 있는 악의 영들을 상대함이라"(엡 6:12).

세상에 악이 존재하고 그리스도인이 악에 굴복하기도 하는 것은 아직 죄가 완전히 소멸되지 않았기 때문입니다. 하나님의 통치를 떠난 사람은 미혹받을 수 있으며, 구원받은 신자도 내적 갈등을 경험합니다. 그래서 성경은 경고합니다. "근신하라 깨어라 너희 대적 마귀가 우는 사자같이 두루 다니며 삼킬 자를 찾나니"(벧전 5:8).

---

[83] 하나님 나라의 미래적 차원을 설명함에 있어서 개인적 차원으로는 죄와 사망으로부터 구원받아 하나님의 자녀가 되는 것이며, 교회적 차원으로는 하나님의 나라가 왕성하게 되는 것이며, 우주적 차원으로는 하나님의 나라의 유익을 온 인류와 자연 세계가 온전히 누리는 것이다. 김남준, 『깊이 읽는 주기도문』(서울: 생명의말씀사, 2013), 156-165.

지금 세상에는 악과 선이 섞여 있습니다. 하나님 나라의 통치에 저항하는 것들이 여전히 있습니다. 이것이 우리 현실입니다. 회개하고 하나님의 사랑으로 돌아온 신자라도 여전히 자기 육체를 사랑하여 죄를 지을 가능성이 있습니다. "그러므로 형제들아 우리가 빚진 자로되 육신에게 져서 육신대로 살 것이 아니니라 너희가 육신대로 살면 반드시 죽을 것이로되 영으로써 몸의 행실을 죽이면 살리니"(롬 8:12-13).

이 싸움은 이미 승패(勝敗)가 갈렸습니다. 사탄에게 우주적 패배를 번복할 힘은 없습니다. 사탄의 세력은 패망한 나라의 패잔병과 같으니, 그것들은 비정규전적 방식으로만 세력을 펼칠 수 있습니다. 그러나 그리스도께서 세상에 다시 오시는 날 남아 있던 인간의 모든 악은 제거될 것이며, 악한 영의 세력도 완전히 청산될 것입니다(계 21:4).

신자는 그날이 올 때까지 하나님의 나라를 현재적으로 누리며 살아갑니다. 하늘의 은혜와 기쁨을 지금 이곳에서 미리 경험하며 삽니다. 신자는 이것을 단지 개인의 행복으로 누리는 것에 만족하지 않고 교회와 세상에 대한 소명으로 연결시킵니다. 그리하여 하나님 나라와 그의 의가 실현되기를 바라며 살아갑니다(고전 15:58).

하나님 나라를 위해 살라

하나님의 나라는 이미 임했고, 마지막 날에 완성될 것입니다. 신자는 이미 임한 하나님의 나라 안에서 행복을 누리며, 임할 하나님의 나라를 추구하며 살도록 부름받았습니다. 이러한 사실을 더 깊이 이해하기 위해서는 다음 사항들을 숙고해야 합니다.

인생의 추구점을 생각하라

첫째로, 신자가 무엇을 추구하며 살아야 하는지를 생각해야 합니다. 이것은 인생의 목적에 관한 것입니다. 신자는 이미 임한 하나님의 나라를 누리고 있는 사람들로서, 장차 완성될 하나님의 나라를 위해 오늘을 살도록 부름받은 사람들입니다. 하나님의 나라와 의를 추구하며 살도록 부름받은 신자의 소명은 그 신자에게 인생 최고의 가치입니다. 그러나 그것이 곧 먹고 입고 마시는 육체적인 필요로부터의 완전한 해방을 의미하지는 않습니다. 또한 거기서 어떠한 즐거움을 누려서는 안 되는 금욕 생활을 지시하는 것도 아닙니다. 먹고 입고 마시는 것 자체는 죄가 아니기에 거기에서 일정한 기쁨을 누리는 것도 죄가 아닙니다.[84]

그러나 거기서 오는 만족을 인생의 추구점으로 삼지는 말아야 합니다. 만약 그렇게 한다면 이것은 육체의 향락(享樂)을 누리는 삶입니다. 이런 삶으로는 결코 하나님의 나라 안에 사는 행복에 이를 수 없으니, 거기에는 순전한 사랑도 맑은 기쁨도 없기 때문입니다(딤전 5:6).

가족과 함께 서울에서 부산으로 내려가야 한다고 가정해 봅시다. 저녁 식사 전에는 도착해야 하기에 일찍감치 출발했습니다. 고속도로를 이용해서 가는 동안 잠시 쉬기도 해야 하고 음식도 먹어야 합니다. 여러분이

---

[84] "그러나 여기에는 아주 미묘한 문제가 있습니다. 만약에 음식마다 각각의 특별한 맛이 없다면, 사람들은 먹는 즐거움에 탐닉하여 정신을 어지럽히지는 않겠지만, 음식에 대한 욕망은 아주 떨어져서 건강을 해치게 될 것입니다. 그래서 하나님께서는 음식마다 적당한 맛들을 주셨고, 인간들이 지혜를 사용하여 그것들을 더욱 먹고 싶게 만들 수 있게 하셨습니다. 하나님께서는 까마귀를 통해 엘리야에게 곡식 가루가 아닌 떡을 먹이셨습니다(왕상 17:6)." 김남준, 『깊이 읽는 주기도문』 (서울: 생명의말씀사, 2013), 299-300.

그 가족의 가장이라면 고속도로 길가 아무 데에나 차를 세워 놓고 가족들이 풀숲에 들어가서 용변을 보게 하겠습니까? 차들이 쌩쌩 달리는 위험한 도로 가에서 싸 가지고 온 음식을 먹겠습니까?

가능하면 좋은 휴게소를 찾아갈 것입니다. 자판기 커피도 좋지만 맛있는 원두커피를 내려주는 가게를 찾을 것입니다. 아이들이 좋아하는 간식도 사주고 잠시 쉬기도 할 것입니다. 잠시 휴게소에서 휴식을 즐긴다고 해서 목적지에 가지 못하는 것은 아니기 때문입니다.

우리 인생도 그렇습니다. 세상을 살아가는 동안 우리는 많은 사람들을 만나고 여러 일들을 경험합니다. 그 모든 순간이 소중합니다. 먹고 입고 마시는 것을 통해 만족을 누릴 때 그것을 주신 하나님께 감사하고, 좋은 곳에서 새로운 아름다움을 느낄 때 기뻐하며 사십시오. 그럴 수 있는 때에 합당한 즐거움과 쉼을 누리며 살아도 괜찮습니다. 그렇지만 그것을 궁극적 삶의 목표로 여겨서는 안 됩니다. 우리는 하나님의 나라를 추구하며 살도록 부름받았기 때문입니다(마 6:10).

인생의 소중함을 생각하라

둘째로, 인생의 소중함에 대해 생각해야 합니다. 우리 인생은 오늘 피었다가 지는 들풀과 같습니다. "인생은 그날이 풀과 같으며 그 영화가 들의 꽃과 같도다"(시 103:15).

비록 육체로서의 인간은 그토록 짧은 시간 동안 있다가 사라지는 존재에 불과하지만, 하나님께서는 우리를 자녀로 삼으셔서 잠세적(暫世的)인 인생을 영원한 의미를 따라 살도록 불러 주셨습니다. 하나님을 사랑하고 그의 나라를 누릴 뿐만 아니라 그 나라가 세상에 이루어지는 데 이바지하며 살게 하셨습니다.

하나님 사랑의 통치를 받으며 사는 것이 가장 행복한 인생을 사는 길입니다. 이것보다 더 쉽고 편한 길은 없습니다. 인간의 불행은 이 길 이외에 다른 곳에 행복이 있을 것으로 생각하는 데서 시작됩니다. 행복의 근원이신 하나님을 떠나면서 행복해지기를 바라며 살아가니 인간이 불행하게 사는 원인이 여기에 있는 것입니다.

우리의 인생은 누구에게도 반복되지 않는 한 번뿐입니다. 하나님의 나라를 위해 사는 데 그 의미를 두어야 합니다. 그러나 하나님의 나라를 추구하며 사는 신자는 많지 않으니, 이는 그들이 자기의 욕망을 따라 헛된 목표를 구하며 살아가기 때문입니다. 이것은 결국 신자가 세상 나라의 번영에 이바지하며 사는 것입니다.

신자인 우리가 무엇 때문에 세상 나라에 이바지하며 살아야 합니까? 세상이 우리에게 죄와 죽음 외에 무엇을 주었습니까? 세상이 좋으신 우리 구주 예수 그리스도를 어떻게 대했습니까? 우리에게 생명을 주기 위해 세상에 오신 그분을 십자가에 못 박지 않았습니까? 하나님 나라 백성인 우리가 무엇 때문에 세상 나라를 위해 살아가야 합니까? 누구를 좋게 하기 위해 그런 삶을 살아야 합니까?

인간의 존귀함을 생각해 보십시오. 하나님께서는 인간을 존귀한 자로 지으셨습니다(시 8:4-5). 그런데 그 인간이 드넓은 제국(帝國)을 다스리는 데 사용하는 황제의 금빛 지휘봉(指揮棒)을 하수구의 쓰레기를 치우는 데 쓰고, 높은 위엄을 드러내는 면류관(冕旒冠)을 돼지의 머리에 씌웠다고 상상해 보십시오. 그토록 훌륭한 것들의 의미와 용도를 모르는 그의 무지(無知)

가 수치스럽지 않습니까? "존귀하나 깨닫지 못하는 사람은 멸망하는 짐승 같도다"(시 49:20).

하나님께서는 우리를 당신 나라의 백성으로 삼아 하나님의 나라를 추구하도록 일꾼으로 부르셨습니다(창 1:28). 단지 일손이 필요해서가 아닙니다. 우리로 하여금 하나님의 영원한 기쁨에 참여하게 하기 위해 그 나라를 위하여 부르셨으니, 이것이 우리의 참된 행복입니다.[85]

그 나라를 위해 사는 사람들

많은 사람들은 현실에 존재하는 악의 현저한 영향력 때문에 사탄이 여전히 강력한 힘을 지닌 것처럼 생각합니다. 그러나 인간의 내면을 새롭게 하는 복음의 능력은 그것을 능가합니다. 하나님의 나라는 이미 임했고, 강하게 역사하고 있습니다.

큰 건물이 서 있을 때는 기둥들이 얼마나 큰 힘으로 그것을 떠받치고 있는지 알 수 없습니다. 그러나 떠받치고 있던 건물이 무너지고 나면, 비로소 그것들이 얼마나 무거운 건물의 무게를 감당하고 있었는지 가늠할 수 있습니다.

선교사들은 무기를 휴대하지 않습니다. 그들은 선교지에서 복음을 전하고 병든 사람을 돌봐 주고 가난한 자들에게 식량을 나눠 줍니다. 좀 더 위생적인 환경에서 주민들이 살도록 가르치고, 도덕적으로 살도록 가르

---

[85] 하나님의 나라와 의를 추구하며 살아야 할 신자의 소명은 개인의 선택 사항이 아니다. 그 소명은 그리스도의 몸인 교회의 지체가 된 모든 신자에게 운명과 같은 부르심이다. 신자는 세계와 자신의 인생의 의미를 이러한 관점에서 바라보아야 한다. 김남준, 『그리스도인은 누구인가』(서울: 생명의말씀사, 2018), 146-147.

쳐 줍니다. 그런데도 왜 이슬람과 사회주의 국가들은 그들을 싫어하는 것일까요? 왜 그들을 색출하고 추방하고, 심지어는 고문하고 죽이기까지 하는 것일까요? 그들이 무엇을 잘못했나요?

조선 말기 대부분의 지배층은 기독교 사상을 아주 위험한 것으로 여겼습니다. 그래서 기독교인들을 박해하였습니다. 그 이유는 무엇입니까?

기독교 사상은 조선 시대가 유지해 오던 사회 체계와는 공존할 수 없는 가르침을 가지고 있었습니다. 당시에 신분의 격차는 당연한 것이었습니다. 남자와 여자를 차별하는 것이 당연하다고 믿는 사람들에게 복음은 모든 사람이 평등할 뿐만 아니라 존귀한 존재라고 가르쳤습니다. 또 모든 사람이 죄인이기에 구원을 받아야 한다고 가르쳤으며, 서로를 형제로 여기고 사랑하며 살도록 교육하였습니다. 조선 사회나 공산주의 사회, 사회주의 국가는 이 사상의 힘을 매우 두려워합니다.

흔히 신앙에서 미끄러지고 나면 자신의 믿음에 대해 회의를 느낍니다. 복음의 능력에 대해서도 의심하게 되고, 타락한 교회를 보면서 신앙에 회의를 느끼게 됩니다. 그러나 한 사람이 신앙을 떠났을 때 그의 인생이 크게 무너질 수 있다면 역설적으로 이전에 그를 떠받치고 있던 그 신앙의 힘이 얼마나 큰 것이었는지를 알 수 있지 않습니까?

하나님 나라는 이미 임했습니다. 그런데 우리가 실질적으로 하나님의 사랑 안에 살지 않습니다. 말씀을 깨달으려고도 하지 않고 기도 생활을 실천하지도 않고 자기의 욕망(慾望)을 따라 살아갑니다. 그때 우리는 예수 그리스도를 믿는 것이 인생의 문제를 해결하는 데 큰 도움이 되지 않는다고 생각하기에 이릅니다.

이와 대조적으로, 은혜 안에서 살아가는 삶을 생각해 보십시오. 하나님의 생명이 있으면 능력 있는 삶을 살아가게 됩니다. 시련과 역경에 굴복하지 않고 사랑으로 살아갑니다. 이것이 하나님의 나라를 추구하며 사는 삶입니다. 이런 사람들에게는 다음과 같은 특징이 있습니다.

첫째로, 복음(福音)의 능력입니다. 죄인들을 구원하는 전도의 능력이 그 사람들과 함께합니다. 하나님의 나라가 이루어지기 위해서는 복음이 능력 있게 전파되어야 합니다. 그로 인해 구원받아 어둠의 세력에 붙잡힌 사람들이 자유롭게 되어야 합니다(골 1:13).

그리스도께서는 육적 왕국인 이스라엘 나라를 회복하시는 시기를 묻는 제자들에게 영적 왕국에 대해 말씀하십니다. "오직 성령이 너희에게 임하시면 너희가 권능을 받고 예루살렘과 온 유대와 사마리아와 땅 끝까지 이르러 내 증인이 되리라 하시니라"(행 1:8). 이 말씀은 성령이 오시면 모든 사람이 그리스도와 그분이 하신 일, 곧 복음의 증인이 된다는 것이니, 이는 곧 구령의 열정을 갖게 된다는 것입니다.

하나님의 나라를 추구하며 사는 사람들에게는 구원받지 못한 영혼을 향한 눈물이 있습니다. 그래서 그리스도를 알지 못하는 사람들이 구원을 얻어 참신자가 되어 행복하게 살게 되도록 수고합니다. 하나님의 사랑이 시키는 것입니다. 그렇게 복음을 삶으로, 눈물로, 언어로 전함으로써 이 땅에 하나님의 나라가 확장되는 데 기여합니다(행 20:19).

둘째로, 자기 부인(自己否認)의 삶입니다. 이는 바르지 않은 자아에 대한 비판과 의지적 거부로 이루어집니다.[86] 하나님의 나라를 누리며 사는 사

---

86) "왜냐하면 신자가 자신의 죄의 불순종에 대하여 깨달은 것은 개별적인 죄를 통해서지만, 그것들의 뿌리는 옛 본성, 혹은 묵은 자아 안에서만 발견되기 때문입니다. 그래서 자기 부인은 자아에 대한 비판과 의지적 거부로 이루어집니다." 김남준, 『자기 깨어짐』(서울: 생명의말씀사, 2019), 171.

람들은 자신 안의 죄를 버립니다. 세상의 기준에 따라 그리하는 것이 아니라 하나님의 말씀을 따라 자기 안의 죄를 죽이며 살아갑니다(롬 8:13, 고전 15:31). 말씀과 성령으로 다스리시는 하나님의 통치 아래 살아갑니다. 그로 인해 그들은 거룩한 삶의 열매를 맺으며 하나님 나라의 백성답게 살아갑니다(갈 5:22-23). 이것이 바로 덕스러운 삶입니다.

셋째로, 기쁨의 삶입니다. 하나님 나라는 기쁨의 나라입니다. 이것이 그 나라를 추구하며 살게 하는 실제적인 원동력입니다. "천국은 마치 밭에 감추인 보화와 같으니 사람이 이를 발견한 후 숨겨 두고 기뻐하며 돌아가서 자기의 소유를 다 팔아 그 밭을 사느니라"(마 13:44).

의무감만으로는 신앙생활할 수 없습니다. 하나님께서 주시는 기쁨이 없다면 우리의 모든 신앙적 행위는 외식(外飾)이 될 것입니다. 하나님께서는 억지로 섬기기를 바라지 않으십니다. 은혜를 주셔서 그들이 거룩한 기쁨 가운데 자원하는 마음으로 섬기게 하십니다(고후 9:7).

하나님의 백성들이 기뻐하며 살아가는 이유는 세상에서 많은 것들을 누리기 때문이 아닙니다. 오히려 하나님 아버지의 통치를 받기 때문입니다. 사랑하는 하나님으로 인해 기뻐하고 그 기쁨의 힘으로 그 나라와 의를 위해 살아가는 것입니다(느 8:10).

맺는말

어느 연극 배우는 자신의 소원이 무대 위에서 연기하다가 죽는 것이라고 하였습니다. 어떤 행정가는 맡겨진 일을 하다가 과로사로 죽고 싶다고 했습니다. 모두 자기 나름대로 살아야 할 이유를 찾은 사람들입니다. 그러면 우리가 그렇게 죽고 싶도록 살아야 할 삶의 가치는 무엇일까요?

사람으로서 마땅히 살아야 할 삶은 하나님의 자녀가 되면서 비로소 발견됩니다. 하나님의 사랑 때문에 구원받아 하나님의 자녀가 되었으니, 그 사랑 안에서 모든 사람이 우리처럼 하나님을 사랑하게 하는 삶을 살아야 합니다. 하나님께 대한 우리의 참된 사랑은 언제나 이웃에 대한 인격적인 헌신을 동반합니다(눅 7:45-47).

하나님의 나라를 추구한다는 것은 여전히 세상 나라가 있음을 말해 줍니다. 신자는 어두운 세상에서 빛으로 부름받았습니다(마 5:14). 우리는 자신의 삶이 그 나라를 알리는 빛이 되도록 살아야 하는데, 그 길은 쉽지 않지만 생명에 이르는 길입니다(마 7:14).

용감한 믿음의 선조들은 그 나라를 위해 살았습니다. 어떤 사람은 하나님의 말씀에 순종하느라 미치광이라는 소리를 들었고(히 11:7), 어떤 사람은 삶의 터전을 버렸으며(히 11:8), 어떤 이는 죄의 낙(樂)을 누리는 것보다 하나님을 위해 고난받는 것을 택했습니다(히 11:24-26). 어떤 사람들은 조롱과 매질을 당했습니다(히 11:36). 그들이 그렇게 살 수 있었던 것은 영원한 하나님의 나라에 대한 소망 때문이었습니다.

그들이 그런 삶을 살 수 있었던 것은 그 나라의 왕이신 그리스도를 사랑하였기 때문입니다. 우리도 그렇게 살아야 하지 않겠습니까? "그들이 이제는 더 나은 본향을 사모하니 곧 하늘에 있는 것이라 이러므로 하나님이 그들의 하나님이라 일컬음 받으심을 부끄러워하지 아니하시고 그들을 위하여 한 성을 예비하셨느니라"(히 11:16).

김남준 목사님의 연작 설교 '염려에 관하여' 중
여섯 번째 설교 '먼저 그의 의(義)를 구하라 1'로 연결됩니다.

제6장

먼저 그의 의를
구하라 1

✥

**그런즉 너희는 먼저
그의 나라와 그의 의를 구하라**

ζητεῖτε δὲ πρῶτον τὴν βασιλείαν [τοῦ
θεοῦ] καὶ τὴν δικαιοσύνην αὐτοῦ.

마 6:33

들어가는 말

하나님의 의(義)를 갈망하는 것은 천국 백성이 가진 마음의 특징입니다(마 5:6). 그것이 그들의 삶의 방향과 방식을 결정합니다. 이것은 우리가 흔히 생각하는 것처럼 기나긴 성화(聖化)의 과정을 거쳐서 도달되는 높은 신앙의 경지가 아닙니다. 방금 그리스도를 믿은 사람도 하나님의 의를 갈망할 수 있습니다. 이는 영혼의 변화에서 비롯되는 것이기 때문입니다.

이 갈망은 세상이 하나님께서 세상을 창조(創造)하신 목적대로 되기를 바라는 간절함입니다. 세상 모든 사람들이 하나님의 뜻대로 살아서 모두가 평화롭고 행복하게 되기를 바라는 마음입니다.

신자는 자기 안에 이미 이루어진 하나님의 나라의 크기만큼만 자기 밖 세상에서 이루어질 하나님의 의를 갈망합니다. 자기 안에 이루어진 하나님 나라에 대한 경험 없이는 누구도 하나님의 의를 갈망할 수 없으니, 하나님 나라를 경험한 사람이 하나님께로부터 그 갈망이 채워지는 복을 받습니다. "의에 주리고 목마른 자는 복이 있나니 그들이 배부를 것임이요."(마 5:6).

믿음으로 이르는 의

예수 그리스도께서는 육신을 위해 염려하는 신자들에게 말씀하십니다. "그런즉 너희는 먼저 그의 나라와 그의 의를 구하라……"(마 6:33). '그의 나라'와 마찬가지로 '그의 의'도 '하늘 아버지 하나님의 의'를 뜻합니다. 그렇다면 '의'(義)란 구체적으로 무엇일까요?

인간에게 적용된 의

본래 의는 하나님의 성품(性品) 중 하나인데, 인간에게 적용되기도 하였습니다. 이것은 성경 전체를 이해하는 데 있어서 매우 중요한 내용이기 때문에 좀 더 자세히 설명해야 합니다.

구약성경에서 의를 뜻하는 히브리어는 크게 두 가지입니다. 이 두 단어는 서로 비슷한 뜻으로 사용되고 있지만, 저는 두 단어 사이에 약간의 차이가 있다고 생각합니다. 한 단어(쩨데크, צֶדֶק)는 대체로 '사람의 마음 안에 있는 의의 자질(資質)'을 뜻하고(욥 36:3, 시 4:1), 또 한 단어(쩨다카, צְדָקָה)는 '사람의 마음 안에 있는 의의 자질이 나타난 의로운 행동'을 가리킵니다(삼상 26:23, 잠 8:20).[87] 또한 신약성경에서 의를 뜻하는 헬라어(디카이오쉬네, δικαιοσύνη)는 다양한 의미를 가지고 있으나 기본적으로 '옳음', '허물없음'을 뜻합니다.

위의 사항들을 고려하면, 인간에게 적용된 의를 저는 다음과 같이 정의합니다. "의란 하나님의 성품인 의의 반영으로서, 사람의 내면세계와 외면 생활이 하나님의 뜻에 완벽히 합치된 상태이다."

하나님의 뜻은 율법(律法)에 기록되었습니다. 넓은 의미의 율법은 성경을 통해 주신 계시를 가리킵니다. 그리고 그 핵심은 십계명입니다.[88] 하나님께서는 이 율법을 돌판에 새기시고, 또 인간의 마음에 새기셨으니 이것이 바로 양심의 증거가 됩니다(롬 2:15).

이 십계명이 외연(外延)을 확장하면서 하나님을 경외하고 이웃을 사랑하는 삶의 교훈을 이루는데, 이는 영원하고 불변하는 신앙의 규범이 됩니다.[89] 십계명은 다음의 두 관계를 규정합니다.

첫째로, 하나님과의 종교적(宗敎的)인 관계입니다. 이것들은 대체로 '무엇을 하지 말라.'라는 금지의 명령과 '무엇을 하라.'라는 실행의 명령으로

---

87) Ludwig Kohler, Walter Baumgartner, *The Hebrew and Aramaic Lexicon of the Old Testament*, vol. 2 (Leiden: Brill, 2001), 1004–1006.

88) 넓은 의미에서 율법은 인간과 세상에 대한 하나님의 생각과 의지를 흠 없이 계시해 주신 총체를 가리킨다. 좁은 의미에서 율법은 둘로 구분되는데, 에덴에서 주어진 율법과 시내산에서 주어진 율법이 그것이다. 전자는 선악과를 먹지 말도록 금지하는 명령이고(창 2:17), 후자는 구원을 위한 1차 원리인 약속과 2차 원리인 십계명, 그리고 이것들의 특별한 적용인 시민법과 의식법으로 이루어진다. 이 중 시민법과 의식법은 한시적 성격을 띠고 있다. John Owen, *A Treatise of the Dominion of Sin and Grace*, in *The Works of John Owen*, vol. 7, ed. William H. Goold (Edinburgh: The Banner of Truth Trust, 1988), 542–543; Sinclair B. Ferguson, *John Owen on the Christian Life* (Edinburgh: The Banner of Truth Trust, 1995), 28.

89) John Owen, *The Reason of Faith*, in *The Works of John Owen*, vol. 4, ed. William H. Goold (Edingburgh: The Banner of Truth Trust, 1988), 48.

이뤄집니다(출 20:1-11). 이것들은 우리로 하여금 하나님과 올바른 관계를 맺고 하늘에서 오는 생명과 사랑을 누리게 하는 데 목적이 있습니다.

둘째로, 사람들과의 사회적(社會的)인 관계입니다. 하나님께서는 인간 각 사람을 개별적 존재로 창조하셨으나 그들이 점점 수효가 많아져서 함께 '사랑의 사회'(societas amoris)를 이루며 살기를 바라셨습니다. 하나님께서 사람들을 사랑하시듯이, 모든 인류가 서로를 자기의 살과 피로 여기며 살아가는 사랑의 사회가 되길 바라셨던 것입니다. 이웃 사랑의 계명은 하나님의 이런 마음을 반영합니다(출 20:12-17).

우리는 율법의 이런 특성을 통해 의로운 상태가 무엇인지 알게 됩니다. 그것은 하나님과 인간과의 관계에서 자신의 의무를 다했기에 '책망받을 것이 없는 상태'(condition of being blameless)를 뜻합니다. 곧 하나님을 사랑하는 그 마음으로 이웃을 사랑함으로써 자신의 존재가 하나님의 뜻에 완전히 합치된 상태가 의로운 상태입니다(마 22:38-39).

엄밀하게 말하면, 이런 의를 지닌 자만이 하나님과 교통할 수 있었습니다. 그러나 인간 중에는 그런 의를 가진 사람이 없었습니다(롬 3:10). 인간은 그 누구도 스스로 자기를 의롭게 할 수 없으며, 오직 하나님의 은총으로만 그렇게 될 수 있습니다.

의를 향한 열망

인류의 처음 조상이 범죄하였을 때 하나님의 심판은 즉시 집행되었습니다. 뱀과 인간뿐 아니라 자연까지 하나님의 저주를 받았습니다(창 3:17). 범죄로 인해 인간은 본래 가지고 있던 의, 곧 원의(原義)를 상실하였습니다다. 그리고 하나님께 받아들여질 수 없는 상태가 되었습니다(롬 3:10-12). 이때 하나님께서는 두 가지 은총을 인간에게 베푸셨습니다.[90]

첫째로, 육체적 죽음의 유보(留保)입니다(창 3:16, 19). 하나님께서는 선악을 알게 하는 나무의 열매를 먹는 날에는 반드시 죽으리라고 선언하셨습니다(창 2:17). 이 죽음은 영혼과 육체의 죽음을 가리킵니다. 아담과 하와는 범죄하는 즉시 영혼의 죽음을 경험하였습니다. 이것은 하나님과의 영적 관계가 끊어지는 것을 말합니다. 그렇지만 아담과 하와에게 즉각적인 육체의 죽음은 유보되었습니다.

하나님께서는 인간의 육체의 죽음을 집행하되 그 시기를 유보하셨고, 살아 있는 동안 그들의 후손이 생육하고 번성하게 하셨습니다. 그리고 그 후손 중에서 언약의 씨 곧 다윗의 자손이 태어나게 하셨습니다(마 1:1).

둘째로, 메시아에 대한 약속(約束)입니다(창 3:15). 하나님께서는 죄(罪)의 세력을 파멸할 '여자의 후손'을 약속하셨습니다. 아담과 하와로부터 그들의 후손은 이 약속을 붙들었습니다. 그래서 죄로부터 그들을 구원하여 하나님께로 받아들여지게 할 여자의 후손을 고대하였습니다.

하와가 첫 아이의 이름을 '가인'(קין)이라고 지은 것은 이런 기다림을 반영하는 것이니, 가인이라는 말에는 '얻다.'라는 의미가 있습니다(창 4:1). 하와는 그 아이로 말미암아 구원자를 얻을 것으로 생각하였습니다. 라멕은 아들의 이름을 '노아'(נח)라고 하였습니다. 노아라는 이름의 뜻은 '휴식', '안식'입니다(창 5:29). 그는 죄와 모든 고통으로부터 인간을 쉬게 할 메시아를 기다렸고, 그 아기가 구원자이기를 바랐습니다. 여자의 후손에 대한

---

[90] 김남준, 『구원과 하나님의 계획』 (서울: 부흥과개혁사, 2010), 71-76.

이러한 열망은 역사 속에서 면면히 이어졌습니다.

대부분의 학자들은 구원(救援)의 약속과 함께 제사 제도가 도입되었다는 데 동의합니다. 제사(祭祀)는 불결한 죄인이 거룩하신 하나님께 나아가는 수단이었습니다. 비록 인간이 완전한 의의 조건을 충족시키지는 못했지만 하나님께서는 제사를 통해서 당신과 교제할 길을 열어 주셨습니다. 그러나 제사는 일시적인 수단이었으니, 잠시는 교제의 통로가 열렸지만 헌제자(獻祭者)가 죄를 지으면 다시 닫혔습니다.

믿음의 선조들은 하나님께서 약속하신 메시아가 오셔서 인간의 모든 죄를 대속(代贖)해 주실 때를 기다렸습니다. 아담 이후 유장한 인류 역사는 그 구원의 기다림이었고, 선택된 백성들의 역사는 이때를 약속하고 기다리게 하시는 수단이자 통로였습니다. 그들은 타락한 인간이 다시 하나님께 받아들여질 날을 사모하였습니다. 그리고 단번에, 영원한 제사를 드리기 위해 예수 그리스도께서 오셨습니다(요 1:29, 히 9:12).

복음적 의

구원과 관련하여 의는 율법적 의(律法的 義, legal righteousness)와 복음적 의(福音的 義, gospel righteousness)로 구분됩니다.[91] 전자는 율법을 지킴으로써 획득되는 의이고, 후자는 복음을 믿음으로써 그리스도의 공로를 통해 주

---

91) 신학적으로 의는 세 가지로 구분된다. (1) 속성적 의: 이는 하나님의 속성(divine attribute)으로서의 의를 가리키는데, 하나님의 의로우심(righteousness of God)이다. (2) 율법적 의: 이는 의로워지는 자원을 자기 안에 둔 것으로, 율법을 준수함으로써 얻게 되는 의이다. (3) 복음적 의: 이는 의로워지는 자원을 그리스도께 둔 것으로, 예수 그리스도의 대속적 죽음으로 이루신 의를 믿음을 통해 얻게 되는 의다. 김남준, 『자기 깨어짐』(서울: 생명의말씀사, 2019), 92-95.

어지는 의입니다. 이 두 의에 대해 살펴보자면 다음과 같습니다.

첫째로, 율법적 의입니다. 당시 유대인들에게는 오해가 있었습니다. 그것은 사람이 자신의 힘으로 하나님께 받아들여질 수 있는 의로운 상태에 도달할 수 있다고 믿은 것이었습니다. 그들은 율법을 지킴으로써 이 의를 얻을 수 있다고 생각하였는데, 이것이 율법적 의입니다. 그러나 하나님께서 율법을 주신 것은 죄인이 그것을 온전히 지켜 스스로 의롭다 함을 얻게 하기 위함이 아니었습니다. 오히려 인간이 자신의 힘만으로는 율법을 지킬 수 없다는 사실을 깨닫게 하기 위해서였습니다(롬 3:10, 갈 3:24).[92]

둘째로, 복음적 의입니다. 하나님께서는 인간이 새로운 의를 받아들이기를 바라셨습니다. 이것이 바로 율법적 의와 대조되는 의로서 그리스도를 통해 전가되는 의입니다. 바울도 처음에는 자신의 힘으로 율법적 의에 도달할 수 있을 것이라 생각하였기에 복음적 의는 그에게 낯선 것이었습니다(빌 3:4-6). 그러나 예수 그리스도를 만나자 그는 자신이 율법 중 그 무엇도 지키지 못한 사람임을 깨달았고, 하나님 앞에 가장 큰 죄인이라는 사실을 깨달았습니다(딤전 1:15).

바울은 새로운 의를 갈망하였습니다. 그것은 율법에서 난 의가 아니라 믿음으로 말미암는 의였습니다. "이제는 율법 외에 하나님의 한 의가 나타났으니 율법과 선지자들에게 증거를 받은 것이라"(롬 3:21).

이는 복음을 믿음으로써 의롭게 되는 것인데, 그리스도를 믿는 것은 하나님의 의를 받아들이는 길이 됩니다. "……내가 가진 의는 율법에서 난 것이

---

[92] 그리고 이는 구원을 받은 신자가 성령 안에서 율법을 주신 하나님 사랑의 동기를 따라 살게 하시기 위함이었다. "육신을 따르지 않고 그 영을 따라 행하는 우리에게 율법의 요구가 이루어지게 하려 하심이니라"(롬 8:4).

아니요 오직 그리스도를 믿음으로 말미암은 것이니 곧 믿음으로 하나님께로부터 난 의라"(빌 3:9).

예수 그리스도께서는 세상에 오셔서 죄인들을 대신해서 율법의 모든 요구를 만족시키심으로써 하나님의 의를 이루셨습니다(롬 10:4). 그리고 복음을 믿는 자들에게 당신이 이미 이루신 그 의를 나누어 주시는데, 이것이 하나님의 의입니다(롬 3:22). 인간은 이 의를 덧입어 하나님 앞에 의롭다고 받아들여지게 되는 것입니다.

하나님의 의

마르틴 루터(Martin Luther, 1483-1546)는 일찍이 하나님께 수도사가 될 것을 서약하였습니다. 그는 에르푸르트의 수도원에 있는 동안, 한 가지 문제에 골몰하였습니다. 그것은 자신이 구원받았음을 어떻게 알 수 있는가 하는 것이었습니다.

그는 고행함으로써 그것을 알고자 하였습니다. 자신의 자전적인 글에서 루터는 담요 한 장, 빵 한 조각 없이 여러 날 동안 철야의 고행과 기도에 전념했다고 말합니다. 때로는 자기 몸을 채찍으로 때리면서, 맨무릎으로 계단을 오르내리는 피 흘리는 고통에 자기 육체를 던지면서까지 구원에 이르고자 하였습니다. 그러나 잠시뿐이었습니다. 잠시는 구원받은 것 같았으나 시간이 지나면 구원받지 못했다는 생각이 다시 떠올랐기 때문입니다.[93]

---

93) Roland H. Bainton, *Here I Stand: A Life of Martin Luther* (Nashville: Abingdon Press, 1978), 33-50; W. 뢰베니히, 『마르틴 루터: 그 인간과 그의 업적』, 박호용 역 (서울: 성지출판사, 2002), 106-133; 제임스 M. 키텔슨, 『개혁자 말틴 루터』, 김승철 역 (서울: 컨콜디아사, 1995), 47-85; 뤼시앵 페브르, 『마르틴 루터: 한 인간의 운명』, 김중현 역 (고양: 이른비, 2019), 27-89.

고통과 혼란의 시간을 보내던 루터는 아우구스티누스 수도회의 주교 총대리직을 맡고 있던 슈타우피츠(Johann von Staupitz, 1468-1524)를 만나게 됩니다. 슈타우피츠는 비텐베르크 대학교의 신학부를 책임진 교수였는데, 루터로 하여금 율법이 아닌 은혜의 하나님을 바라보도록 이끌어 준 인물입니다.

루터는 자신의 제자들과 격의 없이 나눈 대화를 기록한 책 『탁상 담화』(*Table Talk*)에서 슈타우피츠에 대해 다음과 같이 말합니다.

> 좋으신 분, 나의 슈타우피츠께서는 제게 이렇게 말씀하셨습니다. "우리의 눈을 그리스도라 불리는 그분께 고정시켜야 한다네." 그분은 우리 시대에 복음에 대한 가르침을 시작하신 분이셨습니다.[94]

그는 슈타우피츠의 따뜻한 격려를 힘입어 비텐베르크 대학교에서 공부를 계속해서 신학 박사 학위를 받았고, 그 학교에서 학생들에게 성경을 가르치면서 복음의 빛을 발견하였습니다.

루터는 로마서를 묵상하던 중 '복음에는 하나님의 의가 나타나서'라는 부분에서 시선을 멈추었습니다(롬 1:17). 이제까지 루터에게 '하나님의 의'라는 말은 율법의 기준에 부합하지 못한 죄인에 대한 하나님의 심판을 가리키는 것이었습니다.[95]

---

[94] Martin Luther, "No. 526: Luther Expresses His Thanks for Staupitz," *Table Talk*, in *Luther's Works*, vol. 54, ed. Theodore G. Tappert (Philadelphia: Fortress Press, 1967), 97.

[95] 당시의 상황들을 회상하며 기록한 다음의 글을 참고하라. Martin Luther, "Preface to the Complete Edition of Luther's Latin Writings Wittenberg, 1545," *Career of the Reformer IV*, in *Luther's Works*, vol. 34, ed. Lewis W. Spitz (Philadelphia: Muhlenberg Press, 1976), 337.

그는 그 구절 앞에서 절망으로 울부짖었습니다. 하나님께서 복음 속에도 심판의 칼을 두셨다고 믿었기 때문입니다.

그것은 구원에 대한 루터의 오해였습니다. 로마서에서 말하는 의는 그런 것이 아니었습니다. 그것은 우리를 하나님께 받아들여지게 하기 위한 '하나님의 의'입니다. 이런 사실은 이미 구약의 경건한 시인들에 의해 고백되었던 바입니다. "주의 의는 하나님의 산들과 같고 주의 심판은 큰 바다와 같으니이다……"(시 36:6), "내가 주의 법도들을 사모하였사오니 주의 의로 나를 살아나게 하소서"(시 119:40).

루터는 비텐베르크 대학교에서 시편(1513년), 로마서(1515년), 갈라디아서(1516년), 히브리서(1517년)를 강의하면서 성경에 대한 연구와 묵상의 깊이를 더했습니다. 그는 이 긴 과정을 통해 영혼의 깊고 어두운 밤을 지났습니다. 마침내 복음의 밝은 광채가 눈부시도록 찬란하게 비치는 은혜의 경험을 하게 되었습니다(갈 3:11, 합 2:4). 그리고 비로소 하나님께서 어찌하여 복음 속에까지 심판의 칼을 숨겨 두셨냐고 탄식하던 내면의 절규는 멈추었습니다.[96]

그가 진리를 찾아가는 과정은 죄인이 구원을 발견해 가는 과정이었으니, 복음을 발견하기 전까지 그는 결코 진리에 이르지 못했습니다. 그리고 마침내, 복음의 빛을 받았습니다. 이 생생한 영적 경험을 루터는 자신의 『비텐베르크 라틴어 저작집』(*Luther's Latin Writings Wittenberg*) 서문에서 다음과 같이 회상하였습니다.

---

[96] 이것은 루터가 복음에 나타난 의가 하나님의 심판이 아니라 자신을 주님께 받아들여지게 하는 '하나님의 의'라는 사실과 그것이 십자가의 죽음과 부활로 획득되어 믿음으로 말미암아 우리에게 주어진다는 사실을 깨달았기 때문이다(고후 5:21, 엡 2:8).

마침내 하나님의 자비를 힘입어 밤낮으로 묵상하는 가운데 나는 성경에 나오는 단어들의 문맥을 유심히 살펴보게 되었다. "복음에는 하나님의 의가 나타나서 믿음으로 믿음에 이르게 하나니 기록된 바 오직 의인은 믿음으로 말미암아 살리라 함과 같으니라"(롬 1:17). ······거기서 나는 존재 전체가 다시 태어나 활짝 열린 환희의 낙원으로 들어간 것을 느꼈다. 거기서 성경 전체의 완전히 다른 얼굴이 나에게 보였다. 그때부터 기억을 더듬어 성경을 관통해 들어가게 되었다. 나는 또 다른 용어로 된 유비(類比)를 발견했는데, 하나님의 일 즉 그분이 우리 안에서 이루신 일, 우리를 강하게 하시는 하나님의 능력, 우리를 슬기롭게 하시는 하나님의 지혜, 하나님의 힘, 구원, 영광을 보게 되었다.[97]

하나님께서는 이 의를 받은 자들을 의롭다고 선언하십니다. 이것이 '이신칭의'(以信稱義), 곧 믿음으로 의롭다 칭함을 받는다는 것입니다. 그러나 이것은 믿는 행위(行爲)가 아니라, 그리스도께서 이루셔서 우리에게 전가해 주시는 자비로운 은혜(恩惠)를 강조한 것입니다.

하나님께서 주시는 이 복음적 의만이 죄인을 하나님께 받아들여지게 하는 능력입니다. 이 능력을 하나님의 선물로 받는 것이 믿음이니, 믿는 우리보다 의롭게 하신 하나님을 생각해야 합니다. "복음에는 하나님의 의가 나타나서 믿음으로 믿음에 이르게 하나니 기록된 바 오직 의인은 믿음으로 말미암아 살리라 함과 같으니라"(롬 1:17).

---

[97] Martin Luther, "Preface to the Complete Edition of Luther's Latin Writings Wittenberg, 1545," *Career of the Reformer IV*, in *Luther's Works*, vol. 34, ed. Lewis W. Spitz (Philadelphia: Muhlenberg Press, 1976), 337.

하나님의 의를 추구하라

복음을 받아들인 사람에게는 이미 하나님의 의가 있습니다. 하나님께서 '그리스도의 의'(righteousness of Christ)로써 그를 의롭다 여겨 주셨기 때문입니다(롬 3:24, 벧후 1:1). 그런데 예수 그리스도께서는 하나님의 나라와 함께 그의 의를 추구하라고 하십니다(마 6:33). 이미 신자들에게 그 의를 주셨는데 또 하나님의 의를 추구하며 살라는 것은 무슨 의미일까요?

인류의 구원을 추구함

첫째로, 하나님의 의를 추구한다는 것은 세상 모든 사람이 구원받기를 바라며 산다는 뜻입니다. 곧 모든 사람이 그리스도를 믿음으로써 하나님께 용납될 만한 의를 받게 되기를 바란다는 말입니다.

신자는 중보자 되신 그리스도의 의 때문에 하나님과 새로운 관계 속으로 들어온 사람들입니다. 하나님께서는 우리뿐 아니라 모든 사람이 이 구원의 의를 누리기를 원하십니다(딤전 2:4). 신자는 하나님의 그 소망에 동참해야 합니다. 이는 다음과 같은 이유 때문입니다.

의의 두 측면 때문에

첫째로는, 의(義)에는 두 측면이 있기 때문입니다. 그것은 불의한 자들을 심판하시는 측면과 의로운 자들을 구원하시는 측면입니다. 성경은 예수 그리스도께서 공적인 생애를 시작하시는 모습을 다음과 같이 보도합니다. "이때부터 예수께서 비로소 전파하여 이르시되 회개하라 천국이 가까이 왔느니라 하시더라"(마 4:17).

예수 그리스도의 첫 선포는 두 가지 이유 때문에 유대인들의 마음에 와 닿지 않았습니다. 하나의 이유는, "천국이 가까이 왔느니라."라는 말씀 때문이었습니다. 유대인들은 자기들이 살고 있는 나라가 곧 천국이라고 믿었습니다. 그런데 그리스도께서는 천국이 다가오고 있다고 말씀하셨습니다. 유대인들에게 이 말은 그들이 하나님 나라 밖에 있다는 것처럼 들렸고, 그래서 그 말씀을 받아들이지 않았습니다.

또 하나의 이유는, "회개하라."라는 말씀 때문입니다. 그리스도께서는 하나님의 나라가 가까이 오고 있는데 그들이 회개하지 않으면 재앙이 될 것이라고 말씀하시는 것 같았습니다. 이것은 그들에게 있는 천국 개념과 다른 것이었습니다. 두 가지 점에서 그러하였는데, 하나는 이스라엘이 곧 하나님의 나라라고 믿었기 때문이고, 또 하나는 하나님 나라는 복(福)의 나라이니 그 나라가 오고 있다면 마땅히 기뻐해야 했기 때문이었습니다. 그러나 그리스도께서는 마치 그들이 하나님 나라 바깥에 있는 사람들인 것처럼, 또한 하나님 나라가 오면 심판이 임하는 것처럼 말씀하셨습니다.

그것은 유대인들의 오해였습니다. 예수 그리스도의 첫 선포에 담긴 말씀의 뜻은 다음과 같은 것이었습니다. 하나님의 나라는 그리스도와 함께 임했으나 아직 최종적으로 완성되지는 않았으니, 그 나라가 궁극적으로 완성되는 것은 그리스도께서 세상에 다시 오시는 날이며, 그날에 심판이 있을 것이라는 의미였습니다(마 19:28).

이 우주적 심판은 아직 유보되었으나 반드시 도래할 것입니다. 그때 하나님의 의를 덧입은 사람들은 천국에서 복을 누릴 것이지만, 그렇지 않은 사람들은 지옥에서 형벌을 받을 것입니다. 곧 복음을 믿는 자는 구원하시는 의로, 믿지 않는 자는 심판하시는 의로 다루어질 것입니다(행 16:31). 이것이 바로 그 나라의 도래를 앞두고 유대인들이 회개하지 않으면 안 되었던 이유였습니다.

신자는 구원의 복음을 전해야 합니다. 아직 이 세상에는 하나님의 의를 받지 못한 사람들이 많기에 신자는 모든 사람이 하나님의 의를 통해 구원받게 되기를 갈망해야 합니다. 이것이 바로 그리스도를 통해 이미 의로워진 은혜를 받은 사람들이 이 세상에서 의를 추구하는 삶입니다.

하나님과의 교통을 위해

둘째로는, 하나님과의 교통(交通)이 모든 사람에게 필요하기 때문입니다. 이것은 영적 교통으로서 사랑과 생명의 교통입니다. 신자는 모든 사람이 하나님께로부터 오는 자원으로 살기를 갈망해야 합니다.

우리가 겪는 고통은 다양한 원인을 갖고 있습니다. 가난과 질병, 무지와 잘못된 인간관계 때문에 인간은 고통을 겪습니다. 고통의 원인들은 서로 상관없어 보입니다. 그러나 그 뿌리는 모두 하나이니, 그것은 바로 죄입니다.[98] 죄는 결국 하나님을 모르고 그분과 올바른 관계를 맺지 못한 데서 비롯된 것입니다.

하나님의 의를 받은 사람들은 그분과의 막혔던 관계가 열려 하늘과 땅의 자원을 공급받게 됩니다. 하나님의 생명과 사랑을 누리게 됩니다. 이러한 하늘 자원이야말로 인류의 고통의 원인을 궁극적으로 종결시킬 수

---

[98] "가난, 질병, 인간관계의 파괴, 무지, 이 모든 것들이 인간 불행의 궁극적인 원인이라기보다는 영혼이 죽음이라는 질병 상태에 있기 때문에 나타나는 증상이라는 것입니다." 김남준, 『구원과 하나님의 계획』 (서울: 부흥과개혁사, 2010), 37.

있습니다. 고난 속에서도 세상을 이기게 할 수 있고, 어두운 인생길에서도 올바른 길을 찾게 할 수 있습니다. 그래서 어떤 문제로 고통을 당할 때 해결 방안은 참된 삶을 위한 진정한 자원에 눈을 뜨는 것입니다.

하나님께서 원하시는 바는 세상 모든 사람이 하나님과의 교제를 통해서 영적 생명과 사랑을 풍성히 누리게 되는 것입니다(요 10:10). 이 일을 위해 신자는 그리스도의 복음을 전합니다. 이는 세상 모든 사람이 하나님의 의를 덧입어 참으로 사람답게 살게 하기 위함입니다.

하나님의 뜻대로 살아감

둘째로, 하나님의 의를 추구한다는 것은 하나님의 뜻대로 살기를 원한다는 것입니다. 자신뿐만 아니라 온 인류가 참으로 그렇게 되기를 원하는 것입니다.

하나님의 백성은 이 세상에 있으나 그 정체성(正體性)은 하늘에 있기에 온 인류가 하나님께서 창조하신 목적을 따라 살기를 갈망합니다. 하나님의 자녀들은 끊임없이 하나님의 뜻을 거스르는 세상에 저항하면서 모든 만물의 상태를 하나님께서 의도하신 대로 돌려놓으려 하는데, 이것은 하나님의 뜻이 세상에서 이루어지기를 바라는 삶으로 나타납니다(마 6:10).

그리스도인들은 그 일을 위해 헌신하고, 하나님께서는 그리스도를 통하여 성령 안에서 그렇게 살 수 있는 힘을 주십니다. 그리스도인의 삶의 방식이 세상 사람들과 다른 것은 사상(思想)의 차이 때문입니다.[99]

---

[99] "한 부류의 사람들은 모든 사상에 하나님이 없다고 하며 살아가는 사람들이며, 다른 부류의 사람들은 하나님을 믿음으로써 그 사랑 안에서 질서를 따라 사는 사람들입니다(시 10:4). 이처럼 삶의 방식은

신자는 세상 사람들과 똑같이 살 수 없습니다. 그들은 세상에 항거하며 모든 만물의 질서를 하나님께서 의도하셨던 본래의 상태로 돌아가게 하는 일에 이바지하며 살아갑니다. 그래서 그리스도께서 걸으셨던 길을 따라가고(요 12:26), 이것 때문에 때로는 세상으로부터 박해를 받습니다(막 10:30, 고전 4:12). 이는 그들이 세상 사람들과 생각이 다르고 사랑하는 대상도 다르기 때문입니다.[100]

예수 그리스도께서 이 세상에 사시면서 우리에게 가르쳐 주신 가장 큰 가르침들 중 하나는 하나님의 자녀로 산다는 것이 무엇인지를 보여준 것이었습니다. 그것은 참사람으로서 어떻게 하나님을 사랑하며 살아야 하는지를 가르쳐 주신 것이었습니다.

그리스도께서는 미워하시지 않는 죄가 없었으나 죄인들 중 아무도 미워하지 아니하셨습니다(요 8:11). 이는 그리스도께서 사랑으로 완성하시려는 나라가 하나님의 의의 나라였기 때문입니다. 그분이 이루고자 하셨던 나라는 의라는 이름 아래 폭력(暴力)과 보복(報復)이 이루어지는 나라가 아니고, 사랑이라는 이름 아래 불의(不義)와 악(惡)이 용납되는 나라도 아니었습니다.

그리스도께서는 우리가 하나님의 나라와 의를 추구하며 살기를 바라셨습니다. 그리고 그것 때문에 박해받기를 기대하셨습니다. "의를 위하여 박해를 받은 자는 복이 있나니 천국이 그들의 것임이라"(마 5:10).

그가 믿는 사상에 의해 결정됩니다. 그러나 만약 우리에게 참다운 삶의 방식이 없다면 우리는 우리의 사상을 이 세상을 향해 입증하지 못할 것입니다." 김남준, 『그리스도인은 누구인가』(서울: 생명의말씀사, 2018), 52.

100) 초기 기독교 시대에 그리스도인에 대한 인상을 좌우한 것은 두 가지였으니, 그들이 유대인이나 이방인과 전혀 다른 세계관을 가진 사람들이며 사랑의 삶을 살았다는 것이었다. 김남준, 『그리스도인은 누구인가』(서울: 생명의말씀사, 2018), 37-44.

우리 자신을 돌아봅시다. 우리가 하나님의 의 때문에 고난을 받습니까? 혹시 세상이 핍박할 필요가 없을 정도로 자기만을 위하는 세상과 같아지지는 않았습니까?

하나님께서는 우리가 살아 있음으로 세상이 지금보다 더 의로워지기를 원하십니다. 모든 사람들이 그리스도를 믿고 구원받기를 바라십니다. 또한 구원받은 우리가 그리스도를 아는 지식에서 자라가, 구원의 의를 이 세상에서 선(善)으로 펼쳐 알리기를 원하십니다. "하나님은 모든 사람이 구원을 받으며 진리를 아는 데에 이르기를 원하시느니라"(딤전 2:4).

그런 삶을 살게 하시기 위해, 하나님께서는 하늘에 속한 자원과 땅에 속한 자원을 우리에게 주십니다. 이 자원으로 세상에서 하나님의 의를 이루는 데 이바지하며 살게 하시기 위함입니다. 그날이 되면 우리는 주께로부터 받은 그것들을 그분 앞에서 어떻게 사용했는지 셈해야 할 것입니다. 하나님께서 주신 천상과 지상의 자원을 어디에 썼는지에 대해서 그분께 고하여야 할 것입니다(마 24:45-47).

사랑의 관계를 회복하라

하나님께서는 죄인에게 당신의 의를 주셔서 새로운 영적 관계에 들어가게 하십니다. 이 관계는 하나님과 함께하는 사랑의 관계입니다. 그 사랑 안에서 모두가 서로를 사랑하기를, 마치 성부, 성자, 성령이 서로 사랑하심같이 사랑하기를 원하십니다.

저녁부터 부부가 안색이 안 좋더니 드디어 언쟁하기 시작합니다. 원망 섞인 아내의 투정으로 말다툼이 시작됩니다.

"당신, 사랑이 식었지?"

"내가 뭘?"

"생각해 봐, 당신 변했어."

"뭐 땜에 그러는데?"

"신혼 때는 하지 말라고 해도 쓰레기 버려 주고, 시간마다 문자도 보내고, 퇴근 후에는 선물도 사오더니 당신이 요즘 날 위해 해주는 게 뭐야?"

남편은 할 말이 없습니다. 모두 사실이었기 때문입니다. 이튿날, 남편은 아침 일찍 쓰레기를 버렸습니다. 시간마다 문자를 보냈고, 퇴근하자마자 집에 일찍 들어와서 선물도 주었습니다. 그리고 퉁명스럽게 말합니다.

"이제 됐어?"

남편은 오해하고 있었습니다. 아내가 진심으로 원하는 것은 이 세 가지를 해 달라는 것이 아니었습니다. 아내가 참으로 남편에게 하고 싶은 말은 자신과의 관계를 좀 바꾸라는 것이었습니다. 그것들을 그냥 실천하는 게 아니라 자기에 대한 사랑이 변하지 않았는지 스스로 반성해 보라는 것이었습니다. 바빠서 쓰레기를 못 버리고 미처 문자를 보내지 못하고 선물을 주지 않아도 아내가 충분히 사랑받고 있다고 느꼈으면 결코 투정거리가 되지 않았을 것입니다.

삶과 사랑은 나뉘지 않으니, 사랑하면 반드시 삶으로 드러납니다. 보이지 않는 사랑은 보이는 행위로 나타나기 마련입니다. 그래서 하나님을 믿는 우리에게 필요한 것은 어떤 행동 하나를 고치는 것이 아니라, 마음을 돌이켜 다시 하나님을 사랑하는 것입니다. 하나님을 사랑하고, 그 사랑이 하나님의 의를 위해 사는 생활로 드러나는 것입니다(요일 4:20).

우리는 피 묻은 십자가에서 예수 그리스도를 만나고 하나님 앞으로 돌아왔습니다. 십자가 앞에서 지난날을 회개했고, 예수 그리스도 이외에는 참생명으로 인도할 분이 없다고 고백하였습니다. 그때 우리의 마음에는 의를 향한 갈망이 가득하였습니다. 하나님을 반역하는 세상에 고통을 느꼈고, 허무한 것들에 목을 매고 사는 사람들을 불쌍히 여겼습니다(마 9:36). 그 가엾은 영혼들에 대한 기억이 마음을 찢었고, 그래서 기도할 때마다 우리의 가슴에는 피멍이 들었습니다.

무엇 때문이었습니까? 그때 우리의 마음에 죄인들을 불쌍히 여기시는 하나님의 사랑이 가득했기 때문입니다. 지금도 그 마음이 있습니까? 죄에 빠진 사람들을 위해 통곡과 눈물로 기도하던 몸부림이 아직도 남아 있습니까? 하나님의 의가 이루어지기를 바라는 마음에 한(恨)처럼 남은 거룩한 아픔이 있습니까? 혹시 하나님의 의에 목말라야 할 마음이 세상 염려로 가득 차 있지는 않습니까? 염려하는 마음으로 자신의 삶의 무게조차 감당하지 못하며 살고 있지 않습니까?

만약 그렇다면 우리는 회개하고 처음 사랑으로 돌아가야 합니다. "그러나 너를 책망할 것이 있나니 너의 처음 사랑을 버렸느니라 그러므로 어디서 떨어졌는지를 생각하고 회개하여 처음 행위를 가지라……"(계 2:4–5).

하나님께서 어떻게 우리에게 주신 구원입니까? 자기의 아들 그리스도를 죽음에 내어 주셔서 이루신 의로써 우리를 구원해 주시지 않았습니까? 그것은 이제 다시는 자신을 위해서가 아니라 하나님과 이웃을 위해 살게 하심이 아니었습니까?

하나님의 말씀으로 다시 돌아갑시다. 우리의 영혼에 은혜의 단비가 내리기를 기도합시다. 하나님을 향한 사랑을 회복하고 하나님의 의를 위해 살아가야 합니다. 그렇게 사는 것이 아니면 참으로 사는 것이 아닙니다.

맺는말

제가 한동안 입을 다물지 못했던 것은 의로우신 하나님께서 죄인인 우리를 용서해 주신 방식이었습니다. 그 놀라운 은혜를 깨닫고 인식한 것은 그리스도인이 되고 많은 세월이 흐른 후였습니다. 그때 느낀 감격은 유아가 엄마를 그린 그림 위에 진짜 사진이 합체되는 것 같은 환희였습니다.

서로 마주한 두 칼처럼 부딪히기만 할 줄 알았던 공의와 사랑이 신비한 방식으로 서로를 완성하는 것을 보았습니다. "인애와 진리가 같이 만나고 의와 화평이 서로 입맞추었으며"(시 85:10).

이 깨달음으로 여러 달 동안 지상을 떠나 하늘을 걷는 것 같았습니다. 하나님께서 저의 아버지이신 것이 너무나 감격스러웠습니다. 당신의 거룩함을 범하는 모든 것으로부터 당신을 지키시는 의가 사랑이었다는 사실과 그 무한한 사랑의 나타남이 엄격한 의였음을 깨달았을 때, 그것은 제 인생이라는 회의장에 울려 퍼진 긴급 동의였습니다. "그동안 나는 얼마나 많은 인생의 시간들을 낭비하며 살았는가?"

의로우신 하나님께서 의롭지 않은 우리들을 사랑으로 의롭게 하시고, 그 사랑에 붙잡혀 불의한 세상에 항거하며 사랑으로 의로운 세상을 만들어 가게 하시는 경륜에 가슴이 시린 것은 저만의 고백이 아닐 것입니다. 우리가 이 세상에서 사랑하는 하나님께 드릴 최고의 선물은 이것입니다. "이는 물이 바다를 덮음같이 여호와의 영광을 인정하는 것이 세상에 가득함이니라"(합 2:14).

김남준 목사님의 연작 설교 '염려에 관하여' 중
일곱 번째 설교 '먼저 그의 의(義)를 구하라 2'로 연결됩니다.

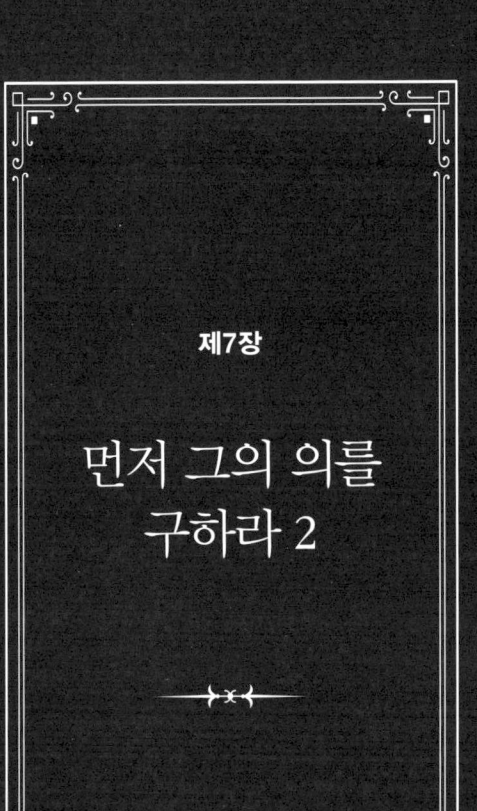

제7장

먼저 그의 의를 구하라 2

그런즉 너희는 먼저
그의 나라와 그의 의를 구하라
ζητεῖτε δὲ πρῶτον τὴν βασιλείαν [τοῦ
θεοῦ] καὶ τὴν δικαιοσύνην αὐτοῦ,

마 6:33

들어가는 말

우리는 사랑과 정의(正義)를 대립하는 개념으로 생각합니다. 그러나 사랑은 결코 정의를 배제하지 않고, 오히려 정의는 사랑을 이루게 합니다 (시 85:10).[101] 이에 대해 아우구스티누스(Aurelius Augustinus, 354-430)는 자신의 책 『본성과 은혜』(*De Natura et Gratia*)에서 다음과 같이 말합니다.

> 그러므로 사랑의 시작은 정의의 시작이며 사랑의 진보는 정의의 진보이다. 위대한 사랑이야말로 위대한 정의이니, 완전한 사랑이야말로 곧 완전한 정의이다.[102]

---

[101] "그러한 때에 하나님께서는 사람들과의 관계를 다시 회복할 수 있는 길을 열어 주셨는데, 그것이 바로 용서와 사랑입니다(막 11:25). ······사랑은 정의를 배제하지 않고, 정의는 사랑을 이루게 하는 것입니다(시 85:10)." 김남준, 『교회와 하나님의 사랑』 (서울: 익투스, 2019), 162-163.

[102] "*Charitas ergo inchoata, inchoata justitia est; charitas provecta, provecta justitia est; charitas magna, magna justitia est; charitas perfecta, perfecta justitia est*"(70,84). Aurelius Augustinus, *De Natura et Gratia*, in *Patrologia Latina, Cursus Completus*, vol. 44, ed. J. P. Migne (Paris: Excudebatur et venit apud J. P. Migne, 1865), 290.

우리는 그리스도의 공로로 하나님의 의(義)를 덧입었습니다. 그러나 이것으로 끝이 아닙니다. 하나님께서는 율법(律法)만으로는 이룰 수 없는 더 높은 차원의 의를 요구하시니, 이것이 바로 사랑입니다(요 13:34). 그 사랑을 이루기 위해 우리를 구원하셨습니다.

하나님께서 세상을 이처럼 사랑하사 독생자 예수 그리스도를 주심으로써 친히 그 본을 보이셨으니(요 3:16), 하나님의 의의 결국은 사랑입니다. "사랑은 이웃에게 악을 행하지 아니하나니 그러므로 사랑은 율법의 완성이니라"(롬 13:10).

의를 실현하시는 하나님

죄인을 하나님께 받아들여지게 하는 의는 인간이 율법을 지킴으로써 얻을 수 있는 것이 아닙니다. 예수 그리스도의 죽음과 부활을 통해 이루신 '하나님의 의'(righteousness of God)를 통해서만 가능합니다(롬 1:17, 3:22).

이 의는 하나님의 사랑입니다. 왜냐하면 인간 편에서 볼 때 언약 관계를 깨뜨린 죄인을 그리스도의 희생(犧牲)으로 의롭다 하셨고, 그 희생의 동기는 하나님의 사랑이었기 때문입니다(요 3:16).

그러면 하나님께서는 이 세상에서 어떻게 당신의 의를 실현해 가실까요? 이를 이해하기 위해서 우리는 먼저 상반된 것처럼 보이는 다음 두 가지 사실을 숙고해야 합니다.

심판하시는 의

의(義)는 원래 하나님의 성품(性品)으로, 신학 용어로는 하나님의 속성(屬性, attribute)이라고 합니다. 하나님의 성품으로서의 의는, 하나님께서 당신의 거룩함을 침범하는 모든 것으로부터 그것을 지키시는 성품입니다.[103] 그렇기 때문에 하나님의 거룩함을 침범한 자에게는 심판(審判)하시는 의가 있습니다. 이와 관련되어 구약성경에는 두려운 사례들이 나옵니다.

먼저, 나답과 아비후의 사건입니다. 본래 향로에 분향(焚香)할 때는 번제단의 불을 사용하게 되어 있었습니다. 그런데 나답과 아비후는 다른 불을 사용하였고, 이로 인해 죽임을 당합니다(레 10:1-2). 하나님께서 명하시지 않은 다른 불로 여호와를 분향한 것은 하나님께서 인정하시지 않는 행위로서, 여호와에 대한 총체적인 불경건(不敬虔)의 표징을 드러낸 것입니다.[104]

---

[103] Louis Berkhof, *Systematic Theology* (Grand Rapids: Wm. B. Eerdmans Publishing Company, 1996), 74-75.

[104] Jay Sklar, *Leviticus*, in *Tyndale Old Testament Commentaries*, vol. 3 (Downers Grove: InterVarsity Press, 2014), 156-157.

다음으로, 웃사의 사건입니다. 다윗은 율법을 따라 법궤를 메어 오려 하였습니다(삼하 6:2). 그런데 웃사와 아효는 새 수레에 법궤를 싣고 나왔습니다(삼하 6:3). 다윗은 그들을 저지하지 않고 그대로 법궤를 이동시켰습니다. 그런데 이동 중에 소가 날뛰었고 법궤는 흔들려 떨어지려 하였습니다. 그때 웃사가 손을 들어 법궤를 붙잡았습니다. 그러나 그것은 율법이 금지한 행위였습니다(민 4:15). 또한 레위인이 언약궤를 운반하도록 명하신 하나님의 방식에도 위배된 행동이었습니다(출 25:14-15, 신 31:9, 수 3:6). "여호와 하나님이 웃사가 잘못함으로 말미암아 진노하사 그를 그곳에서 치시니 그가 거기 하나님의 궤 곁에서 죽으니라"(삼하 6:7).

무엇 때문일까요? 왜 그분께 저지른 아주 작은 잘못이 큰 죄가 될까요? 이는 하나님께서 무한히 위대하고 거룩하신 분이기 때문입니다. 이로써 우리가 하나님의 무한한 사랑과 오래 참으시는 크나큰 자비 아래 살고 있음을 상기하게 됩니다. 이 사건에 대해, 아우구스티누스와 거의 동시대를 살았던 교부 마르세유의 살비아누스(Salvianus, 400경-470경)는 자신의 책 『하나님의 통치』(De Gubernatione Dei)에서 다음과 같이 해석합니다.

> 이 사건을 통해 우리가 알게 되는 것은 하나님께 속한 어떤 것도 가볍게 여겨져서는 안 된다는 사실이다. 왜냐하면 매우 작아 보이는 잘못이라도 하나님께 손해를 끼쳐 드림으로써 큰 죄가 될 수 있기 때문이다.[105]

---

[105] "*Ut intelligeremus scilicet nil ad Deum pertinens leve esse ducendum; quia etiam quod videbatur exiguum esse culpa, grande hoc faciebat Divinitatis injuria*"(6.10). Salvianus, *De Gubernatione Dei*, in *Patrologia Latina, Cursus Completus*, vol. 53, ed. J. P. Migne (Paris: Excudebatur et venit apud J. P. Migne, 1865), 119.

신약성경에도 두려운 사례가 나옵니다. 아나니아와 삽비라 사건이 그것입니다. 그들 부부는 밭을 팔아 그 값을 교회에 드리기로 하였습니다. 그런데 막상 밭을 팔고 나니 마음이 변하였습니다. 그래서 그들은 그 돈의 일부를 감추었습니다(행 5:1-2). 이 일로 죽음에 이르게 됩니다. "……어찌하여 이 일을 네 마음에 두었느냐 사람에게 거짓말한 것이 아니요 하나님께로다 아나니아가 이 말을 듣고 엎드러져 혼이 떠나니 이 일을 듣는 사람이 다 크게 두려워하더라"(행 5:4-5).

만약 하나님께서 모든 사람을 이렇게 다루셨다면 이 세상에는 살아남아 있을 사람이 거의 없을 것입니다. 하나님께서는 이 원칙을 모든 사람에게 적용하지 않으십니다. 위의 사건은 그 시점에서 그 무엇을 강조하기 위한 것들입니다. 그것은 바로 '하나님의 거룩함'(holiness of God)입니다. 따라서 이 사건들은 하나님의 거룩함을 침범(侵犯)하는 자들에 대해 그것을 보호하시는 하나님의 의로우신 성품을 보여줍니다. 이것이 심판하시는 의입니다.

용서하시는 사랑

하나님께서 심판하시는 의를 지지하신다면 용서가 설 자리가 없고, 용서하시는 사랑을 지지하신다면 심판이 설 자리가 없을 것입니다. 그러나 복음(福音)의 경륜 안에서 하나님의 의와 사랑은 완벽한 일치를 이룹니다.

그러면 하나님의 심판하시는 의와 용서하시는 사랑이 어떻게 조화(調和)를 이룰 수 있을까요? 이에 대한 답이 복음의 핵심입니다. 이것이 얼마나 중요한지 이 내용을 모르면 기독교의 복음을 이해하지 못한 것이라고 말할 수 있을 정도입니다.

하나님께서는 거룩함을 침범하는 인간들을 사랑하심으로써 당신의 거룩함을 지키십니다. 이로써 죄인을 심판(審判)하시는 의와 용서(容恕)하시는 사랑은 하나가 됩니다.

사랑과 정의의 조화라는 논제에 깊은 관심을 가졌던 아우구스티누스도 죄인을 용서하시고 의롭다 하시는 하나님의 사랑이 곧 그분의 정의(正義)임을 분명히 하였습니다. 그는 하나님의 지혜(*sapientia*)와 정의(*iustitia*)의 차이를 설명하면서 다음과 같이 의미 깊은 말을 남겼습니다.

> 하나님은 (인간의) 지성이 그분께 참여하여 지혜로워지듯이 당신의 지혜에 참여하여 지혜로워지는 분이 아니시다. 그러나 (정의에 관하여 말할 때는) 하나님 자신이 친히 의로우신 그 정의뿐만 아니라, 불경건한 인간을 의롭다고 해주실 때에 그에게 부여하신 정의도 '하나님의 정의'라고 한다.[106]

여기서 아우구스티누스가 말하는 불경건한 인간을 의롭다고 해주시는 정의가 바로 사랑입니다. 다시 말해서 인간의 차원에서 보면 정의와 사랑은 충돌하는 것 같지만 하나님의 차원에서 보면 심판하시는 정의뿐만 아니라 용서하시는 사랑도 정의라는 뜻입니다. 왜냐하면 결국 정의와 사랑은 당신의 품 안에서 살게 하시려는 하나님의 단일한 의지에서 비롯되는 것이기 때문입니다.

---

106) "······*neque enim participatione sui sapiens est sicut mens participatione dei. Sed quemadmodum dicitur etiam iustitia dei non solum illa qua ipse iustus est sed quam dat homini cum iustificat impium*······"(14.12.15), Avrelivs Avgvstinvs, *De Trinitate*, in *Corpvs Christianorvm Series Latina*, L_4: *Avrelii Avgvstini Opera*, Pars XVI, 2 (Tvrnholti: Typographi Brepols Editores Pontificii, 1968), 443.

하나님께서는 당신의 거룩함을 훼손했으나 회개하는 죄인들에게 그리스도께서 이루신 새로운 한 의를 주십니다(롬 3:21). 하나님께서 그들을 사랑하시기 때문입니다.

그런데 하나님께서는 이 의를 받은 사람들로 하여금 당신을 사랑하게 하심으로써 이 세상에서 당신의 거룩함을 지키는 일에 헌신하게 하십니다. 다시 말해서 구원받은 사람들로 하여금 하나님을 사랑하게 하셔서 당신의 뜻대로 살게 하심으로써 세상에서 당신 이름의 거룩함을 지키시는 것입니다.

한 여자가 사랑하는 남자를 만나 백년을 해로할 것이라고 믿고 결혼하였다고 생각해 봅시다. 그런데 얼마 지나지 않아 그가 인격 파탄자임이 드러났습니다. 아내는 끊임없는 폭력에 시달리며 두려움을 느꼈습니다. 남편과 헤어지고 싶었지만 해코지를 당할지도 모른다는 두려움 때문에 어쩔 수 없이 노예가 된 마음으로 남편과 함께 살아갑니다. 과연 이것을 결혼 생활이라고 할 수 있겠습니까?

공포와 두려움만으로는 온전한 의에 이를 수 없습니다. 하나님께서는 타락한 인간에게 은혜를 주셔서 사랑하게 하심으로써 당신의 거룩함을 보호하시는 일을 이루십니다. 신자는 율법으로 받을 심판에 대한 두려움 때문이 아니라 자기를 구원해 주신 하나님께 대한 사랑 때문에 그분의 의를 위해 헌신하게 됩니다.

따라서 신자에게 하나님의 은혜로 거룩하게 살고 세상에서 하나님의 이름이 거룩히 여김을 받는 일에 자신을 드리는 것보다 더 행복한 일은 없습니다. 인생의 유일한 보람이 온 세상에 자기가 그렇게 사랑하는 좋으신 하나님의 거룩한 의를 드러내는 것이기 때문입니다.

신자 안에서 이뤄지는 의

하나님께서는 그리스도를 믿는 자들에게 그리스도의 의를 덧입힘으로써 그들을 의롭다 하십니다. 의롭게 된 사람들은 하나님을 사랑하게 되고, 이로써 그분의 의를 위해 살게 됩니다. 이것이 바로 하나님께서 자신의 의를 지키시는 방식입니다. "하나님이 죄를 알지도 못하신 이를 우리를 대신하여 죄로 삼으신 것은 우리로 하여금 그 안에서 하나님의 의가 되게 하려 하심이라"(고후 5:21).

하나님께서 한 사람 안에서 당신의 의를 이뤄 가는 과정은 다음과 같습니다. 그것은 율법으로 죄를 깨닫고 복음을 믿게 하심으로써, 하나님을 사랑하게 하여 의로운 삶을 살게 하시는 것입니다.

율법으로 죄를 깨달음

첫째로, 죄(罪)를 깨닫게 하십니다. 인간은 율법을 통해서 자신이 하나님의 거룩함을 침범했다는 사실을 깨닫게 됩니다(롬 3:20). 죄는 필연적으로 하나님의 심판을 요구하는데, 인간에게 그것은 언제나 최고의 형벌인 죽음입니다(롬 5:17, 6:23).

도덕을 결정함에 있어서 지위의 원리가 있습니다. 그것은 같은 행위라 할지라도 그 대상의 지위에 따라 각각 다른 책임을 지게 된다는 것입니다. 누군가가 공개적인 자리에서 평범한 이웃과 다투다가 욕을 했다고 가정합시다. 고발과 소송까지 이어지면 아마 그는 모욕죄로 얼마간의 벌금을 낼 것입니다.

그런데 옛 시대로 돌아가서 만약 그렇게 욕을 한 대상이 황제라면 어떻게 될까요? 이웃에게 욕했을 때 벌금이 30만 원쯤 된다면 황제에게는 300만 원쯤 될까요? 아닙니다. 죽음입니다. 황제의 지위는 평범한 이웃의 지위와는 비교할 수 없기 때문입니다.

지금 그러한 법이 옳으냐, 그르냐를 말하는 것이 아닙니다. 단지 동일한 행동이라도 지존하신 하나님께 지은 죄는 더 큰 죄가 된다는 사실을 말하고자 하는 것입니다.

무한히 거룩하신 하나님께 범한 죄는 인간에게 무한한 책임을 요구합니다. 그렇지만 죽음으로써도 인간은 하나님의 거룩함을 훼손한 죄에 대해 배상할 수 없습니다. 왜냐하면 인간의 죽음의 가치는 훼손된 하나님의 거룩함의 가치에 비교될 수 없기 때문입니다.

인간에게는 하나님의 거룩함을 침범할 능력만 있을 뿐이지, 결과에 대해 배상할 능력은 없습니다. 이러한 사실을 숙고하면 우리가 숨 쉬며 살아 있는 것 자체가 하나님의 무한한 자비와 용서, 은혜와 긍휼 때문이라는 사실에 감격하지 않을 수 없습니다(골 1:27).

여기서 우리는 오직 하나님의 은총으로만 구원받을 수 있다는 복음의 핵심에 도달하게 됩니다. "긍휼이 풍성하신 하나님이 우리를 사랑하신 그 큰 사랑을 인하여 허물로 죽은 우리를 그리스도와 함께 살리셨고 너희는 은혜로 구원을 받은 것이라"(엡 2:4-5).

이는 실제로 우리가 의롭기 때문이 아닙니다. 그리스도의 의를 전가시켜 주셔서 의롭다고 여겨 주신 것입니다. 이에 대해 시인은 다음과 같이 노래합니다. "허물의 사함을 받고 자신의 죄가 가려진 자는 복이 있도다"(시 32:1).

복음을 믿음

둘째로, 복음(福音)을 믿게 하십시오. 이것은 곧 그리스도께 대한 믿음을 갖게 하시는 것입니다. 율법으로 죄를 깨달은 사람은 십자가에서 죄인을 위해 죽으신 예수 그리스도를 바라봅니다(요 3:14-15). 왜냐하면 자신 안에는 스스로 의롭게 할 근거가 없기 때문입니다.

이 '바라봄'(seeing)은 영혼의 모든 시선을 기울여 바라보는 것입니다. 모든 의존의 마음을 기울여 바라보는 것입니다. "하나님이 세상을 이처럼 사랑하사 독생자를 주셨으니 이는 그를 믿는 자마다 멸망하지 않고 영생을 얻게 하려 하심이라"(요 3:16). 이 말씀을 하셨을 때 그리스도께서는 모세 시대에 광야에서 있었던 한 사건을 언급하시던 중이었습니다. "모세가 광야에서 뱀을 든 것같이 인자도 들려야 하리니 이는 그를 믿는 자마다 영생을 얻게 하려 하심이니라"(요 3:14-15).

호르산을 출발한 이스라엘 백성들이 하나님과 모세를 향하여 원망하자 이스라엘 백성들은 불뱀에게 물리는 징벌을 받았습니다. 이때 하나님께서는 그들을 구원하시고자 말씀을 주셨습니다. "여호와께서 모세에게 이르시되 불뱀을 만들어 장대 위에 매달아라 물린 자마다 그것을 보면 살리라"(민 21:8).

믿음은 구원자이신 그리스도를 바라보는 것입니다. 이스라엘 백성들이 불뱀에 물려 죽어 갈 때 장대에 매달린 뱀을 바라보는 것에 자기의 운명이 달렸다고 여겼던 것을 기억하십시오. 그렇게 자신의 영원한 운명이 오직 그리스도께 달렸음을 알고 전심으로 그분을 바라보는 것이 믿음입니다. 그리스도 외에는 구원 얻을 길이 없기에 온 마음을 다해 주님의 십자가를 붙드는 것입니다(롬 15:16 참고). 이것이 '복음을 믿는다.'(to believe the gospel)의 의미입니다(막 1:15).

복음을 가장 짧게 요약하면 "예수가 우리를 위해 죽으셨다."(Jesus died for us)입니다. 여기서 '위해'(for)라는 말에는 다음 세 가지 의미가 있습니다.[107] 첫째로, 이익(利益)을 뜻합니다. 그리스도께서 우리의 이익을 위해 죽으셨다는 것입니다. 둘째로, 대신(代身)을 뜻합니다. 그리스도께서 우리를 대신하여 죽으셨다는 것입니다. 셋째로, 대표(代表)를 뜻합니다. 그리스도께서 우리를 대표해서 죽으셨다는 것입니다.

우리 대신 죽으신 분은 예수 그리스도였지만 그분의 희생(犧牲)으로 인한 유익은 우리가 누리게 되었습니다. 예수 그리스도께서 십자가에서 당하신 심판은 우리를 대신하여 당하신 것이었습니다. 구원받을 우리를 당신 안에 품으신 채 우리 대신 형벌을 당하셨습니다.

그리스도께서 우리 때문에 죽으시고 우리를 당신 때문에 살게 하셨으니, 이로써 우리는 하나님 앞에 받아들여질 만한 의를 갖게 되었습니다.[108] 우리 자신 때문이 아니라 그리스도의 공로로 얻은 의 때문입니다. "복음에는 하나님의 의가 나타나서 믿음으로 믿음에 이르게 하나니 기록된 바 오직 의인은 믿음으로 말미암아 살리라 함과 같으니라"(롬 1:17).

인간의 모든 불행의 궁극적인 원인은 하나님 앞에 불의(不義)하기 때문입니다. 그리고 그 불의함은 하나님께서 주시는 그리스도의 의를 덧입지

---

[107] 김세윤, 『구원이란 무엇인가』 (서울: 두란노, 2003), 60-69.
[108] 이것은 곧 그리스도와 신자의 영적 연합의 결과인데, 믿음으로 말미암아 그리스도의 죽으심과 부활에 참여하는 것이다. 이는 예수 그리스도께서 우리의 죄를 짊어지고 당하신 고난과 그 고난의 죽음으로부터 이루신 부활에 참여하는 것이다. 김남준, 『구원과 하나님의 계획』 (서울: 생명의말씀사, 2010), 212-213.

못하고 있기에 여전히 불의한 채로 남아 있는 것입니다.

모든 인류는 창조되었을 때에 받았던 원의(原義)를 상실하였기 때문에 하나님과의 영광의 교제에서 끊어졌습니다(롬 3:23). 그러나 하나님께서는 새로운 '하나님의 한 의'를 주셔서 사랑으로 돌아오게 하셨습니다. "이제는 율법 외에 하나님의 한 의가 나타났으니 율법과 선지자들에게 증거를 받은 것이라 곧 예수 그리스도를 믿음으로 말미암아 모든 믿는 자에게 미치는 하나님의 의니 차별이 없느니라"(롬 3:21-22).

사랑하게 하심

셋째로, 사랑하게 하십니다. 신자는 예수 그리스도로 말미암아 하나님의 의를 덧입은 사람들입니다.[109] 그것은 우리의 공로 때문이 아닙니다.

종교 개혁가 마르틴 부처(Martin Bucer, 1491-1551)는 "우리가 믿음으로 의롭게 되었다."라는 말은 곧 "우리는 (하나님의) 자비로 의롭다 여김을 받았다."라는 의미라고 해석하면서, 마찬가지로 "오직 믿음으로 의롭다 함을 받았다."라는 말은 "오직 (하나님의) 자비만을 의지함으로 의롭다 선언받았다." 함이라고 바르게 해석하였습니다.[110]

---

109) '칭의'(稱義)란 예수 그리스도께서 이미 이루신 그 의를 믿는 자에게 덧입게 하시는 것이다. 이것은 마치 더러운 옷을 벗기고 깨끗한 새 옷을 입히는 것과 같은데, 이미 구약에 아름답게 묘사되어 있다. "여호와께서 자기 앞에 선 자들에게 명령하사 그 더러운 옷을 벗기라 하시고 또 여호수아에게 이르시되 내가 네 죄악을 제거하여 버렸으니 네게 아름다운 옷을 입히리라 하시기로 내가 말하되 정결한 관을 그의 머리에 씌우소서 하매 곧 정결한 관을 그 머리에 씌우며 옷을 입히고 여호와의 천사는 곁에 섰더라"(슥 3:4-5). John Owen, *The Doctrine of Justification by Faith*, in *The Works of John Owen*, vol. 5, ed. William H. Goold (Edinburgh: The Banner of Truth Trust, 1990), 267-268.

110) Martin Bucer, *Common Places of Martin Bucer*, trans. and ed. D. F. Wright (Appleford: Sutton Courtenay Press, 1972), 164.

하나님에 의해 의롭다 하심을 받은 모든 신자는 하나님을 사랑하도록 부름받았습니다. 이 사랑은 구원받은 대가로 바치는 것이 아닙니다. 신자가 받은 구원의 본질 자체가 하나님의 사랑을 갖게 하는 것이니 이 사랑으로 이기적인 자기 사랑에서 돌이켜 이웃을 사랑하게 됩니다. 이웃을 사랑하기에 그들이 세상 사랑에서 돌이켜 하나님을 사랑하게 되기를 갈망하게 됩니다.

엄마 품에서 태어난 모든 아이가 숨을 쉬듯이, 성령 안에서 태어난 모든 사람은 하나님을 사랑합니다. 하나님을 사랑하는 사람은 또한 사람들도 사랑하게 되는데, 이는 곧 하나님께 대한 사랑은 하나님뿐 아니라 그분이 사랑하시는 모든 사람에 대한 사랑이기 때문입니다. 이것이 바로 신자 안에 있는 '지순애'(至純愛) 곧 까리따스(caritas)로서, 하나님의 아가페(ἀγάπη) 사랑을 받은 사람들 안에 있는 순결한 사랑입니다.

바울은 예수 그리스도를 만나고 거룩한 환희를 경험하였습니다. 그리고 그에게는 사명이 숙명(宿命)처럼 주어졌습니다(행 26:13-18). 그것은 하나님의 무한한 사랑의 감화를 받은 은혜의 강제력(强制力)이었습니다(고전 9:16, 고후 5:14). 그것은 바로 모든 이방인과 동족, 친척들이 구원받기를 바라는 사랑의 강제력으로 나타났습니다. 사도 바울은 자신이 저주를 받을지라도 그들이 예수 그리스도를 믿고 구원받기를 바랐으니, 이것은 자기 안에 있는 지순의 사랑에 대한 최고의 표현이었습니다. "나의 형제 곧 골육의 친척을 위하여 내 자신이 저주를 받아 그리스도에게서 끊어질지라도 원하는 바로라"(롬 9:3).

하나님을 등진 채 그리스도를 대적하며 살아가는 그들의 영혼의 고통 때문에 바울의 마음의 도랑에는 피눈물이 흘렀습니다. 이것이 그리스도인이 하나님의 의를 위하여 사는 삶의 비밀입니다.

신자의 일생은 천상적(天上的) 하나님 사랑을 경험한 후 그 사랑 때문에 지상적(地上的) 인간 세계로 내려가는 것입니다. 자기가 만난 하나님의 사랑으로 어떤 사람들을 구원받게 하기도 하지만 때로는 그곳에서 온 마음과 삶으로 진리를 외치다 죽임을 당하기도 합니다(행 26:19-21).

이것은 마치 플라톤(Platon, BC 428경-BC 348경)이 쓴 『국가론』(The Republic) 제7권에 나오는 동굴의 비유에서처럼, 바깥 세상의 실재를 본 사람이 그 아름다움에 감탄하지만, 결국 다시 동굴로 돌아와 그 사실을 전하다가 그것을 본 적이 없는 무지하고 완고한 사람들에 의해 죽임을 당하는 것과 같습니다.[111] 그러나 그러한 결국에 이르게 된다고 할지라도 그렇게 살지 않을 수 없는 운명 같은 사랑에 붙잡힌 사람이 구원받은 신자입니다.

목회자로서의 소명의 핵심은 이 경험의 특별함에 있습니다. 그는 세상에서 고난을 겪어도 외롭지 아니하니, 이는 그가 하나님의 사랑 안에 있기 때문입니다. 이 사랑이 충만할 때 그는 모든 사람을 사랑하지 않을 수 없는 은혜의 힘을 느끼지만 아무에게서도 사랑받아야 할 욕망의 힘을 느끼지는 않습니다. 왜냐하면 까리따스의 사랑으로 충만한 신자는 이미 그 충만한 사랑 안에 있어서 자기를 위해 더 이상 소유하고 싶은 사랑이 없기 때문입니다.

그리스도의 희생 때문에 의롭다 함을 받은 신자가 세상에 살아 있는 것은 오직 하나님 사랑의 충만함을 위해서입니다. 이 일을 위해 자신의 모

---

[111] "이러한 비유는 복음을 통하여 하나님의 사랑과 영광을 깨달아, 여전히 복음을 모르는 채 어둠 속에서 살고 있는 사람들을 위하여 세상으로 나아가는 그리스도인의 사명과도 닮았습니다." 김남준, 『그리스도인이 빛으로 산다는 것』 (서울: 생명의말씀사, 2012), 255. 동굴의 비유에 관련된 해석에 대해서는 같은 책 p. 252-255를 참고하라.

든 것을 잃어버려도 좋으리만치 이미 모든 것을 하나님께로부터 받고 있으니 그것이 영원한 사랑입니다(렘 31:3).

신자는 모든 사람들이 자기처럼 하나님을 사랑하여 행복에 이르기를 바라며 이로써 온 세상에 하나님의 의가 가득하게 되기를 갈망합니다. 하나님의 의가 온 세상에 가득하게 되는 것은 그가 죽을 수 있는 이유일 뿐 아니라 살아 있는 이유이기도 합니다. 왜냐하면 그의 마음에 하나님의 사랑이 부은 바 되었기 때문입니다. "……우리에게 주신 성령으로 말미암아 하나님의 사랑이 우리 마음에 부은 바 됨이니 우리가 아직 연약할 때에 기약대로 그리스도께서 경건하지 않은 자를 위하여 죽으셨도다"(롬 5:5-6).

사회로 확장되는 의

하나님의 의를 경험한 신자는 이웃과의 관계 속에서 그 의가 실현되기를 갈망합니다. 그는 이 의가 자신을 얼마나 행복하게 하는지를 경험하였기에 자기뿐 아니라 모든 사람이 그렇게 되기를 바랍니다(행 26:29).

햇빛이 프리즘을 통과하면 일곱 빛깔의 빛으로 나타나듯, '하나님의 의'라는 햇빛을 인간과의 관계라는 프리즘에 통과시키면 정의와 신실함, 자비로 나타납니다(요일 4:9).

하나님의 의를 받은 사람은 자신이 살고 있는 사회(社會)가 더 정의로워지기를 바랍니다. 왜냐하면 하나님의 정의가 실현되는 사회에서 모든 사람이 그 사랑을 받을 것이라고 믿기 때문입니다. 이러한 사실을 이해하기 위해서는 다음 사항을 숙고하여야 합니다.

사랑으로 세상을 섬김

한 사람이 거듭날 때 하나님께서는 그 사람 안에 참된 사랑을 심으십니다. 하나님과의 영적 교제의 통로를 열어 주실 뿐만 아니라 하나님을 사랑하는 경향성을 그 영혼 안에 심으십니다. 이것은 영적 생명을 주시는 성령의 법이 심겨지는 것입니다. 법의 목적은 통치입니다. 사망의 법은 죄짓게 하는 것이었고 성령의 법은 생명을 주시는 법이었습니다. "이는 그리스도 예수 안에 있는 생명의 성령의 법이 죄와 사망의 법에서 너를 해방하였음이라"(롬 8:2).

하나님께로부터 오는 이 생명을 통해서 그리스도인은 성령의 통치를 받습니다. 이 성령의 통치는 법으로서 작용하여 생명의 삶을 살게 합니다. 그리고 이 생명은 하나님과 사람들과의 관계 속에서 사랑으로 나타납니다. 생명의 은혜는 하나님 사랑의 감화이니, 그 사랑은 타자와 올바른 관계를 이루며 살게 하는 힘이 됩니다.[112] 사랑은 어떤 대상과 관계를 맺거나 혹은 이미 맺은 관계를 더욱 심화하려는 성향이기 때문입니다.

그런데 사랑은 어떤 대상을 좋아하는 정동(情動)에 이끌리는 의지입니다. 따라서 사랑은 '좋아함'(liking)의 정동과 떼어놓고 생각할 수 없습니다.[113] 거룩한 정동이 반복됨으로써 하나님을 좋아하는 사랑은 더욱 깊고

---

[112] "생명은 타자와 올바른 관계를 이루며 살게 하는 힘을 줍니다. 영적 생명이 충만할 때 인간은 깨어질 수밖에 없는 관계를 붙들고 살아갑니다. 미워할 수밖에 없는 사람을 사랑하며 그 관계를 소중히 여깁니다. 영적 생명의 관계적인 국면이 '사랑'입니다." 김남준, 『교회와 하나님의 사랑』 (서울: 익투스, 2019), 46.

[113] Jonathan Edwards, *Religious Affections*, in *The Works of Jonathan Edwards*, vol. 2, ed. John E. Smith (New Haven: Yale University Press, 1959), 97.

뜨거워지는데, 은혜가 그 일을 합니다.

참된 의미에서 인간의 궁극적인 사랑의 대상은 하나님뿐입니다. 그러나 그 사랑 안에서 사람을 사랑하는 것이 하나님을 사랑하는 것과 나뉠 수 없습니다(요일 4:7-8).

고유한 의미에서 사랑의 대상은 하나님과 사람이지만, 인간의 좋아함은 다른 사물들에게도 미치기에 넓은 의미에서는 그것도 사랑이라고 불립니다(딤후 3:2, 요일 2:15). 그러나 참된 사랑은 오직 하나이니, 그것은 하나님께 대한 마음의 일치 즉 연합에서 비롯됩니다.[114]

하나님이 오직 단 한 분의 절대자(絕對者)가 아니라면 그분은 하나님이실 수 없습니다. 왜냐하면 여럿의 절대자는 아무도 절대자가 아닐 뿐 아니라, 아무도 꼭 있어야 할 필연적 존재가 아니기 때문입니다.

하나님이 존재한다면 한 분이셔야 합니다. 하나님이 한 분이시라면 참된 사랑도 하나여야 합니다. 왜냐하면 합법적 사랑이 여럿이라면 완전하신 하나님이 서로 모순되는 여러 개의 도덕적 질서를 갖고 계신다고 말하는 것이기 때문입니다. 그렇게 된다면 그것들 중 어떤 도덕적 질서도 꼭 있어야 하는 것이 아니게 됩니다. 신자는 한 분 하나님을 사랑하며 그분이 수립하신 도덕적 질서를 따라 살아야 합니다.

신자는 그리스도의 구속을 경험함으로써 하나님을 사랑하게 되고, 하나님을 사랑하는 것만큼 그분의 뜻이 세상에서 이루어지기를 갈망하게 됩니다. 이것은 자연스러운 것입니다. 이 사랑은 하나님과 사람을 향한 사랑이니, 이는 사람이 하나님 때문에 행복해지는 그곳에서 사람 때문에

---

[114] Jonathan Edwards, *The Nature of True Virtue*, in *The Works of Jonathan Edwards*, vol. 8, ed. Paul Ramsey (New Haven: Yale University Press, 1987), 544.

행복해하시는 하나님을 뵈올 것인데, 그것이 하나님의 의가 이루어진 상태입니다. 인간의 행복이 여기에 있습니다.

신자는 이런 삶을 살기 위해 하나님으로부터 생명과 사랑을 공급받으며 살아갑니다. 그리고 자신이 사는 사회의 모든 구성원이 그것들을 충만히 누려 행복하기를 꿈꾸며 교회와 세상을 섬깁니다. 그는 자신이 어떻게 의롭게 되었는지를 압니다. 자신의 공로 때문이 아니라 그리스도의 의 때문임을 알기에(갈 2:21), 그리스도께서 십자가에서 이루신 하나님의 사랑에 감격합니다. "그러나 내게는 우리 주 예수 그리스도의 십자가 외에 결코 자랑할 것이 없으니……"(갈 6:14).

신자에게도 사랑의 삶을 사는 것이 쉬운 일은 아닙니다. 이는 그의 마음에 하나님의 사랑이 없는 만큼 여전히 죄가 있고, 이는 결국 자기를 사랑하는 이기심(利己心)이기 때문입니다. 그래서 하나님의 사랑으로 충만할 때만 사랑으로써 그의 의를 추구하며 살 수 있습니다.

회개(悔改)가 중요한 이유가 여기에 있습니다. 회개는 자기에게로 이동한 사랑의 중심축을 다시 하나님 사랑으로 돌리는 일입니다. 신자들 중 그 누구도 자기를 사랑할 가능성에서 자유롭지 않습니다(요일 2:15). 따라서 참된 사랑의 삶에는 언제나 회개가 있고, 회개는 항상 자기 깨어짐의 고통을 동반합니다(시 34:18, 51:17). 이는 자기의 죄를 다루시는 성령의 역사를 의지하면서 '자기 처벌'(自己處罰)에 동참하는 것입니다.[115]

---

115) "자기 처벌의 고통은 다음과 같은 방식으로 경험됩니다. 신자가 자기의 죄에 대하여 심판하고 처벌할 때, 그는 고통을 당하게 되는데, 이는 자기 안에 있는 옛 성품이 죽어 가면서 느끼는 고통입니다. 자기 처벌을 통하여 집행하는 형벌이 항상 죽음인 것은 신자에게 있어서는 바로 이 옛 성품이 그리스도와 함께 십자가에 이미 못박힌 성품이기 때문입니다." 김남준, 『자기 깨어짐』 (서울: 생명의말씀사, 2019), 212.

참되게 사랑하는 일은 이기적 본성을 거스르는 일입니다. 이때 신자는 자기가 의롭게 된 방식을 기억해야 합니다. 그리스도의 대리적 희생 때문에 자신이 의롭다 여김을 받은 것을 기억해야 합니다. 그리고 그 사실을 자신에게 적용해야 합니다. 즉, 그리스도께서 자기를 위해 희생하신 것처럼 자신도 다른 사람들을 위해 희생하며 살아야 함을 상기해야 합니다. 살든지 죽든지 우리는 주의 것이기 때문입니다(롬 14:8).

그 사랑으로 자신을 희생함으로써 다른 사람들도 그리스도를 통해 주시는 하나님의 의를 덧입어 살게 되기를 힘써야 합니다(롬 13:10). 이것이 하나님의 의를 우리에게 주시는 방식이고, 또 우리를 통해 다른 사람들을 의롭게 하여 행복한 삶을 살게 하시는 방법입니다.

의로운 사회를 추구함

신자는 하나님께서 이루신 의를 덧입은 사람입니다. 그리스도의 십자가 앞에서 하나님의 정의(正義)를 경험한 사람입니다. 그는 이것이 하나님의 사랑 때문임을 압니다. 그는 이 의가 사회(社會) 속에서도 전개되기를 갈망합니다. 왜냐하면 그것 없이 행복할 수 없기 때문입니다.

신자의 일생은 하나님을 사랑하는 마음으로 세상이라는 편지지에 시간이라는 먹물로 연애편지를 써 내려가는 것입니다. 예수 그리스도의 땀과 눈물과 피를 본받아 매일이 마지막 편지인 것처럼 써 내려가는 사랑의 편지가 신자의 일생입니다(고후 3:2-3).

국가의 가장 중요한 의무(義務) 중 하나는 정의가 무엇인지를 보여주는 것입니다. 국가가 가르치는 정의가 하나님의 그것과 가까운 것만큼 그 나라는 하나님의 뜻에 부합할 것이지만, 그렇지 않을수록 하나님의 의와 거리가 먼 나라가 됩니다.

우리 사회는 여전히 정의롭지 않습니다. 가진 자들이 부당한 방법으로 자신의 기득권을 지키고 높은 지위에 있는 사람들은 그것을 이용해 부당한 방법으로 재물을 얻고자 하는 사회에서, 정의를 따르는 것은 소외를 의미할 수 있습니다.

이런 때에 그리스도인이 힘써야 할 영역은 두 가지입니다. 한편으로는, 개인의 경건 생활입니다. 복음(福音)을 경험함으로써 하나님을 온전히 사랑하는 것입니다. 그 복음을 온 삶으로 전하며 경건하게 생활하는 것입니다. 그러나 그것만으로 충분하지 않습니다. 개인적으로 기도하고 은혜를 받는 사람이 많아진다고 해서 항상 사회가 정의롭게 되는 것은 아니기 때문입니다. 그래서 또 다른 한편으로는, 현실 사회에 정의를 이루어 가는 데 이바지하여야 합니다(암 5:24).

신자는 하나님께서 주시는 사랑으로 세상이 더 의로운 사회가 되도록 노력해야 합니다. 사회가 불의하면 그렇다고 말할 수 있어야 합니다. 사회가 공평하지 않으면 불공평하다고, 정부(政府)가 법을 따르지 않고 통치하려고 한다면 그것은 불법이라고 말할 수 있어야 합니다. 그러나 말로써만이 아니라 사랑의 삶으로써 하나님의 의를 드러내야 합니다. 정의의 완성은 사랑이기 때문입니다.

우리가 존재함으로써 이 세상이 조금이라도 정의롭게 되어야 합니다. 그러기 위해서는 하나님의 사랑이 주는 사회적 의미를 끊임없이 묻고, 이 세상에서 하나님의 의가 이루어지는 데 이바지해야 합니다. 그렇지만 이것이 하나님의 나라의 실현을 대신할 수는 없습니다. 하나님의 나라는 단지 인간의 도덕과 윤리 생활로 완성되는 나라가 아니기 때문입니다. 그래서 신자는 세상에서 정의를 이루면서도 그 의가 완전히 도래할 하나님의 나라의 완성을 대망하며 살아갑니다.

교회를 세우신 이유

로마 제국은 대단한 나라였습니다. 우리는 로마가 얼마나 위대한 문명을 가진 나라였는지를 유적으로 남아 있는 건축물들을 통해서 엿볼 수 있습니다. 그리고 그 건축물들보다 더 높은 정신적인 문화의 유산들은 지금도 우리를 놀라게 합니다.

로마 제국 시대에 많은 사람들은 로마에 직접 가 보고 싶어했습니다. 그러나 로마로 향하는 여정(旅程)은 당시로서는 쉽지 않은 길이었습니다. 그리하여 로마 황제들은 정복한 지역 곳곳에 로마를 닮은 도시를 세웠습니다. 도시를 세울 때부터 로마를 본떠서 도로와 건물들을 설계하여 그곳을 방문하는 사람들로 하여금 그 도시의 원형인 로마의 위대함을 생각하게 하고 싶었던 것입니다.

그런 도시들 중 하나가 빌립보입니다. 빌립보를 구경한 많은 사람들은 감탄했습니다. 아마도 그들에게는 로마를 직접 보고 싶다는 마음이 더욱 강하게 일어났을 것입니다. "아, 이 도시는 정말 대단하구나! 그렇다면 이 도시의 원형인 로마는 얼마나 더 대단할까!"

우리는 사람들이 교회(敎會)를 보면서 마지막 날에 도래할 하나님 나라의 상태가 어떠할지를 생각하게 해야 합니다. 신자는 지금 하나님의 은혜와 사랑에 기뻐하면서도 마지막 날에 임할 하나님의 나라와 의에 더욱 목

말라 하여야 합니다. 그래서 온 삶으로 그의 나라와 의를 추구하며 살아야 합니다.

교회는 하나님 나라가 어떠한지를 미리 보여주기 위해 세우신 공동체입니다. 교회에서 맛보는 말씀의 희열과 은혜의 기쁨은 늦은 오후 엿장수가 동네 꼬마들의 입에 넣어 준 한 조각 엿과 같습니다.

제가 어렸을 때는 간식거리가 별로 없었습니다. 감자나 옥수수 등이 전부였습니다. 아이나 어른이나 단것을 먹을 기회가 적었습니다. 어느 날 오후, 골목 저 끝에서 쩌렁쩌렁 가위질 소리가 들립니다. 늘 그 시간에 나타나는 엿장수 아저씨가 온 것입니다.

여기저기 흩어져 놀던 아이들이 새까만 손으로 엿장수에게로 몰려듭니다. 엿장수는 엿판 뚜껑을 열고 엿을 작게 떼어 아이들의 입에 넣어 줍니다. 단것을 먹을 기회가 거의 없던 아이들에게 엿 조각은 혀끝에 감각의 신세계를 선물합니다. 온 몸에 단맛이 퍼지면서 기쁨이 느껴집니다. 이제 엿장수는 고물을 가져오면 더 큰 엿을 줄 것이라고 말합니다.

그때부터 아이들 눈에는 모든 물건이 고물로 보이기 시작합니다. 형이 읽다가 구석에 밀쳐놓은 책과 할머니의 고무신, 강아지 밥그릇에 이르기까지, 눈에 불을 켜고 엿과 바꿔 먹을 수 있는 것들을 모으러 돌아다닙니다. 엿을 맛보았기 때문입니다.

신자는 생각합니다. 지금 누리는 하늘의 기쁨이 이렇게나 좋은데 그날에 맛보는 기쁨은 어떠할지를 말입니다. 그렇기 때문에 그 나라의 실현을 갈망합니다. 마지막 날에 임할 하나님의 나라에서 이루어지는 의는 완전한 사랑입니다. 그 나라의 기쁨을 자신이 누릴 뿐 아니라 세상에 미리 맛보게 해주는 것이 교회의 소명(召命)입니다.

맺는말

입을 다물 수 없게 했던, 심판하시는 의와 용서하시는 사랑의 조화와 일치를 생각해 보십시오. 이는 단지 하나님께서 경탄하는 우리의 모습을 보시기 위한 것이 아니었습니다. 하나님의 의와 사랑으로써 모든 인간을 불쌍히 여기고 그들을 하나님 안에 불러들여 동일한 사랑 안에서 행복하게 살게 하시기 위함이었습니다.

그런데 육신의 염려로 눈뜨는 아침과 세상의 근심 속에 잠드는 밤중에 우리의 영혼은 병들어 가지 않습니까? 하나님께 바쳐져야 할 많은 날들이 낭비되고 있지 않습니까? 오, 주여. 우리를 도우소서.

캄캄한 밤바다에 세찬 비바람이 몰아칩니다. 배는 흔들리고 사면이 칠흑같이 어두워 도무지 어디로 가야 할지 알지 못하게 됩니다. 그때 멀리서 비추는 작은 불빛을 발견합니다. 그러면 파도가 높고 사방이 어두워도 그 등대의 불빛 하나를 의지해 안전한 포구에 이를 수 있습니다.

이 세상이 크고 매우 악하기에 우리의 작은 노력으로는 조금도 선하게 바뀔 것 같지 않아 보입니다. 그러나 하나님의 의가 보편적이고 진리가 대중의 환영을 받던 시대는 없었습니다. 언제나 진리보다는 오류가, 빛보다는 어둠이 다수였습니다. 그러하기에 더욱 교회와 신자는 안전한 포구에 이르도록 돕는 불빛이 되어야 합니다.

세상의 미래는 그리스도인들의 숫자가 아니라 교회의 순수함에 달렸습니다. 신자들이 얼마나 순결한 사랑으로 가득한지에 달렸습니다. 그리스도인은 먼저 하나님의 나라와 그의 의를 추구하도록 부름받았으니, 이 소명을 따라 삶으로써 참된 행복에 도달할 수 있습니다.

김남준 목사님의 연작 설교 '염려에 관하여' 중
여덟 번째 설교 '이 모든 것을 더하심'으로 연결됩니다.

제8장

이 모든 것을 더하신다

⊹※⊹

그리하면
이 모든 것을 너희에게 더하시리라

καὶ ταῦτα πάντα
προστεθήσεται ὑμῖν.

마 6:33

들어가는 글

인생은 비극의 연속이라는 쇼펜하우어(Arthur Schopenhauer, 1788-1860)의 말을 인용하지 않더라도 우리의 삶이 슬픔과 걱정으로 가득하다는 것은 누구나 아는 사실입니다. 쇼펜하우어는 행복하기 위해 애쓴 일이 뜻대로 이루어지지 않을 때 그것은 언제나 고뇌이며 거기에는 한계가 없으니, 지적 능력이 뛰어날수록 고뇌는 크다고 보았습니다.[116]

살아 있는 인간에게는 기대가 있기 마련이고 그것이 채워지지 않는 한, 염려와 결별할 수 없습니다. 그리고 채워져서 만족을 얻을 때 그것은 또 다른 기대의 출발점이 되기에 염려는 꼬리에 꼬리를 물고 생겨납니다. 그런데 우리의 염려들 중 대부분은 육체와 영혼 전체를 아우르는 것이 아니라 육체에만 관계된 것들입니다.

---

[116] 쇼펜하우어는 바로 이 때문에 인간이 영속적으로 행복할 수 없다고 보았다. "또 의지와 그 잠정적인 목표 사이에 생기는 장해로 의지가 저지되는 것을 '고뇌'라고 부르고, 이와 반대로 목표가 달성되는 것을 만족, 쾌락, 행복이라고 부른다. ……이렇게 보면 이 현상들은 끊임없이 고뇌하고 있고, 영속적인 행복은 갖고 있지 않다는 것을 알 수 있다." 쇼펜하우어, 『의지와 표상으로서의 세계』, 권기철 역 (서울: 동서문화사, 2011), 371-372.

인간 존재의 본질은 육체와 영혼으로 이루어져 있으나 그의 정신세계는 언어의 묘사를 넘어서리만치 복잡하기 그지없습니다. 아테네의 비극 시인 에우리피데스(Euripides, BC 485경-BC 406경)가 말한 바와 같이, 사람들의 주목을 받는 것도 '헛된 명예'이며 많은 재물을 쌓아 두고 수고하는 것도 '덧없는 것'입니다.[117]

인간은 결코 먹고 입고 마시는 문제만으로 절망에 이르지 않습니다. 인간에게는 이 세상에 살아 있다는 것이 고통과 괴로움을 운명처럼 짊어지고 살아야 하는 것처럼 느껴질 때가 있습니다. 어떻게 보면 인간은 슬프게 살아가도록 운명 지워진 것처럼 무조력(無助力)하고 외로운 존재입니

---

[117] 그의 유명한 비극의 대사에 나오는 내용이다. 오이디푸스의 어머니이자 아내인 이오카스테는 다음과 같이 말한다. "어째서 너는 행복한 불의인 왕권을 과도하게 존중하며 왕권을 위대하다고 여기는 거냐? 사람들의 주목을 받는 것이 그렇게 명예로운 거냐? 헛된 명예일 뿐이야. ……현명한 사람들에게는 부족하지 않으면 충분해. (인간들이 소유하고 있는 재물은 제 것이 아니야. ……부(富)는 오래가지 못하는 덧없는 거야.)" 에우리피데스, '포이니케 여인들', 『에우리피데스 비극 전집 2』, 천병희 역 (서울: 도서출판숲, 2009), 247.

다. 그의 인생의 무게는 스스로 감당할 수 없으리만치 무겁기에 그의 상념은 근심과 염려를 쉽게 벗어나지 못합니다. 그 복잡한 자신의 정신세계에서 생각의 갈피를 잡지 못할 때, 그의 고통과 괴로움은 행복하고자 하는 그의 존재를 비웃는 것처럼 느껴집니다.

로마 시대의 철학자인 루크레티우스(Titus Lucretius Carus, BC 99경-BC 55경)는 무신론자이며 유물론자였습니다. 그것의 발견이 르네상스 발흥의 계기 중 하나라고까지 일컬어지는 유명한 책 『사물의 본성에 관하여』(De Rerum Natura)에서 그가 남긴 말은 가슴 시리도록 외롭게 다가옵니다.

> 아, 인간의 비참한 정신이여, 눈멀어 버린 가슴(지성)이여! 얼마나 큰 인생의 어둠 속에서, 얼마나 큰 위험들이 너의 모든 가엾은 (인생의) 시간들을 지나가는가![118]

육체에 필요한 자원들은 사물들의 질서를 따라 움직여 일반 섭리 속에서 주어집니다. 그러나 영혼에 필요한 자원은 하나님께서 우리 영혼에 직접 주십니다. 정신의 빈곤함에서 오는 혼란과 고통들은 궁극적으로 영혼에 생명이라는 자원이 없기 때문입니다. 더욱이 육신을 사랑하는 사람은 세상에 집착하게 되는데, 바라는 것들이 거기에 있기 때문입니다. 그러면 염려와 결별할 수가 없습니다. 그렇기에 성경은 염려의 근원이 되는 세상 사랑에 주의하라고 가르칩니다(요일 2:15).

---

[118] "*O miseras hominum mentes, o pectora caeca! Qualibus in tenebris vitae quantisque periclis degitur hoc aevi quodcumquest!*" Lucretius, *De Rerum Natura*, in *Loeb Classical Library*, vol. 181, trans. W. H. D. Rouse (Cambridge: Harvard University Press, 2006), 94-95.

이미 받은 것

예수 그리스도께서는 염려하는 신자들에게 다음과 같이 말씀하십니다. "······그리하면 이 모든 것을 너희에게 더하시리라"(마 6:33). 여기서 '더하다.'에 해당하는 헬라어 단어(프로스티테미, προστίθημι)는 '덧붙이다.', '더 받다.'라는 의미입니다.[119] 하나님께서는 먼저 그의 나라와 그의 의를 구하는 자들에게 육신에 필요한 것을 더하여 주십니다.

하나님의 나라와 그의 의를 추구하는 사람들에게는 이미 받은 것이 있습니다. 그것은 하나님께서 함께하시는 삶이니, 곧 하나님과 동행(同行)하는 삶입니다(창 5:24, 6:9). 이것이 하나님을 사랑하는 신자가 이 세상에서 누리는 행복의 핵심입니다.

이에 대해 청교도 신학자 존 오웬(John Owen, 1616-1683)은 사후에 출판된 『유고 설교집』(*Posthumous Sermons*)에서 이렇게 말합니다.

> 우리의 가장 큰 관심사는 하나님과 동행하는 것이다. 이는 하나님께서 그것을 가장 기뻐하시기 때문이다. ······만약 이것이 우리 인생의 목표이고 가장 큰 관심사가 된다면 하나님께서는 그러한 우리로 인하여 즐거워하실 것이다.[120]

---

[119] Walter Bauer, Frederick W. Danker, W. F. Arndt, F. W. Gingrich, eds., *A Greek-English Lexicon of the New Testament and Other Early Christian Literature*, 3rd ed. (Chicago: University of Chicago Press, 2000), 885.

[120] John Owen, "Of Walking Humbly with God," *Posthumous Sermons*, in *The Works of John Owen*, vol. 9, ed. William H. Goold (Edinburgh: The Banner of Truth Trust, 1990), 125.

신자의 행복은 이 세상의 물질적 풍요나 정신적 쾌락에 있지 않습니다. 오히려 하나님과의 사랑의 교제를 누리며 어디서든지 그분과 함께 살아간다는 확신과 그로 말미암는 평안에 있습니다. 왜냐하면 그것이 이 세상에서뿐 아니라 저 세상에서도 신자가 누리는 행복의 진수이기 때문입니다. 진리에 대한 확신 없이 누릴 수 있는 참된 평안이 어디 있겠습니까?

오웬에 따르면 하나님과 동행하는 신자에게는 다음 세 가지 특징이 있습니다. 첫째는, 하나님과의 평화와 일치(peace and agreement)입니다. 둘째는, 하나님의 목적과의 하나됨(oneness), 곧 그분의 영광(榮光)을 위한 갈망입니다. 셋째는, 새 생명의 원리가 심겨진 것입니다(롬 8:2).[121] 이러한 사실을 이해하기 위해 다음 사항들을 숙고하여야 합니다.

하나님과의 온전한 평화

첫째로, 하나님과의 평화(平和)와 일치(一致)입니다. 하나님과 동행하는 신자는 그분과 평화를 누립니다. 평화는 상대방과 자신 사이에 불일치가 없는 상태를 가리킵니다. 이 상태에 놓이면 신자는 하나님께서 싫어하시는 일은 자신도 싫어하게 되고, 하나님께서 기뻐하시는 일은 자신도 원하게 됩니다. 이것은 사랑의 연합에서 비롯되는 것입니다.

그리스도께서 하나님과 우리 사이의 죄의 담을 허물어 버리심으로써 하나님과의 평화가 이루어졌습니다(엡 2:14). 이것은 우리의 힘으로 얻은 것이 아니라, 그리스도의 희생을 통해 주어진 것입니다.

---

121) John Owen, "Of Walking Humbly with God," *Posthumous Sermons*, in *The Works of John Owen*, vol. 9, ed. William H. Goold (Edinburgh: The Banner of Truth Trust, 1990), 87–92.

우리가 누리는 이 평화는 하나님이 신실하다는 점에서 불변적이지만, 그것을 누리는 사람이 우리라는 점에서는 가변적입니다. 다시 말해서 우리가 어떻게 신앙생활을 하느냐에 의해 실제적으로 평화를 누리는 상태가 달라진다는 것입니다.

하나님과 동행하는 삶에 있어서, 이러한 평화가 우리에게 실제적으로 유지되기 위해서는 조건이 있습니다(롬 5:1). 믿음과 순종(順從)의 생활입니다. 성령은 신자의 순종을 통해 하나님을 사랑하고 죄를 버리는 생활을 이루십니다.[122] 그때 신자는 실제적으로 평화를 누리며 거기에서 오는 유익(有益)을 누리게 됩니다.[123]

하나님의 영광을 위한 갈망

둘째로, 하나님의 영광(榮光)을 향한 갈망(渴望)입니다(시 57:5). 신자에게는 세상에서 하나님의 이름이 명예롭게 되기를 바라는 마음이 있으니, 이는 그가 하나님을 사랑하기 때문입니다. 참된 신자는 행복해지기보다는 거룩해지기를 바라고, 번영하기보다는 하나님께서 영광받으시길 바랍니다.

세상 사람들은 하나님을 직접 볼 수 없기에 그분이 위대한 분이라는 사실을 알지 못합니다. 오히려 하나님과 관계를 맺고 살아가는 신자들을 보며 그 사실을 깨달을 뿐만 아니라, 지금도 하나님께서 세상을 다스리고

---

[122] 김남준, 『죄와 은혜의 지배』 (서울: 생명의말씀사, 2011), 38.
[123] 여기서 말하는 죄는 알고 행하거나 행하지 않은 것뿐 아니라 몰라서 그렇게 한 것도 포함된다. 무지(無知, ignorance)는 그가 스스로 모르기를 선택한 것이기 때문이다. 무지는 의지로써 알지 아니하기로 선택한 것이다. 따라서 하나님에 대한 무지는 '거의 악'(the almost evil)이거나 '바로 그 악'(the very evil)이라고 할 수 있다.

계심을 알게 됩니다. 이것이 바로 구원받은 신자가 삶으로써 하나님께 영광을 돌리는 방식입니다.

신자의 갈망은 거기서 멈추지 않습니다. 그는 자기뿐만 아니라 세상 모든 사람이 하나님께 영광을 돌리기를 간절히 원합니다. 그리고 신자의 그러한 갈망은 하나님의 나라의 실현과 그의 의의 성취에 대한 갈망으로 나타납니다(마 5:6).

새 생명을 누림

셋째로, 새 생명(new life)을 누리는 삶입니다. 그리스도 안에서 주어진 생명을 새 생명이라고 부르는 것은 그것이 이전에 없던 것일 뿐 아니라 전에 있던 생명과는 질적으로 다른 것이기 때문입니다(고후 5:17).

첫 번째 생명은 잉태되었을 때 육체에 주어집니다. 이것이 있으므로 육체는 살아 움직이게 됩니다. 그러나 영적으로는 죽어 있는 상태입니다(골 2:13). 영적으로 죽었다는 것은 하나님의 생명이 그의 영혼 안에 없어서 그것을 만드신 하나님의 의도대로 제 기능을 하지 못하는 상태를 뜻합니다.

두 번째 생명은 거듭나게 하셨을 때 영혼에 주어집니다. 이것이 있으므로 우리는 죄를 죽이고 성령을 따라 살 수 있습니다(갈 5:16). 이렇게 그리스도를 믿음으로써 하나님께 부여받은 영혼의 생명을 새 생명이라고 합니다(롬 6:4), 이는 거듭나기 전에는 없었던 것입니다(엡 2:5). 이로써 우리는 그리스도 안에 있는 새로운 피조물이 됩니다(고후 5:17).

신자는 그의 나라와 의를 추구함으로써 이 세상이 의로운 사회, 곧 사랑의 나라가 되게 하도록 부름받았습니다. 하나님께서 우리를 사랑하신 것처럼, 우리 또한 이웃을 사랑하며 살도록 부름받았습니다. 우리 모두 하나님의 형상(形狀)을 가진 사람이고, 우리의 이웃 안에도 하나님이 계시기에 서로 사랑하도록 부르셨습니다.[124] 우리는 여전히 용서받은 죄인에 불과하지만, 우리 안에 있는 하나님의 새 생명 때문에 이웃을 사랑할 수 있게 됩니다. 이 생명은 곧 사랑이기 때문입니다.

원리적으로 새 생명은 영원히 사라지지 않습니다. 신자가 최악의 삶을 살아 악을 행하는 동안에도 이 영적 생명은 결코 없어지지 않습니다. 다만 그 기능이 거의 정지된 것처럼 은혜의 작용이 약화되고 죄의 영향력이 우세해질 수 있습니다.[125] 이것이 바로 성경이 신자들에게 범죄하지 말도록 경고하는 이유입니다(갈 6:1, 딤전 5:20).

신자는 죄를 짓는 순간에도 여전히 새 생명의 영향을 받고 있으니, 이는 그때도 성령이 신자 안에 계시기 때문입니다. 존 오웬이 불신자는 단일 의지로 죄를 짓지만 신자는 복합 의지로 죄를 짓는다고 본 것도 바로 이러한 이유 때문이었습니다.

오웬은 죄와 인간 심리에 대한 해박한 이해를 보여준 자신의 책 『신자 안에 내재하는 죄』(Indwelling Sin in Believers)에서 다음과 같이 말합니다.

> 죄에 대한 의지의 동의는 두 가지이다. 첫째는 (불신자들의 의지로서) 죄에 대해 전적이며, 절대적이고, 완전하고, 의도적이고, 지배적인 동의이다. ……마치 제어 장치가 없는 배가 바람 앞에 무방비 상태로 놓이게 되듯이,

---

124) Tarsicius J. van Bavel, "Love," in *Augustine through the Ages: an Encyclopedia*, ed. Allan D. Fitzgerald (Grand Rapids: Wm. B. Eerdmans Publishing Company, 1999), 512.

125) 김남준, 『죄와 은혜의 지배』 (서울: 생명의말씀사, 2011), 36.

영혼의 이 동의는 죄 속으로 들어간다. ……둘째는 (신자들의 의지로서) 죄에 대한 은밀한 저항(resistancy)과 그것을 거스르고자 하는 의지 작용이 함께하는 동의이다. ……비록 죄에 대해 동의를 하지만 불신자들이 전적으로 의지를 행사하여 죄를 짓는 것처럼 자신을 만족시키는 식으로 행하지는 않는다.[126]

신자의 마음이 죄를 지을 때에도 그의 영혼에는 죄에 항거하는 새 생명이 존재합니다. 그러나 실제적인 면에서 신자가 경험하는 생명의 능력은 조건적(條件的)이니, 신앙의 원리를 따라 살 때 그 안에서 새 생명은 번성하게 되고, 은혜에서 멀어지면 이것은 목숨만 붙어 있게 됩니다. 하나님의 나라와 그의 의를 위하여 살려면 은혜 안에서 생명 충만한 삶을 살아야 할 이유가 여기에 있습니다.

더하시는 하나님

하나님의 나라와 의를 추구하는 사람들은 이미 하나님과 동행하며 구원의 모든 은택(恩澤)들을 누리고 있습니다. 그런데 하나님께서는 이렇게 사는 사람들에게 육체에 필요한 모든 것들까지 더해 주신다고 말씀하십니다. "……그리하면 이 모든 것을 너희에게 더하시리라"(마 6:33). 여기서 우리는 다음 사실을 숙고해야 합니다.

---

[126] John Owen, *The Nature, Power, Deceit, and Prevalency of the Remainders of Indwelling Sin in Believers*, in *The Works of John Owen*, vol. 6, ed. William H. Goold (Edinburgh: The Banner of Truth Trust, 1991), 252.

거래가 아님

첫째로, 이것은 거래(去來)가 아닙니다. 하나님의 나라와 의를 추구하는 사람이 하나님을 섬기는 것은 육체에 필요한 것들을 받기 위해서가 아닙니다. 즉, 그것은 상업적인 거래 행위가 아닙니다.

신자가 하나님의 나라와 의를 추구하며 사는 것은 그런 세속적인 이유가 아니라 하나님의 사랑 때문입니다. 자기를 구원하셔서 의롭게 해주신 사랑 때문입니다.

예수 그리스도를 잘 믿으면 물질(物質)의 복을 받는다는 번영신학(prosperity theology)이 유행한 적이 있습니다. 그러나 정작 참으로 잘 믿는 사람은 부자가 되는 일에는 별로 관심이 없습니다. 잘 믿는다는 것은 사랑의 대상이 바뀌었을 뿐만 아니라 여전히 그분의 사랑 안에 머물러 살아가고 있다는 것을 의미합니다.

한 남자가 사랑에 빠지면 그에게는 사랑하는 그 여자 외에 모든 여자는 그냥 사람들일 뿐입니다. 예수 그리스도를 잘 믿는다는 것은 하나님과 사랑에 빠졌다는 것이니, 그분 외에 아무것도 하나님과 동격(同格)이 될 수 없는 사랑의 상태에 빠져 있는 것입니다. 순종의 삶이 거기서 나옵니다.

목적과 목표 간의 질서

둘째로, 이것은 질서(秩序)를 보여줍니다. 더하신다는 것은 목적과 수단 사이에 질서가 있음을 보여줍니다. 목적은 궁극적인 것이고, 수단은 이 목적을 이루기 위한 것입니다.

신자가 이 세상에 있는 것은 하나님의 나라와 그의 의를 실현하기 위함입니다. 구원받은 사람들은 하나님을 사랑하기에 이것을 자기 인생의 목적으로 받아들입니다. 이러한 삶을 행복으로 여기고 사는 사람들에게 하나님께서는 인간다운 삶을 영위하는 데 필요한 모든 것을 공급해 주시겠다고 약속하십니다(마 6:33).

방향의 일치

목적과 수단의 관계는 목적과 목표의 관계와 유사합니다. 둘 사이에는 방향의 일치가 있습니다.

한 나라가 전쟁을 치른다고 가정해 봅시다. 국지적 분쟁이 전면전으로 치닫게 되었고 수많은 전투가 일어났습니다. 전투에서 이기는 것이 목표라면 전쟁에서의 승리(勝利)는 목적이라 할 수 있습니다. 모든 전투는 전쟁에서 승리하기 위해 치러집니다.

목표와 목적의 관계는 다음과 같습니다. 목표들은 중요성에 따라 수직적(垂直的)으로 배열(配列)됩니다. 하위 목표는 상위의 목표를 위해 이바지하고, 상위의 목표는 최상위 목표를 위해 이바지하게 배열해야 합니다. 그 맨 위에 있는 것이 궁극적으로 성취되어야 할 최종 목적입니다.

인생의 최고 목적은 하나님을 영화롭게 하고 그 안에서 행복해지는 것입니다(시 21:1). 이 목적은 반드시 하나님 나라와 의의 실현을 통해 온 인류에게 성취되어야 합니다. 따라서 우리가 먹고 입고 마심으로 육체를 보호하는 것은 그것보다 하위에 있는 목표이거나 수단입니다. 이 순서가 뒤집히면, 삶은 합당한 질서를 잃어버리게 되고 도덕 생활은 추루(醜陋)해지게 됩니다.

인생의 목적을 생각하라

남자들에게는 멋진 몸을 갖고자 하는 로망이 있습니다. 적당한 근육이 딴딴하게 붙어 있어서 잘 다듬어진 듯한 몸을 갖고 싶어합니다. 역삼각형인 체형과 식스팩으로 이루어진 복근에 슈트(suit)를 걸치면 물 흐르듯 내려오는 그런 몸매를 갖고 싶어합니다.

이런 사람이 있다고 생각해 봅시다. 아침 9시에 헬스클럽에 와서 오전 내내 운동을 합니다. 그리고 샤워를 하고 점심으로 닭가슴살과 야채를 먹습니다. 그러고 나서 오후 운동을 시작합니다. 저녁 6시가 되면 한 번 더 샤워를 하고 온몸에 보디 크림을 바르며 거울에 비친 자신의 몸을 감상합니다. 스스로 자랑스럽게 생각합니다. 집에 돌아와서는 간단히 저녁을 먹은 다음 9시에 잠자리에 듭니다. 왜냐하면 내일 아침에도 헬스클럽에 가야 하기 때문입니다.

일반적으로 여성들은 이런 남자에게 매력을 느끼지 못합니다. 남자들도 이런 사람을 부러워하지 않습니다. 이는 그의 육체가 아름답지 않아서가 아니라 질서가 뒤바뀌었기 때문입니다. (그의 직업이 보디빌더라면 또 모르겠지만) 몸은 삶을 위해 있는 것인데 이 사람의 삶은 몸을 위해 있기 때문입니다. 삶을 위해서 몸이 있는 것이지 몸을 위해서 삶이 있는 것은 아니지 않습니까?

야생 동물은 대부분 과식하지 않습니다. 사자는 먹이를 사냥하면 배가 부를 때까지만 먹습니다. 그리고 자리를 떠나면 다른 짐승들이 와서 남은 사체를 먹습니다. 그들도 배부르면 자리를 떠납니다. 그러면 다른 동물들이 와서 나머지를 차지합니다.

모든 동물은 두 개의 목적으로 자신의 활동을 규정합니다. 생명의 보호와 종족의 번식이 그것입니다. 그러나 인간은 다릅니다. 자신의 생명을 보전하는 것과 개체를 증식시키는 것보다 더 높은 목적을 가지고 있습니다. 그것은 궁극적으로 하나님처럼 되고자 하는 욕망이니(창 3:5), 이것이 마땅한 질서를 떠날 때 악(惡)을 구축하게 됩니다.

인간은 이 욕망을 따라 살려고 합니다. 배부름을 넘어서는 먹을 것을, 추위와 더위를 피하는 것을 넘어서는 입을 것을, 해갈(解渴)을 넘어서는 마실 것을 원하고, 이것을 인생의 목적과 자리를 바꾸기도 합니다.

> 인간의 자기 사랑은 동물들의 본능적인 자기애(自己愛)와는 다릅니다. 동물들의 자기애는 자신과 종족의 보존에 국한되는 소극적인 것입니다. 그러나 인간의 자기 사랑은 그보다 훨씬 더 적극적인 목적을 가지고 있습니다. 그것은 무엇에도 속박받지 않고 자신이 좋다고 여기는 대로 살아가고자 하는 것입니다. 이것은 단순하고 충동적인 육욕(lust) 이상의 것으로서 정욕(concupiscence)이라고 부릅니다.[127]

참된 신자는 인생의 목적이 무엇인지 압니다. 그도 먹고 입고 마심으로써 거기서 합당한 기쁨을 얻습니다. 그러나 자신이 더 높은 목적을 위해서 살도록 태어났음을 알고 있으니, 그것은 세상에서 하나님의 나라와 의가 이루어지는 것입니다. 그러므로 그는 육체를 위해 염려하는 대신, 인생의 의미에 대해 더 많이 생각합니다. "그러므로 너희가 그리스도와 함께 다시 살리심을 받았으면 위의 것을 찾으라……"(골 3:1).

---

[127] 김남준, 『자기 깨어짐』 (서울: 생명의말씀사, 2019), 26.

사랑이 질서를 바르게 한다

삶을 위해 육체가 있지, 육체를 위해 삶이 있지 않습니다. 우리는 하나님의 영광을 위해 살도록 부름받았습니다. "그런즉 너희가 먹든지 마시든지 무엇을 하든지 다 하나님의 영광을 위하여 하라"(고전 10:31).

이 말씀은 우리가 최소한의 생명 유지에 필요한 것들을 제외하고는 철저한 금욕 속에서 살라는 뜻이 아닙니다. 우리에게 먹고 입고 마시고 싶은 것이 있는 것은 하나님의 선물입니다. 왜냐하면 이러한 욕구로써 우리의 몸이 보호를 받기 때문입니다.

음식(飮食)에 대해서 생각해 봅시다. 하나님께서는 인간에게 미감(味感)을 주셔서 맛있는 것을 찾게 하십니다. 배만 부르면 되는 것이 아니라 보기에도 좋고, 냄새도 좋은 음식을 찾게 하셨습니다.

하나님께서는 인간에게 이러한 욕구들을 주셔서 음식을 통한 즐거움을 느끼게 하셨습니다. 그런 욕망으로 건강을 유지하게 하셨습니다. 그래서 칼빈(John Calvin, 1509-1564)도 하나님께서 음식을 주시는 것은 생존에 필요하기 때문만이 아니라 즐거움과 기쁨도 주시기 위함이라고 하였습니다.[128]

우리가 입는 의복도 마찬가지입니다. 겨울에는 따뜻한 옷을 입고 여름에는 시원한 옷을 입습니다. 이 욕구가 충족될 때 인간은 만족합니다. 보기에 좋고 다른 요소들과 잘 어울릴 때 더 큰 만족을 누립니다.

우리가 마시는 음료 역시 그렇습니다. 인간에게는 맛있고 좋은 음료를 마시고자 하는 욕구가 있습니다. 이런 욕구들을 통해서 하나님께서는 인간의 신체를 보호하십니다. 문제는 이런 욕구의 크기와 성향(性向)이 정도

---

[128] John Calvin, *Institutes of the Christian Religion*, vol. 2, trans. Henry Beveridge (Grand Rapids: Wm. B. Eerdmans Publishing Company, 1981), 32-33.

를 지나쳐 경건에 좋지 않은 영향을 주는 것입니다.

그리스도인의 삶에 대한 성경의 가장 중요한 생각은, 그 삶이 최고선(最高善, summum bonum)을 향하여 사랑으로 질서 지워진 삶이어야 한다는 것입니다. 다시 말해서 그리스도인의 삶은 가장 좋으신 하나님을 최고로 사랑하고, 거기로부터 시작해서 다른 사물들을 그것에 합당하게 사랑하는 올바른 질서 안에 있는 삶이라는 것입니다.

이 질서는 인간을 향한 하나님의 사랑으로 세워진 것이며, 하나님을 향한 인간의 사랑 안에서 받아들여져야 하는 질서입니다. 즉, 사랑하지 말 것을 사랑하거나 덜 사랑해야 할 것을 더 많이 사랑하거나 더 많이 사랑해야 할 것을 덜 사랑하지 않는 것입니다.

그렇게 되기 위해서는 마땅한 사랑의 크기를 지정해 줄 수 있는 기준이 필요한데, 그것은 오직 하나님의 뜻입니다. 그리고 하나님께로부터 비롯되는 크고 작은 질서를 사랑으로 따름으로써 삶은 아름답고 인생은 빛나게 됩니다. 따라서 아우구스티누스(Aurelius Augustinus, 354-430)가 지적한 바와 같이 그리스도의 영원한 신부인 교회의 애절한 기도는 이것입니다. "내 안의 사랑을 질서롭게 하소서"(Ordinate in me caritatem, 15.22).[129]

초기 기독교인들뿐 아니라 칼빈과 동시대의 거의 모든 신학자들은 보이는 세계는 보이지 않는 하나님의 질서를 보여주는 극장이라 생각했습니다. 그러나 우리의 정신을 끄는 더 찬란한 아름다움은 인간의 영혼과 마음 안에 있는 도덕적 질서에 있습니다.

---

[129] Avrelivs Avgvstinvs, *De Civitate Dei*, in *Corpvs Christianorvm Series Latina, XLVIII: Avrelii Avgvstini Opera,* Pars XIV, 2 (Tvrnholti: Typographi Brepols Editores Pontificii, 1955), 488.

한 사람이 예수 그리스도를 믿는다는 것은 그분을 앎으로써 자신과 세계는 물론 온 우주가 하나님의 질서 안에 있음을 깨닫는 것입니다. 그 깨달음은 하나님의 사랑이 주는 것입니다. 하나님 자신이 곧 진리(眞理)이시니, 하나님의 사랑을 안다는 것은 곧 그 진리를 안다는 것입니다.

모든 인간과 만물이 진리 안에 있어야 함은, 진리가 곧 그것들이 있을 자리를 지정해 주고 합당한 관계를 맺게 해주기 때문입니다. 모든 인간과 만물은 진리가 지정해 주는 질서 안에서 만족과 쉼, 행복을 누리는데 이것이 바로 하나님의 사랑을 아는 것입니다. 신자는 구원을 통해 자신이 그 광대하고 아름다운 사랑의 질서 안에 있다는 사실에 행복해합니다.

그 모든 질서의 중심에 우리 주 예수 그리스도가 계십니다. 그리스도의 십자가는 깨어진 하나님의 사랑의 질서와 그것을 다시 회복하시는 영광을 보여줍니다(골 1:16, 2:12-15). 이는 모든 보이는 세계가 그리스도께로부터 나왔고 그분에 의해 지탱되고 그분으로 돌아가기 때문입니다.[130] "이는 만물이 주에게서 나오고 주로 말미암고 주에게로 돌아감이라 그에게 영광이 세세에 있을지어다 아멘"(롬 11:36).

칼빈도 그리스도인이 된다는 것은 이전에는 분명하게 이해하지 못했던 신적 질서 속으로 들어가는 것이라 이해했습니다. 이에 대해 그는 자신의 책 프랑스어판 『기독교 강요』(*Institution de la Religion Chrétienne*)에서 다음과 같이 말합니다.

---

[130] 로마 사람들에게 '세계' 또는 '우주'를 뜻하는 단어는 우니베르시타스(*universitas*)이다. 여기서 '대학'(大學, university)이라는 단어도 나왔다. 이는 '하나'를 뜻하는 단어(우누스, *unus*)와 환상이나 모조품과 대조되는 '진짜의', '실제의'를 의미하는 단어(베루스, *verus*)의 합성어이다. P. G. W. Glare, ed., *Oxford Latin Dictionary*, vol. 2, 2nd ed. (Oxford: Oxford University Press, 2012), 2225, 2255, 2308-2309.

우리가 말하는 성경의 질서는 두 가지로 이루어져 있다. 하나는 우리 마음에 정의(正義)에 대한 사랑을 각인해 주신 것인데, 그것을 향해서 우리가 (자연) 본성으로써는 결코 (성향적으로) 기울어지지 않는다. 또 다른 하나는 확실한 규칙을 주신 것인데, 이것은 우리가 삶을 정립할 때에 이러저리 방황하지 않고 길을 잃지 않게 하는 것이다.[131]

신앙을 갖기 전에는 이 질서가 아무렇게나 되어 있었습니다. 목적과 목표가 뒤집힌 삶이 주는 만족은 일시적인 쾌락입니다. 거기서 느끼는 혼돈과 고통의 경험은 참된 질서를 찾아가는 과정입니다. 그러나 거기에는 평안이 없으니, 그것은 하나님을 위한 삶이 아니었을 뿐 아니라 자신도 행복할 수 없는 삶이었습니다.

진리의 가장 탁월한 가치는 무질서에 질서를 부여하는 것이며, 참된 사랑은 이 질서를 기뻐합니다. 따라서 모든 사랑에는 사람의 삶의 질서를 재편(再編)하는 힘이 있습니다. 그리고 그것으로써 자신과 연관된 모든 사람과 사물들의 질서에 영향을 끼칩니다. 만약 이렇게 삶의 질서를 재편하는 힘이 없다면 그것은 진정한 사랑이 아닙니다.

하나님을 향한 사랑은 진리를 향한 사랑입니다. 사랑은 진리와 함께 가고, 함께 기뻐합니다. 그래서 하나님을 사랑하게 되면 성경 말씀이 부여

---

[131] "Or cest ordre de l'Escriture duquel nous parlons, consiste en deux parties. L'une est d'imprimer en noz cœurs l'amour de iustice, auquel nous ne sommes nullement enclins de nature. L'autre, de nous donner certaine reigle, laquelle ne nous laisse point errer çà et là, ny esgarer en instituant nostre vie"(3.6.2). Jean Calvin, *Institution de la Religion Chrétienne*, in *Corpus Reformatorum*, vol. 32, *Ioannis Calvini Opera Quae Supersunt Omnia*, vol. 4 (Brunsvigae: C. A. Schwetschke et Filium, 1866), 179.

하는 질서를 따라 자신의 삶의 목적과 목표를 바꿉니다. "(사랑은) 불의를 기뻐하지 아니하며 진리와 함께 기뻐하고"(고전 13:6).

진리는 질서를 부여하는 힘이며 이에 인간은 사랑으로써 삶의 목표와 목적을 바르게 합니다. 하나님께서 중요하게 생각하는 것을 자신도 중요하게 생각하고, 사소하게 생각하는 것을 자신도 사소하게 생각합니다.

그는 자신의 행복을 하나님 나라를 위한 소명(召命)보다 앞세우지 않습니다. 왜냐하면 그렇게 하는 것이 그에게 행복하지 않기 때문이니, 이것이 바로 하나님 사랑이 하는 일입니다.

사랑의 신뢰

셋째로, 신뢰(信賴)의 요소를 보여줍니다. 사랑은 신뢰를 동반합니다. 신뢰할 수 없다면 그것은 사랑이 아닙니다. 따라서 하나님을 사랑하는 자녀는 먹고 입고 마시는 문제가 어떻게 해결될지 모르지만 그것 때문에 염려하지 않습니다(마 6:32). 그는 자신이 어디에 있든지 어떻게 살든지, 또 무엇을 견디게 되든지 하나님을 신뢰합니다. 이것이 신앙입니다.

우리는 자신에게 무엇이 필요한지 알지 못할 때가 많습니다. 필요한 것이 아닌데 갖고 싶은 경우가 있는가 하면, 꼭 필요한 것인데 갖고 싶지 않을 때도 있습니다. 또한 무엇이 필요한지 바르게 알고 있다고 할지라도 그것을 가질 능력이 없을 수도 있습니다. 그러나 하나님께서는 우리의 필요를 아실 뿐 아니라 주실 능력도 있으시기에, 염려하지 않습니다.

하나님을 신뢰하는 것과 관련해서 생각할 것이 있으니, 신자도 피하고 싶은 현실(現實)을 만나는 때가 있다는 것입니다. 그때 선택지는 두 가지입니다. 그 현실을 바꾸든지 아니면 현실을 감당할 수 있는 힘을 갖든지입니다. 바꿀 수 없는 현실은 받아들여야 합니다.

부부가 있었습니다. 다섯 명의 아이를 낳았습니다. 큰 아이는 열 살 정도 되었고, 막내는 이제 막 백일이 지났습니다. 그런데 남편이 갑자기 사고로 죽었다고 가정합시다.

전업주부로 살아온 아내가 선택할 수 있는 길은 둘 중 하나입니다. 아이들을 양육해야 하는 현실을 바꾸든지, 현실을 살아갈 수 있도록 힘을 내든지입니다. 아이들을 돌봐야 한다는 현실은 바꿀 수 없을 것입니다. 물론 아이들을 모두 고아원에 보내 버릴 수도 있지만 그것은 좋은 엄마가 택할 수 있는 방법이 아닙니다.

그녀가 현실을 극복하기 위해 당장 선택할 수 있는 것은 소득원(所得源)을 갖는 것입니다. 그녀는 아이들을 돌보기 위해 직장을 찾을 것입니다. 혼자 돌볼 수 없으니 아이들의 할머니나 할아버지, 혹은 형제자매에게 도움을 청할 것입니다. 현실적으로 아무것도 바꾸지 못할 수도 있습니다. 그렇다면 그녀는 현실을 있는 그대로 받아들일 수 있도록 마음을 단단히 먹어야 합니다. 그리고 육체적으로도 그 상황을 감당할 각오를 해야 합니다. 신앙은 하나님께서 이 힘을 주신다고 믿는 것입니다.

인생은 신비로 가득하지만 확실한 사실이 있습니다. 하나님을 사랑하는 자는 모든 일이 합하여 선을 이룬다는 것입니다(롬 8:28).

우리는 평안한 길로만 가고 싶어합니다. 그렇지만 꽃길만 걷는 사람은 없습니다. 더욱이 불완전한 세상에서 온전하신 하나님의 뜻을 따라 살고자 분투하는 신자는 더욱 그러하니, 하나님께서는 때때로 꽃길 대신 가시밭길 같은 상황 속에서 결국 하나님의 선(善)을 누리게 하십니다.

연약함을 경험해 보지 않은 사람이 어찌 상한 갈대를 꺾지 않고 꺼져 가는 심지의 불을 끄지 않으시는 하나님의 사랑을 느낄 수 있겠습니까?(사 42:3). 자신이 미천한 존재인 줄 알지 못하는 사람이 어찌 들풀에 깃든 하나님의 사랑에 감격할 수 있겠습니까?

하나님께서는 우리의 모든 삶의 상황을 통해 훈련(訓練)시키십니다. 이 과정에서 그릇된 삶의 동기를 버리고, 하나님을 향한 처음 사랑을 회복합니다. 인생의 목적을 더욱 올바르게 하며, 하나님의 나라와 의를 추구하며 삽니다.

육체에 필요한 것들이 있으나 마음은 그것들에 매이지 않으니, 하나님께서 이것들을 더해 주실 것이라고 믿기 때문입니다.

맺는말

인생이란 알 수 없는 종착역을 향해 달려가는 염려의 열차를 탄 것과 같습니다. 우리 눈에 비치는 인생의 모습들은 거의 모두 정확하게 전달된 것이 아닙니다. 이제껏 살아온 날에 가려진 오늘의 만족과 다가올 날들을 숨긴 내일의 희망은 모두 인생을 있는 대로 생각하지 못하게 하는 방해물들입니다.

인간 존재는 숭배받으리만치 위대하지도 않고 멸시받으리만치 비천하지도 않습니다. 인생을 사는 것도 그러하니 억지로 살아야 할 삶도 아니고 생각 없이 즐겁게만 살아야 할 삶도 아닙니다. 육체는 사라져도 정신의 흔적은 남겨지며 영혼은 영원하기에 인생의 의미는 산 날의 길이에 비례하지 않습니다.

구원받은 그리스도인은 하나님의 나라와 그의 의를 위해 살면서 모든 사람을 하나님의 사랑으로 돌아오게 하고 자신도 행복한 삶을 살도록 부름받았습니다. 신앙의 혼란(混亂)과 불행(不幸)은 바로 이 목적을 떠나서 하나님 없이 행복해지려는 데 있습니다.

밤하늘의 질서정연한 별들의 운행을 보십시오. 이 우주적 질서는 저 멀리 영적인 세계로부터 우리의 마음을 거쳐 온 세상에 이르기까지 수놓아져 있습니다. 하나님으로부터 시작해서 모든 피조물과 인간을 행복하게 하고 다시 온 우주를 휘감아 안고 그분 자신에게로 돌아가는 사랑 안에 있는 티끌 같은 존재가 인간입니다.

하나님께서는 그 무한한 사랑에 행복하며 살도록 우리를 창조하셨고, 그것을 잃어버린 불행한 인간의 처지를 고치시려고 예수 그리스도를 보내셨습니다. 인류를 다시 행복하게 하고 온 우주를 회복시키실 계획은 당신 홀로 세우셨으나, 그것을 실행함에 있어서는 당신의 사랑에 마음이 바쳐진 그리스도의 교회와 함께 이루기로 하셨습니다.

사랑하는 하나님께서 원하시기 때문에, 또 한 번밖에 없는 나의 인생을 후회 없이 행복하게 살기 원하기 때문에, 우리는 하나님의 나라와 그의 의를 추구하며 살아야 합니다. 이 초점을 따라 사는 모든 자녀들에게 하나님께서는 모든 것을 더하셔서 그들의 소망이 참되다는 것을 인정하게 하십니다.

김남준 목사님의 연작 설교 '염려에 관하여' 중
아홉 번째 설교 '오늘 염려하지 말라'로 연결됩니다.

제9장

오늘,
염려하지 말라

———✣———

그러므로 내일 일을 위하여 염려하지 말라
내일 일은 내일이 염려할 것이요
한 날의 괴로움은 그날로 족하니라

μὴ οὖν μεριμνήσητε εἰς τὴν αὔριον,
ἡ γὰρ αὔριον μεριμνήσει τὰ ἑαυτῆς·
ἀρκετὸν τῇ ἡμέρᾳ ἡ κακία αὐτῆς.

마 6:34

들어가는 말

하나님의 사랑은 오래 참음, 자비(慈悲), 긍휼(矜恤)로 나타납니다. 이 세 가지는 사랑이라는 다이아몬드의 서로 다른 면들에 반사되는 빛과 같습니다. 이것들 중 긍휼은, 인간의 비참을 깊이 공감(共感)하는 하나님의 성품입니다(시 78:38, 112:4). 따라서 사랑의 특성인 긍휼은 사랑받는 자의 고통이 제거되기를 바라는 간절함으로 나타납니다.

구약의 이스라엘 백성들은 하나님이 의로운 분이시라는 사실을 알았습니다. 그러나 인간을 얼마나 긍휼히 여기시는지는 잘 몰랐습니다. 그런 하나님을 감각적으로 보고, 듣고, 만져서 알 수 있도록 그리스도께서 육신(肉身)을 입고 세상에 오셨습니다(요일 1:1).

예수 그리스도께서는 친히 사람으로 오셔서 고달픈 인간의 연약함을 몸소 겪으셨기에 우리를 더욱 불쌍히 여기셨습니다. "우리에게 있는 대제사장은 우리의 연약함을 동정하지 못하실 이가 아니요 모든 일에 우리와 똑같이 시험을 받으신 이로되 죄는 없으시니라"(히 4:15). 그래서 죄인인 우리가 괴로움을 겪는 것을 무덤덤하게 보지 않으시고 오히려 가엾게 여기십니다. "그러므로 내일 일을 위하여 염려하지 말라 내일 일은 내일이 염려할 것이요 한 날의 괴로움은 그날로 족하니라"(마 6:34).[132]

내일 일을 염려하지 말라

예수 그리스도께서는 내일 일을 염려하지 말라고 하십니다. 여기서 '내일'(아우리온, αὔριον)은 문자적으로 내일 하루만을 말하는 게 아니라 미래에 속하는 모든 날을 가리킵니다. 그분은 염려의 주체가 '그 내일'(헤 아우리온, ἡ αὔριον)이라고 말씀하십니다.

염려는 인간과 같은 인격체가 하는 정신적 작용이니, '내일'은 결코 염려의 주어가 될 수 없습니다. 그런데도 '내일이 염려할 것'이라고 말씀하

---

132) 이 구절을 헬라어 원문에 따라 그대로 직역하면 다음과 같다. "그러므로 그 내일에 대하여 염려하지 말라. 이는 그 내일이 자신에 대해 염려할 것이며 그것의 괴로움은 그날에게 충분하기 때문이다"(μὴ οὖν μεριμνήσητε εἰς τὴν αὔριον, ἡ γὰρ αὔριον μεριμνήσει τὰ ἑαυτῆς· ἀρκετὸν τῇ ἡμέρᾳ ἡ κακία αὐτῆς).

심은 염려가 우리의 몫이 아님을 보여주시는 것이니, 아직 도래하지 않은 날들의 일 때문에 근심하지 말라고 하시는 것입니다.

인생은 수많은 굴곡을 지나는 나그네 길과 같습니다. 우리는 그 길에서 수많은 일들을 만나게 되니, 때로는 소풍처럼 즐거운 시간을 보내기도 하지만 때로는 전쟁 같은 고통을 겪기도 합니다. 만족할 때가 있고 염려할 때도 있습니다(잠 14:13). 물질의 결핍뿐 아니라 정신의 황폐함으로 인간을 탁월하게 할 자질들이 번민과 염려로 괴로움을 주기도 합니다.

자신의 존재 자체의 무게조차 감당 못하는 인간의 어깨 위에는 아직 다가오지도 않은 미래에 대한 염려의 짐이 있습니다. 그러나 다음과 같은 이유 때문에 합당치 않은 염려를 하는 것은 불합리합니다.

아직 발생하지 않았기에

첫째로, 내일 일은 아직 발생하지 않았기 때문입니다. 우리의 염려는 대부분 상상 속에서 일어납니다. 어떤 나쁜 일이 일어날 것이라고 예싱하면서 미리 걱정하는 것입니다.

인간에게는 욕망(慾望)이 있기에 염려와 결별할 수 없습니다. 왜냐하면 원하는 것이 있으면 바라는 대로 이루어지지 않는 현실이 있게 마련이고, 그 둘 사이의 격차만큼 염려하기 때문입니다. 그러나 염려하는 일은 아직 발생하지 않았고, 실제로 일어나지 않을 수도 있습니다. 불길한 예감은 그저 예감으로 그치는 경우도 많기에 염려는 불합리합니다.

어느 심리학자에 따르면 염려하는 일들 중 40%는 실제로 일어나지 않는다고 합니다. 그리고 일어나는 60%조차도 염려하던 바와는 전혀 다르게 일어나고, 염려하던 일이 발생할지라도 실제로 유의미한 고통을 주는 경우는 10% 정도라고 합니다.

예수 그리스도께서는 유난히 '오늘'이라는 단어를 많이 사용하셨습니다. '내일'보다 더 많이 말씀하셨는데, 이는 그리스도께서 우리의 신앙의 현재성을 강조하신 것입니다(눅 12:20, 22:61).

시련과 핍박으로 고난받는 때뿐만 아니라 유혹과 태만에 의해 경계를 늦추기 쉬운 때에도 기억해야 합니다. 왜냐하면 신앙은 오늘을 살아가는 것이기 때문입니다. "오직 오늘이라 일컫는 동안에 매일 피차 권면하여 너희 중에 누구든지 죄의 유혹으로 완고하게 되지 않도록 하라"(히 3:13).

도움이 되지 않기에

둘째로, 염려가 아무런 도움이 되지 않기 때문입니다. 만약 염려함으로 문제가 해결된다면 염려만 하면 될 것입니다. 만약 그렇게 된다면 우리는 염려할 것이 없지 않겠습니까?

그러나 염려하는 것은 염려가 되는 문제에 대한 해결책이 아닙니다. 우리가 염려하든 염려하지 않든 일어날 일은 일어나고 일어나지 않을 일은 일어나지 않을 것이기 때문입니다.

그래서 예수 그리스도께서는 이렇게 말씀하십니다. "너희 중에 누가 염려함으로 그 키를 한 자라도 더할 수 있겠느냐"(마 6:27). 여기에서 언급된 '키'(헬리키아, ἡλικία)는 '신장'(身長)을 의미하는 것처럼 보이지만, 경건하고 유능한 주석가 윌리엄 헨드릭슨(William Hendriksen, 1900–1982)이 제안하는 바와 같이 연장되는 '목숨의 길이'(life-length)로 해석하는 것이 자연스럽습니다.[133] 인간이 염려함으로써 자신의 목숨의 길이를 조금도 연장할 수 없으니, 염려는 도움이 되지 않습니다.

재물이 넉넉한 사람은 적은 비용을 지불해야 하는 상황 때문에 근심하지 않습니다. 시간이 넉넉한 사람은 바쁜 일정을 소화해야 하는 상황 때문에 걱정하지 않습니다. 염려는 바라는 바가 있지만 그것을 실행할 능력이 모자랄 때 생깁니다. 하나님을 신뢰하지 못하는 데서 오는 이런 염려는 몸뿐 아니라 마음까지 병들게 합니다. "마음의 즐거움은 양약이라도 심령의 근심은 뼈를 마르게 하느니라"(잠 17:22).

반복되는 염려는 불안의 무게를 더하고, 이런 마음은 두려움으로 하여금 다른 감정들을 지배하게 하여 기쁨의 삶을 살 수 없게 합니다.

최근 심리학계에서 거론되는 '핵심 감정'(核心感情, nuclear feeling)은 한 사람이 주관적으로 느끼는 감정 자체로서 그를 지배하고 있는 주도적 감정을 의미합니다.[134] 그것은 모든 사고와 정서, 행동과 습관을 그것에 맞게 작용하도록 지속적으로 힘을 행사하는 감정입니다.

핵심 감정은 그 사람 안에 있는 감정들 중의 하나이지만 다른 모든 감정을 주도적으로 지배하면서 그것으로써 해석하게 하는 지배력을 가지고 있다고 간주됩니다. 이는 성경적 심리학과는 다른 관점에서 인간의 마음과 감정을 본 것인데, 말하자면 한(恨)이나 집착(執着) 같은 지배적 감정을 덜

---

[133] 우리말 개역개정 성경에서 '키'(stature)라고 번역된 헬라어는 헬리키아(ἡλικία)인데, 이는 '신장'(身長)이라는 뜻도 있지만(눅 2:52), '장성'(長成), '나이'를 의미하기도 한다(요 9:21, 히 11:11). 주석가 헨드릭슨은 비정상적으로 키가 작은 사람이 아니라면 한 자 즉 규빗(약 46cm)만큼 더 신장이 크기를 기대하지 않을 것이기에, 이 단어는 '목숨의 길이'를 뜻하는 것으로 보아야 한다고 해석했다. William Hendriksen, *New Testament Commentary: Exposition of the Gospel According to Matthew* (Grand Rapids: Baker Book House, 1975), 351.

[134] 이동식, 『도정신치료 입문: 프로이드와 융을 넘어서』 (서울: 도서출판한강수, 2019), 29.

어 냄으로써 인간은 자유로운 정신 상태가 될 수 있다는 것입니다.

그 이론에 따라 예를 들어 보겠습니다. 정의(正義)는 사람과 사회를 위한 것입니다. 사람을 사람답게 하고, 사회를 사회답게 하기 위해서는 정의가 필요합니다. 그런데 분노(憤怒)가 한 사람의 핵심 감정이 되면 불의하다고 생각되는 사회를 파괴해 버리고 싶은 마음을 갖게 되는 것입니다.

기독교적 관점에서, 하나님의 사랑은 단지 우리 안에 있는 여러 가지의 좋은 감정들 중 우세하게 된 것이 아닙니다. 그것은 하나님께서 부어 주신 영적 생명(spiritual life)에서 나오는 것입니다. 그리스도인은 이 생명 때문에 하나님을 인격적으로 사랑함으로써 그 사랑에 합당하게 질서 지워진 삶을 살도록 모든 생각과 감정들을 그 하나님의 사랑 안에 두게 되는 것입니다.

그것이 어떤 것이든 죄인의 핵심 감정은 인간성을 굽게 합니다. 더욱이 그것이 염려일 경우에는, 염려를 통해 아무 도움도 받지 못하면서 마음이 병들어 가게 됩니다. 염려로는 문제를 해결할 수 없습니다. 그러면서도 인간의 마음을 지배합니다.

염려도 무엇을 좋아하는 욕망이 만들어 낸 감정이기에 사랑의 특성을 갖고 있습니다. 누군가를 사랑하면 그 사람에게 집중하듯, 염려도 우리 마음을 어떤 문제 자체에만 집중하게 합니다. 그러면 실제적으로 도움을 받지도 못하면서 스스로 더 깊은 염려의 늪으로 빠져들게 됩니다.

기쁨을 빼앗아 가기에

셋째로, 염려는 기쁨을 빼앗아 가기 때문입니다. 여기서 우리는 선적(線的) 행복과 점적(點的) 행복이 조화를 이루어야 할 필요성을 발견합니다.

선적 행복관은 행복한 상태를 미래의 시점에 두는 관점입니다. 우리의 신앙생활에서 주어지는 대부분의 행복은 이런 선적 행복입니다. 오늘의 즐거움을 희생하면서라도 기다릴 가치 있는 미래를 위해 살아가는 것은 이런 행복관을 따른 것입니다.

지금 저축하고 알뜰하게 살면 나중에는 여유로운 삶을 즐길 수 있다고 믿는 것, 당장은 힘들지만 열심히 노력하면 훌륭한 사람이 될 것이라는 기대를 갖는 것, 신앙에서 승리하면 면류관을 얻을 것이라고 믿는 것들은 이러한 행복관을 반영합니다.

누가 자신은 이미 훌륭한 사람이 되었다고 말할 수 있겠습니까? 누가 이미 승리했다고 말할 수 있겠습니까? 우리는 훌륭한 사람이 되려고 끊임없이 노력하고, 승리하여 최후의 순간에 면류관을 받기 위해 애씁니다. 미래에 있는 그것을 매일 추구하며 살아갑니다.

한편 점적 행복관은 행복한 상태를 현재의 시점에 두는 관점입니다. 성경은 선적 행복관뿐 아니라 이런 점적 행복관에 대해서도 말합니다.

인생의 허무함을 설파하던 전도자는 자기 일에서 즐거움을 찾아가는 행복에 대해 말합니다. "그러므로 나는 사람이 자기 일에 즐거워하는 것보다 더 나은 것이 없음을 보았나니……"(전 3:22). 또 덧없는 인생길에 만난 인연을 기뻐하며 살라고도 가르칩니다. "또한 어떤 사람에게든지 하나님이 재물과 부요를 그에게 주사 능히 누리게 하시며 제 몫을 받아 수고함으로 즐거워하게 하신 것은 하나님의 선물이라"(전 5:19). 사도 바울도 잠시 즐거워하는 자들과 즐거움을 나누라고 가르칩니다. "즐거워하는 자들과 함께 즐거워하고 우는 자들과 함께 울라"(롬 12:15).

비유를 하자면, 선적 행복이 고향을 찾아가는 것이라면, 점적 행복은 고향집을 가는 여정(旅程)에서 느끼는 즐거움이라 말할 수 있습니다.

고향집에 돌아가 사랑하는 부모님과 가족들을 만나기 위해 먼 길을 떠났습니다. 그러나 가족과 재회하는 순간에 이르기까지 귀향길 도중에서도 얼마든지 행복한 순간들을 만날 수 있습니다. 언덕을 넘을 때 눈앞에 펼쳐진 아름다운 광경과 시원한 바람, 여행길에서 좋은 사람들과의 만남이 주는 기쁨 같은 것들은 점적 행복입니다.

그러나 그는 자신이 가야 할 고향을 잊어서는 안 됩니다. 귀향을 포기하고 전망이 좋은 언덕 위에 집을 짓고 정착해 버리는 것은 길을 떠난 본래의 목적을 잊은 것입니다.

성경은 이 두 가지 행복관에 대해 가르치고 있습니다. 지혜자는 인생살이가 헛되고 무익(無益)하다고 말합니다(전 2:11). 선적 행복의 관점에서 본 것입니다. 그런데도 헛된 날에 즐거워하라고 교훈합니다. 시집 가고 장가 가는 것은 세속적인 일이지만(눅 17:27), 또 한편으로 성경은 젊어서 취한 아내와 인생을 즐겁게 살라고 말합니다(전 9:9). 이는 점적 행복의 관점에서 말한 것입니다.

아름다운 봄꽃으로 수놓아진 들과 산을 바라보십시오. 그 예쁜 광경을 마음에 담아 보십시오. 새파란 하늘 위의 흰 구름과 거울 같은 호수면 위에 내려앉은 그림자, 바람 따라 흔들리는 푸른 나뭇잎들의 반짝임과 나뭇가지 사이를 날아다니며 지저귀는 새들의 노랫소리, 정오에 빛나는 태양과 정교하게 연주되는 합주곡과도 같은 맑은 계곡 물소리, 돌 틈을 헤치고 다다닥 자라난 이름 모를 들꽃들은 희망에 대해 재잘거립니다.

이 모든 것들이 우리가 살아 있기 때문에 느끼는 기쁨들입니다. 만약 이런 즐거움이 없었다면 우리의 인생은 좀 더 무겁고 덜 행복했을 것입니다.

예수 그리스도께서는 일생을 시련과 고난 속에서 사셨습니다. 그렇다면 그분에게는 그 어떤 기쁨도 없었을까요? 그렇지 않습니다.

예수 그리스도께서는 들에 핀 백합화를 보고 기뻐하셨으니, 그분이 보시기에 한 송이 백합화의 영광(榮光)이 솔로몬의 영광보다 뛰어났기 때문입니다. 공중을 나는 새를 보며 기뻐하셨으니, 그것도 하나님 아버지의 사랑을 생각나게 하였기 때문입니다. 사랑하는 사람들과 함께하는 한 끼 식사도 그리스도께 즐거움이었고, 그들에게 하나님의 말씀을 나누어 주시는 것은 더욱 더 큰 기쁨이었습니다(눅 10:40-42).

완전하신 그리스도께서도 하나님 안에서 누리는 순간의 기쁨을 멸시하지 않으셨습니다. 우리도 그러해야 합니다. 때로는 시련과 역경으로 고달픈 삶을 살아갈지라도 온 세계는 하나님의 영광을 보여주는 극장과 같고 우리의 인생은 그분의 그림책 같으니, 이로써 하늘 아버지를 알아 갑니다.

우리의 달려갈 길이 멀고 분명할지라도, 세상에는 아름다운 것들이 많고 인생은 경이로운 일들로 가득 차 있습니다. 하나님을 아는 사람에게는 두 권의 책이 있습니다. 말씀의 책과 인생의 책입니다.

그리움이 진심이라면 만날 곳을 알려 주는 표지판도 반가울 것이기에 영원을 향하여 가는 순례자는 그 길에서 순간의 기쁨을 압니다. 그 순간들이 영원으로 이어짐을 믿기 때문입니다.

우리는 천상(天上)에 있는 것들을 바라보며 살아야 합니다. 그러기 위해서는 하늘의 신령한 기쁨과 일상의 위로 모두가 필요합니다. 그리고 하나님께서는 그것들을 누리며 살도록 우리에게 선물로 주셨습니다.

그런데 염려는 인생의 하얀 도화지를 미리 회색으로 칠해 버려서, 하루하루 우리의 삶을 아름답게 그릴 수 없게 합니다. 감사할 마음을 빼앗고,

인생 전체를 볼 수 없게 하고, 우울(憂鬱)과 비관(悲觀)에 빠지게 합니다. 그러므로 염려할 만한 일이 일어날까 봐 두려워하지 마십시오. 그것들이 일어날 가능성과 그렇게 되지 않을 개연성을 모두 비웃고 오늘 하루를 주님 안에서 기쁘게 사십시오. 이것이 하나님의 뜻입니다(살전 5:16-18).

그날로 족한 괴로움

예수 그리스도께서는 내일 일을 위해 염려하지 말라고 교훈하신 후 말씀하십니다. "……한 날의 괴로움은 그날로 족하니라"(마 6:34). 여기에서 두 가지 교훈을 얻게 됩니다. 인생에는 괴로움이 있고, 그 괴로움을 겪는 것은 그날에 한정되어야 한다는 것입니다.

인생에는 괴로움이 있다

첫째로, 인생(人生)에는 괴로움이 있다는 것입니다. 예수 그리스도께서도 이 사실을 인정하셨습니다. 그분은 죄가 없으셨지만 우리와 같은 육체로 세상을 사셨기에 시험을 당하셨으며 인생의 괴로움을 아는 분이셨습니다. "그는 육체에 계실 때에 자기를 죽음에서 능히 구원하실 이에게 심한 통곡과 눈물로 간구와 소원을 올렸고 그의 경건하심으로 말미암아 들으심을 얻었느니라"(히 5:7).

마태복음 6장 34절에서 '괴로움'이라고 번역된 헬라어(헤 카키아, ἡ κακία)는 '나쁜'이라는 뜻을 가진 단어(카코스, κακός)에서 유래된 명사로, '나쁨', '재난', '해로움', '고통' 등을 의미합니다(마 6:34, 행 8:22, 약 1:21). 이는 선(善)

의 반대말로 '악'(惡), '나쁜것', '불행한 것'을 뜻합니다.[135]

　인생에는 선한 것만 있지도 않고, 또 악한 것만 있지도 않습니다. 인생에는 선과 악, 즐거운 것과 괴로운 것, 좋은 일과 나쁜 일이 섞여 있습니다. 참으로 좋은 일은 하나님 때문에 좋은 것이요, 나쁜 일은 우리의 악한 의지 때문에 나쁘게 된 것입니다.

　인간사의 나쁜 일들은 모두 인간의 죄 때문이지만, 자신이 직접 저지르지 않은 일 때문에도 나쁜 일을 만납니다. 다른 사람들의 죄와 과실, 불완전한 세상 때문에 나쁜 일들을 만나는 것입니다. 기대와 현실의 격차는 고뇌의 원인이 되고 타인의 죽음 앞에서 죽음을 피할 수 없는 자신의 운명과 마주하지 않을 수 없습니다.

　죽어 가는 사람의 생명은 그를 사랑하는 자에게는 죽음이 되는 것이니 날마다 소멸에 대한 무서움과 삶에 대한 두려움이 겹치는 가운데 살아가는 것이 인간의 현실입니다. 사랑하는 사람의 죽음의 현실 앞에서도 자신의 죽음을 인정하기를 거부하는 모순 속에서, 인간은 겁에 질리기 십상입니다.[136] 이것이 인산이 세상에서 늘 마주하며 살아가는 일생이니 살아 있다는 사실 자체가 고통과 악을 겪는 것이 아니고 무엇이겠습니까?

　우리의 과제는 괴로운 상황을 피하는 것이 아니라 자신의 삶을 주체적으로 살아가는 것입니다. 참된 주체성은 참된 자기로 살게 하는 것으로서, 그것이 없이는 결코 자유로울 수 없는 그 무엇입니다. 때로는 삶이

---

135) Walter Bauer, Frederick W. Danker, W. F. Arndt, F. W. Gingrich, eds., *A Greek-English Lexicon of the New Testament and Other Early Christian Literature*, 3rd ed. (Chicago: University of Chicago Press, 2000), 500.

136) 그래서 인간은 죽음을 인정하되 자신의 소멸의 의미는 배제하려고 한다. 지그문트 프로이트, 『문명 속의 불만』, 김석희 역 (파주: 열린책들, 2012), 60-61.

우리를 속이는 것 같은 괴로운 상황에 놓이더라도, 혼란스러운 일이 힘들게 할지라도 어떻게 흔들리지 않는 주체로 살아갈 수 있을지를 생각해야 합니다. 주체성이 있다는 것은 스스로 자신의 인생을 참된 주인으로 자율적으로 산다는 것입니다. 자신으로서 생각하고 느끼고 결정하며 살아간다는 뜻입니다. 인간은 모두 하나님 안에서 자유로운 주체로 지은 바 되었습니다.

인간은 하나님을 사랑할 때에만 순수한 자아로 돌아갈 수 있습니다. 왜냐하면 처음 창조된 인간이 하나님의 완전한 사랑 안에 있었기 때문입니다. 성경에서 인간이 아름다우리만치 주체적인 상태를 그려 낸 묘사가 있습니다.

> 내가 그리스도와 함께 십자가에 못 박혔나니 그런즉 이제는 내가 사는 것이 아니요 오직 내 안에 그리스도께서 사시는 것이라 이제 내가 육체 가운데 사는 것은 나를 사랑하사 나를 위하여 자기 자신을 버리신 하나님의 아들을 믿는 믿음 안에서 사는 것이라 (갈 2:20).

우리가 순전한 사랑으로 그리스도와의 실제적인 연합을 이루고 있을 때, 자신을 위해 반드시 더 가져야만 하는 것도 없고 잃어버려서는 안 되는 것도 없음을 알게 됩니다. 그때 비로소 하나님께서 창조하신 나 자신답게 살 수 있습니다. 어떠한 자기 사랑의 지배도 받지 않은 채 자신답게 느끼고 행동하는 주체성을 가질 수 있습니다.

그때 우리의 삶에 어떤 일이 일어날지라도 인생이 뿌리째 흔들리는 충격을 받지는 않을 것입니다. 왜냐하면 하나님을 사랑하는 사람은 이미 그 사랑 안에서 모든 것을 버렸기 때문에 자기의 것이라 집착할 것도 없고, 또 이미 모든 것을 갖고 있기에 더 소유하고자 하는 바가 있지 아니할 것이기 때문입니다. 그 사랑 안에 살게 하소서.

괴로움은 하루에 한정되어야 한다

둘째로, 괴로움은 하루에 한정(限定)되어야 한다는 것입니다. 인간의 삶에 괴로움이 없을 수 없으며 신자도 예외가 아닙니다. 그러나 하루에 겪는 괴로움은 그날에 한정되어야 합니다. 다시 말해서 내일의 염려를 끌고 와서 오늘의 자신을 괴롭게 하지는 말아야 한다는 것입니다. 아직 일어나지도 않은 일이 나쁘게 발생할 것이라는 비관 때문에 오늘 하나님 앞에서 사는 기쁨을 빼앗기며 살지는 말아야 합니다(마 6:34).

'족하다.'에 해당하는 헬라어(아르케톤, ἀρκετὸν)는 '만족스럽다.', '충분하다.', '넉넉하다.'라는 의미입니다.[137] 인생에서 괴로운 일이 없을 수는 없으나 그날에 겪은 괴로움은 그것으로 충분하다는 뜻입니다. 오늘의 괴로움이 내일에까지 영향을 끼쳐서는 안 된다는 것입니다.

'족하다.'라는 말의 의미를 생각해 보십시오. 굶주린 사람에게 한 접시의 음식은 기쁨입니다. 그렇지만 몹시 배부른 사람에게는 그것이 곤욕일 것입니다. 하루의 걱정거리는 그날에 겪는 것으로 충분하다는 뜻입니다. 오늘은 어쩔 수 없이 흐느껴 울다가 잠이 든다 할지라도 내일은 기쁨으로

---

137) Walter Bauer, Frederick W. Danker, W. F. Arndt, F. W. Gingrich, eds., *A Greek-English Lexicon of the New Testament and Other Early Christian Literature*, 3rd ed. (Chicago: University of Chicago Press, 2000), 131.

새날을 맞이해야 하지 않겠습니까? "……그의 거룩함을 기억하며 감사하라 그의 노염은 잠깐이요 그의 은총은 평생이로다 저녁에는 울음이 깃들일지라도 아침에는 기쁨이 오리로다"(시 30:4-5).

하루라는 날들이 모여서 일생이 됩니다. 우리의 인생은 접혀진 긴 종이를 펼치는 것과 같습니다. 영원하신 하나님의 뜻이 '접힘'이라면 우리 인생은 그것의 '펼침'입니다. 우리는 오늘이라는 '날'의 펼침 속에서 희로애락(喜怒哀樂)을 경험합니다. 만약 그것이 우리가 겪는 전부라면 인생은 결코 행복하지 않을 것입니다. 왜냐하면 때로는 기쁨과 즐거움 속에서, 분노와 슬픔 속에서 우리는 자신의 인생의 의미를 찾는 데 실패할 것이기 때문입니다.

하루에 겪는 괴로운 일들은 즐거운 일들과 함께 우리의 해석을 기다리고 있기에 의미가 있습니다. 그것은 신앙의 해석입니다. 징검다리로 개울을 건너듯이 우리는 매일 일어나는 사건의 돌맹이를 밟으면서도 어느 돌 위에도 머무르고 싶어하지 않습니다. 왜냐하면 개울 건너편으로 가고자 하기 때문입니다.

오늘의 괴로움도 인생이 개울을 건너기 위해 잠깐 밟는 돌맹이 하나일 뿐이니 어제 했던 근심으로 오늘을 걱정으로 낙서하지 말고, 내일을 위한 염려로 오늘을 물들이지 마십시오. 오늘의 괴로움은 지나갈 것이며, 내일의 나쁜 일은 아직 오지 않았으니 근심하지 말아야 합니다.[138]

---

[138] 근거 없는 낙관에 치우쳐서 내일을 그르치지도 말고, 비관에 치우쳐서 오늘을 살아갈 힘까지 빼앗기지도 말아야 한다. 왜냐하면 어차피 우리는 오늘을 살고 있고 또한 내일도 살아내야 할 것이기 때문이다. 우리 자신이 아니면 아무도 우리의 인생을 대신 살아 주지 않으니, 우리가 우리의 인생을 살아야 한다는 사실은 피할 수 없다.

하나님이 함께하신다

모든 사람에게 인생을 사는 것은 쉽지 않습니다. 때로는 우리에게 인생은 가시밭길을 걷는 것과 같고, 죽는 것이 사는 것보다 쉽겠다고 느껴지는 때도 있습니다.

두려운 우주의 침묵 속에서 태어나고 허무한 인생의 소욕 속에서 사라져 간 모든 인류가 각기 그런 무게를 느끼며 자신의 인생을 살다가 죽었습니다. 순간의 인생 속에서 영원의 의미를 물으며 시간 안에 살던 사람들 중 누가 쉬운 인생을 살았겠으며 또 쉽게 살았다고 믿던 사람들 중 쉽게 죽은 사람이 어디에 있겠습니까?

약 15년 전 어느 날이었습니다. 인생에 대한 이런 상념에 잠겨 있던 봄날이었습니다. 길거리에 나갔습니다. 서로 다른 얼굴에, 서로 다른 옷을 입은, 서로 다른 세월의 흔적을 지닌 사람들이 길을 걷고 있었습니다. 갑자기 걷잡을 수 없이 눈물이 쏟아졌습니다.

우리의 눈에 그토록 평범해 보이거나 어쩌면 그 이하로 보일지도 모를 모든 사람이 한결같이 대하소설 같은 인생길을 걸어와 내 앞에 있다는 사실을 깨닫게 되었습니다. 모든 사람들이 가엾고 거기에 살아 있는 것이 장하게 느껴져서 한참 동안 길에서 울었습니다. 그 순간만큼은 치솟아 오르는 인류애로 눈물을 흘리지 않을 수 없었습니다.

그들 중 누구의 인생이 대수롭지 않겠으며 어떤 사람이 소중하지 않겠습니까? 미련하고 거짓된 인간의 마음도 그러하다면 참사랑으로 충만하신 하나님에게 한 사람의 인생은 얼마나 가슴 저미는 것이겠습니까?

우리에게는 위로가 있습니다. 그것은 다른 이들처럼 똑같이 사람으로 태어났으나 예수 그리스도의 복음을 통해 하나님의 사랑을 깨달았다는 것입니다. 진리(眞理)를 모를 때 인생길은 메마른 땅을 걷는 것과 같지만 하나님의 나라와 의를 추구하며 살아갈 때는 남이 모르는 샘물이 있습니다(요 7:38).

불확실한 인생길에서 어려운 일이 일어날 수 있습니다. 힘든 일이 일어나지 않도록 노력하십시오. 무엇보다도 그런 일이 일어나지 않게 해 달라고 기도하십시오. 그래도 때로는 인생길에서 그런 일이 일어날 수 있습니다. 만약 그렇다면 허리에 두 손을 얹고 고개를 들고 당당하게 현실에게 말하십시오. "괜찮아, 일어날 수밖에 없는 일이라면 일어나거라. 내가 부딪칠 수밖에 없는 일이라면 오라. 나를 아프게 할 수 있을지는 모르지만, 무너뜨릴 수는 없다!"

하나님을 의지하고 현실에 담대히 맞서십시오. 힘든 일이 일어난다면 우리가 겪는 최악의 경우는 죽음이겠지요. 인간은 누구나 죽기 마련입니다. 젊은 사람은 자신이 죽음에서 멀리 떨어진 것 같은 예외감(例外感) 때문에, 늙은 사람은 죽음에 가까워졌다는 두려움 때문에 죽음을 생각하려 하지 않습니다. 그러나 그렇다고 해서 있는 것이 없는 것이 되지는 않습니다.

신자는 죽음을 통해서 그토록 사랑했던 하나님의 품으로 가게 되고, 지상에서 살았던 날들의 의미는 천상으로 잇대어집니다. 거기서 영원한 안식을 누릴 것입니다. 그러니 우리에게 무엇이 두렵겠습니까?

모든 일이 인생에서 일어날 수 있습니다. 기쁜 일이 일어날 때도 있지만 슬픈 일이 일어날 때도 있고, 다른 사람에게 일어나는 괴로운 일은 나에게도 일어날 수 있습니다. 그러나 그런 염려 때문에 오늘을 살아갈 힘까지 잃어버려서는 안 되지 않겠습니까?

어떤 일을 만나도 두려워하지 않는 이유는 하나님께서 우리와 함께하시기 때문입니다(수 1:9). 하나님이 자기 아버지이시라는 사실에 감격하며 인생을 하나님께 맡기며 사는 사람, 사나 죽으나 자신이 예수 그리스도의 것이라고 믿는 사람은 오늘 만나는 현실 때문에 내일을 포기하지 않습니다(사 12:2, 롬 14:8). 이는 그가 눈에 보이는 엄혹한 현실보다 자기와 함께하시는 좋으신 하나님을 믿기 때문입니다(창 39:2).

저는 10대 시절 영문학자가 되는 것이 꿈이었습니다. 교수가 되고 수필가가 되고 싶었습니다. 그런데 제 인생은 꼬였습니다. 한 번이 아니라 여러 번 꼬였습니다. 그래서 지금은 목사(牧師)가 되었습니다.

인생이 뜻대로 풀리지 않는 것은 분명히 고통이었습니다. 때로는 삶을 등지고 싶을 정도로 외롭고 아픈 것이었습니다. 그렇지만 인생의 석양길에서 저는 그렇게 제 인생을 꼬이게 하신 하나님을 온 마음으로 찬송합니다. 왜냐하면 그렇게 아프도록 꼬인 인생의 마디마디에서 위대한 하나님의 사랑을 깨달았기 때문입니다. 육체는 땅에 붙어서 살아가도 인생의 의미가 저 높은 하늘에 맞닿아 있음을 믿게 되었기 때문입니다. 삶을 접고 싶었던 순간들, 내 뜻대로 되지 않아 좌절했던 그 지점이 바로 하나님 아버지께서 두 팔로 나를 안아 주셨던 지점이었기 때문입니다. 그래서 아프지 않았던 순간들은 가르쳐 준 것이 별로 없었어도, 아팠던 순간들은 배우지 않았던 적이 거의 없었습니다.

인생의 문제로 괴로워할 때, 전에 알지 못했던 하나님의 계획을 알게 되고, 거기서 하나님과의 사랑을 경험하게 됩니다. 그래서 오히려 고통을 겪었던 날들이 또렷이 기억에 남아 거기서 은혜를 베푸신 하나님을 찬양하게 됩니다(시 119:71). 그러므로 우리가 무엇을 두려워하겠습니까? "보라 하나님은 나의 구원이시라 내가 신뢰하고 두려움이 없으리니 주 여호와는 나의 힘이시며 나의 노래시며 나의 구원이심이라"(사 12:2)

우리가 선하신 하나님을 믿는 믿음에서 멀어지는 것 말고는 두려울 것이 없으니(시 18:1-3), 육신을 위해 염려할 시간에 오히려 믿음의 진보를 위해 힘써야 할 것입니다.

내 주여, 뜻대로 행하시옵소서.
내 모든 일들을 다 주께 맡기고
저 천성 향하여 고요히 가리니
살든지 죽든지 뜻대로 하소서.

맺는말

많은 사람들이 육체를 위해 먹고 입고 마시는 일 때문에 염려합니다. 그렇지는 않을지라도 인생의 많은 날들을 번뇌와 기쁨, 희망과 절망 사이에서 줄타기를 하면서 흘려보냅니다. 거기에도 무슨 의미가 있을 것이라고 스스로 위안하지만, 시간은 어김없이 빠르게 흘러갑니다.

모래시계에서 쏟아지는 모래알처럼 그렇게 줄어들고 또 쌓이면서 다시 오지 않을 시간이 흘러갑니다. 인생의 의미를 모르는 사람들은 어쩔 수 없이 그렇게 산다고 할지라도 신자인 우리는 어떻게 해야 합니까?

우리의 인생은 궁극적으로 한 목적을 향하고 있으니, 순간을 지나는 존재가 영원에 잇대어 사는 것입니다. 하나님의 나라가 완성되는 그날에는 이 세상과 육체의 즐거움을 위해 살았던 날들은 모두 물거품처럼 사라지고, 그의 나라와 그의 의를 위해 살았던 날들만 남게 될 것입니다. "이 세상도, 그 정욕도 지나가되 오직 하나님의 뜻을 행하는 자는 영원히 거하느니라"(요일 2:17).

하나님과 올바른 관계를 맺고 그 사랑 안에서 하나님을 즐거워하며 살기에, 우리의 인생은 경이로운 아름다움과 신비로 가득 차 있습니다. 그러므로 세상을 바라보며 염려하던 마음의 눈을 들어 하늘 위에 높이 계신 하나님을 바라보십시오.

그 높은 곳에서 낮은 자신의 인생을 바라보십시오. 그러면 영원하신 하나님밖에 없다는 사실을 알게 될 것이니(시 73:25), 이로써 그분의 사랑 안에서 우리의 존재의 의미를 발견하게 될 것입니다. 하나님께 사랑받고, 그분을 사랑하며 인생을 살아가십시오. 마지막에 남는 것은 그렇게 살게 하였던 하나님의 사랑밖에 없습니다.

마치는 글

하나님의 품 안에서 행복을 누리소서

　참 신기한 일입니다. 이렇게 오랫동안 염려 없이 평안하게 지내고 있으니 말입니다. 많은 눈물로 기도하는 것은 분명 간절한 마음이 시킨 것입니다. 그런데 그런 때에는, 기도할 때나 기도가 끝났을 때 마음에 평안이 가득합니다. 그것이 경건한 염려이기 때문입니다.
　경건한 슬픔은 거룩한 기쁨을 가져다줍니다. 이와 대조적으로, 인간적 염려는 요동치는 불안을 가져옵니다. 가끔 은혜를 받아도 계속 염려하면 불안한 감정과 싸우느라 그 은혜를 다 소모하게 됩니다. 그래서 새로운 삶을 살지 못합니다.
　자신이 갈등하는 것을 신앙의 깊이로, 방황하는 것을 구도의 열망으로 포장하는 사람들이 있지만, 있는 것은 있는 것이고 없는 것은 없는 것입니다. 하나님 아버지를 누리는 것만큼 의미 있는 삶을 살고, 그렇지 못한 것만큼 의미 없는 삶을 살아갑니다.

누구든지 하나님을 만나면, 비로소 자신이 엄숙하리만치 존귀한 존재임을 깨닫게 됩니다. 미래에 그런 존재가 될 것이라고 기대하게 되는 것이 아니라 현재 자신이 그런 존재라는 사실에 눈뜨게 됩니다. 그러면 자신과 현실을 다르게 바라볼 수 있습니다.

자신이 그처럼 소중한 존재임을 안다면 인생살이가 괴롭다고 함부로 살거나 즐겁다고 헛되이 살 사람은 없습니다. 저 하늘에까지 사무치는 위엄(威嚴)과 땅끝까지 울려 퍼지는 사랑을 알기 때문입니다.

세상에 있는 모든 것은 보이는 것으로부터 온 것이 아니라 보이지 않는 하나님께로부터 온 것입니다(요 1:3). 우리도 그런 존재입니다.

우리의 육체는 무한히 이어진 어두운 우주 공간 안에서 꺼질 듯이 명멸(明滅)하는 작은 빛에 불과합니다. 우리가 사랑하는 세상도, 세상에 속한 것도 영원하지 않습니다. 그리고 우리 자신도 '무'(無)에서 태어나 '없음'으로 향하는 존재입니다. 그러나 하나님께는 영원히 당신 곁에 있게 하실 사랑스러운 존재입니다. 자기를 온전히 주시면서까지 행복하게 해주시고 싶은 존재입니다.

이 사실을 잊지 마소서. 인생에서 길을 잃지 마소서. 그분의 품 안에서 행복을 누리소서.

당신 스스로 자신이 우리에게 발견되게 하셨고

우리가 당신을 찾으면 찾을수록 발견하게 되리라는 희망을 주셨사오니

또한 그렇게 찾아갈 힘을 주소서.

Tu da quaerendi uires,

qui inueniri te fecisti et magis magisque

inueniendi te spem dedisti.

아우구스티누스(Aurelius Augustinus, 354-430)

『삼위일체』(*De Trinitate*, 15.28.51)

참고 문헌

이 책을 쓰는 데 직접적으로 도움을 받았던 책들의 목록이다. 아래의 책들을 참고하였다고 해도 인용문으로 명시한 것을 제외하고는 본문에서 사용된 내용 대부분은 나 자신 안에서 소화되어 자기화된 것이다. 이외에도 일일이 기억을 더듬어 찾아내지 못한 것들도 있음을 밝혀 둔다.

성경 주석

Calvin, John. *Commentary on a Harmony of the Evangelists, Matthew, Mark, and Luke*, vol. 1, in *Calvin's Commentaries*, vol. 16, trans. William Pringle (Grand Rapids: Baker Book House, 1998).

Hagner, Donald A. *Matthew 1-13*, in *Word Biblical Commentary*, vol. 33A (Dallas: Word Book Publisher, 1993).

Heen, Erik M. & Krey, Philip D. W. eds. *Hebrews*, in *Ancient Christian Commentary on Scripture, New Testament*, vol. 10 (Downers Grove: InterVarsity Press, 2005).

Hendriksen, William. *New Testament Commentary: Exposition of the Gospel According to Matthew* (Grand Rapids: Baker Book House, 1975).

Keil, Carl Friedrich. & Delitzsch, Franz. *First Book of the Kings*, in *Commentary on the Old Testament*, vol. 3, trans. James Martin (Grand Rapids: Wm. B. Eerdmans Publishing Company, 1987).

Morris, Leon. *The Gospel According to Matthew*, in *The Pillar New Testament Commentary* (Grand Rapids: Wm. B. Eerdmans Publishing Company, 1992).

Poole, Matthew. *A Commentary on the Holy Bible*, vol. 3 (Edinburgh: The Banner of Truth Trust, 1990).

Simonetti, Manlio. ed. *Matthew 1-13*, in *Ancient Christian Commentary on Scripture, New Testament*, vol. Ia (Downers Grove: InterVarsity Press, 2001).

Sklar, Jay. *Leviticus*, in *Tyndale Old Testament Commentaries*, vol. 3 (Downers Grove: InterVarsity Press, 2014).

사전

Bauer, Walter. & Danker, Frederick W. & Arndt, W. F. & Gingrich, F. W. eds. *A Greek-English Lexicon of the New Testament and Other Early Christian Literature*, 3rd ed. (Chicago: University of Chicago Press, 2000).

Bavel, Tarsicius J. van. "Love," in *Augustine through the Ages: an Encyclopedia*, ed. Allan D. Fitzgerald (Grand Rapids: Wm. B. Eerdmans Publishing Company, 1999).

Bietenhard, H. "Heaven," in *The New International Dictionary of New Testament Theology*, vol. 2, ed. Colin Brown (Grand Rapids: Paternoster Press, 1986).

Brown, Francis. & Driver, Samuel Rolles. & Briggs, Charles Augustus. *The Brown-Driver-Briggs Hebrew and English Lexicon* (Peabody: Hendrickson Publishers, 2003).

Ego, Beate. "Heaven," in *Encyclopedia of Second Temple Judaism*, vol. 2, eds. Daniel M. Gurtner, Loren T. Stuckenbruck (London: T&T Clark, 2020).

Glare, P. G. W. ed. *Oxford Latin Dictionary*, vol. 2, 2nd ed. (Oxford: Oxford University Press, 2012).

Gloer, W. H. "Sparrow," in *The International Standard Bible Encyclopedia*, vol. 4, ed. Geoffrey W. Bromiley (Grand Rapids: Wm. B. Eerdmans Publishing Company, 1988).

Hall, Kevin D. "Sea, Molten," in *Eerdmans Dictionary of the Bible*, eds. David Noel Freedman, Allen C. Myers, Astrid B. Beck (Grand Rapids: Wm. B. Eerdmans Publishing Company, 2000).

Katz, Sheri. "Person," *Augustine through the Ages: an Encyclopedia*, ed. Allan D. Fitzgerald (Grand Rapids: Wm. B. Eerdmans Publishing Company, 1999).

Liddell, H. G. & Scott, R. eds. *A Greek-English Lexicon* (Oxford: Clarendon Press, 1996).

Myers, Allen C. *The Eerdmans Bible Dictionary* (Grand Rapids: Wm. B. Eerdmans Publishing Company, 1987).

Studer, B. "Persona, Person," in *Encyclopedia of the Early Church*, vol. 2, ed. Angelo Di Bernardino, trans. Adrian Walford (Cambridge: James Clarke & Co., 1992).

단행본(신학 부문)

김남준. 『교회와 그리스도의 남은 고난』 (서울: 생명의말씀사, 2015).

_____. 『교회와 하나님의 사랑』 (서울: 익투스, 2019).

_____. 『구원과 하나님의 계획』 (서울: 부흥과개혁사, 2010).

_____. 『그리스도인은 누구인가』 (서울: 생명의말씀사, 2018).

_____. 『그리스도인이 빛으로 산다는 것』 (서울: 생명의말씀사, 2012).

_____. 『깊이 읽는 주기도문』 (서울: 생명의말씀사, 2013).

_____. 『바랄 수 없는 날의 믿음』 (서울: 두란노, 2014).

_____. 『성화와 기도』 (서울: 생명의말씀사, 2011).

_____. 『영원 안에서 나를 찾다』 (서울: 포이에마, 2018).

_____. 『자기 깨어짐』 (서울: 생명의말씀사, 2019).

_____. 『하나님의 도덕적 통치』 (서울: 생명의말씀사, 2007).

뤼시앵 페브르. 『마르틴 루터: 한 인간의 운명』, 김중현 역 (고양: 이른비, 2019).

제임스 M. 키텔슨. 『개혁자 말틴 루터』. 김승철 역 (서울: 컨콜디아사, 1995).

W. 뢰베니히. 『마르틴 루터: 그 인간과 그의 업적』. 박호용 역 (서울: 성지출판사, 2002).

Aquinas, Thomas. *St. Thomas Aquinas Summa Theologiae*, vol. 19, 22, 24, 32, 34 (Cambridge: Cambridge University Press, 2006).

Augustine. *Commentary on the Lord's Sermon on the Mount*, in *The Fathers of the Church*, vol. 11, trans. Denis J. Kavanagh (Washington: The Catholic University of America Press, 1988).

Augustinus, Aurelius. *De Natura et Gratia*, in *Patrologia Latina, Cursus Completus*, vol. 44, ed. J. P. Migne (Paris: Excudebatur et venit apud J. P. Migne, 1865).

_____. *In Joannis Evangelium Tractatus CXXIV*, in *Patrologia Latina, Cursus Completus*, vol. 35, ed. J. P. Migne (Paris: Excudebatur et venit apud J. P. Migne, 1845).

Avgvstinvs, Avrelivs. *De Civitate Dei*, in *Corpvs Christianorvm Series Latina, XLVIII: Avrelii Avgvstini Opera* Pars XIV, 2 (Tvrnholti: Typographi Brepols Editores Pontificii, 1955).

_____. *De Sermone Domini in Monte*, in *Corpvs Christianorvm Series Latina, XXXV: Avrelii Avgvstini Opera*, Pars VII, 2 (Tvrnholti: Typographi Brepols Editores Pontificii, 1967).

_____. *De Trinitate*, in *Corpvs Christianorvm Series Latina, L_A: Avrelii Avgvstini Opera*, Pars XVI, 2 (Tvrnholti: Typographi Brepols Editores Pontificii, 1968).

_____. "Epistvla CXXXVIII", in *Corpvs Christianorvm Series Latina, XXXI_B: Avrelii Avgvstini Opera*, Pars III, 3 (Tvrnholti: Typographi Brepols Editores Pontificii, 2009).

Bainton, Roland H. *Here I Stand: A Life of Martin Luther* (Nashville: Abingdon Press, 1978).

Berkhof, Louis. *Systematic Theology* (Grand Rapids: Wm. B. Eerdmans Publishing Company, 1996).

Calvin, John. *Institutes of the Christian Religion*, vol. 2, trans. Henry Beveridge (Grand Rapids: Wm. B. Eerdmans Publishing Company, 1981).

_____. *Institution de la Religion Chrétienne*, in *Corpus Reformatorum*, vol. 32, *Ioannis Calvini Opera Quae Supersunt Omnia*, vol. 4 (Brunsvigae: C. A. Schwetschke et Filium, 1866).

Chrysostom, John. *The Homilies of St. John Chrysostom on the Gospel of St. Matthew*, in *A Select Library of the Nicene and Post-Nicene Fathers of the Christian Church*, vol. 10, ed. Philip Schaff, trans. George Prevost (Grand Rapids: Wm. B. Eerdmans Publishing Company, 1986).

Cicero, Marcus Tullius. *Tusculan Disputations*, in *Loeb Classical Library*, vol. 141, trans. J. E. King (Cambridge: Harvard University Press, 1945).

Cyprian. *The Lord's Prayer*, in *The Fathers of the Church*, vol. 36, trans. Roy J. Deferrari (Washington: The Catholic University of America Press, 1981).

Edwards, Jonathan. *Religious Affections*, in *The Works of Jonathan Edwards*, vol. 2, ed. John E. Smith (New Haven: Yale University Press, 1959).

_____. *The Nature of True Virtue*, in *The Works of Jonathan Edwards*, vol. 8, ed. Paul Ramsey (New Haven: Yale University Press, 1987).

Ferguson, Sinclair B. *John Owen on the Christian Life* (Edinburgh: The Banner of Truth Trust, 1995).

Fesko, J. V. *Beyond Calvin: Union with Christ and Justification in Early Modern Reformed Theology(1517-1700)* (Göttingen: Vandenhoeck & Ruprecht, 2012).

Fulgentius. "Epistvla XVII", in *Corpvs Christianorvm Series Latina, XCI$_A$: S. Fvlgentii Rvspensis Opera* (Tvrnholti: Typographi Brepols Editores Pontificii, 1968).

Gerstner, John H. *Jonathan Edwards on Heaven and Hell* (Morgan: Soli Deo Gloria, 1998).

Irenaeus. *Against Heresies*, in *The Ante-Nicene Fathers*, vol. 1, trans. Alexander Roberts (Grand Rapid: Wm. B. Eerdmans Publishing Company, 1987).

Luther, Martin. "Handbook: The Small Catechism (of Dr. Martin Luther) for Ordinary Pastors and Preachers," in *The Book of Concord: The Confessions of the Evangelical Lutheran Church*, eds. Robert Kold, Timothy J. Wengert (Minneapolis: Fortress Press, 2000).

_____. "No. 526: Luther Expresses His Thanks for Staupitz," *Table Talk* in *Luther's Works*, vol. 54, ed. Theodore G. Tappert (Philadelphia: Fortress Press, 1967).

_____. "Preface to the Complete Edition of Luther's Latin Writings Wittenberg, 1545," *Career of the Reformer IV*, in *Luther's Works*, vol. 34, ed. Lewis W. Spitz (Philadelphia: Muhlenberg Press, 1976).

Muller, Richard A. *The Divine Essence and Attributes* in *Post-Reformation Reformed Dogmatics: The Rise and Development of Reformed Orthodoxy, ca. 1520 to ca. 1725*, vol. 3 (Grand Rapids: Baker Academic, 2003).

Owen, John. *A Treatise of the Dominion of Sin and Grace*, in *The Works of John Owen*, vol. 7, ed. William H. Goold (Edinburgh: The Banner of Truth Trust, 1988).

_____. *An Exposition of the Epistle to the Hebrew*, in *The Works of John Owen*, vol. 19, ed. William H. Goold (Edinburgh: The Banner of Truth Trsut, 1991).

_____. "Of Walking Humbly with God," *Posthumous Sermons*, in *The Works of John Owen*, vol. 9, ed. William H. Goold (Edinburgh: The Banner of Truth Trust, 1990).

_____. *The Doctrine of Justification by Faith*, in *The Works of John Owen*, vol. 5, ed. William H. Goold (Edinburgh: The Banner of Truth Trust, 1990).

_____. *The Mortification of Sin*, in *The Works of John Owen*, vol. 6, ed. William H. Goold (Edinburgh: The Banner of Truth Trust, 1991).

_____. *The Nature, Power, Deceit, and Prevalency of the Remainders of Indwelling Sin in Believers*, in *The Works of John Owen*, vol. 6, ed. William H. Goold (Edinburgh: The Banner of Truth Trust, 1991).

Packer, James I. *Knowing God* (Downers Grove: InterVarsity Press, 1993).

Perkins, William. *A Godly and Learned Exposition upon Christ's Sermon in the Mount*, in *The Works of William Perkins*, vol. 1, ed. J. Stephen Yuille (Grand Rapids: Reformation Heritage Books, 2014).

Salvianus. *De Gubernatione Dei*, in *Patrologia Latina, Cursus Completus*, vol. 53, ed. J. P. Migne (Paris: Excudebatur et venit apud J. P. Migne, 1865).

Stevenson, Kenneth W. *The Lord's Prayer: A Text in Tradition* (Minneapolis: Fortress Press, 2004).

Tertullian. *Prayer*, in *The Fathers of the Church* vol. 40, trans. E. J. Daly (Washington: The Catholic University of America Press, 1985).

Vermigli, Peter Martyr. *Life, Letters, and Sermons*, in *The Peter Martyr Library*, vol. 5, ed. John Patrick Donnelly (Kirksville: Thomas Jefferson University Press, 1999).

Vermilii, Petri Martyris. *Loci Communes* (Londini: Excudebat Thomas Vautrollerius, 1583).

Weaver, Rebecca Harden. *Divine Grace and Human Agency: A Study of the Semi-Pelagian Controversy* (Washington: Catholic University of America Press, 1996).

단행본(신학 외 부문)

마르쿠스 툴리우스 키케로. 『국가론』. 김창성 역 (파주: 한길사, 2009).

쇼펜하우어. 『의지와 표상으로서의 세계』. 권기철 역 (서울: 동서문화사, 2011).

아리스토텔레스. 『정치학』. 천병희 역 (고양: 도서출판숲, 2009).

안드레아 보첼리. 『침묵의 음악: 안드레아 보첼리 자서전』. 이현경 역 (서울: 황금가지, 2003).

에우리피데스. '포이니케 여인들', 『에우리피데스 비극 전집 2』. 전병희 역 (서울: 도서출판 숲, 2009).

이동식. 『도정신치료 입문: 프로이드와 융을 넘어서』 (서울: 도서출판 한강수, 2019).

이반 세르게예비치 투르게네프. '참새', 『사랑은 죽음보다 더 강하다』. 조주관 역 (서울: 민음사, 2018).

이황. '제4대학도'(第四大學圖), 『성학십도』(聖學十圖), 이광호 역 (서울: 홍익출판사, 2008).

정채봉. '엄마가 휴가를 나온다면', 『너를 생각하는 것이 나의 일생이었지』 (서울: 샘터, 2019).

주희 집주. 『대학』(大學), 임동석 역주 (서울: 동서문화사, 2009).

지그문트 프로이트. 『문명 속의 불만』. 김석희 역 (파주: 열린책들, 2012).

진덕수. 『대학연의(大學衍義): 리더십을 말하다 상(上)』, 정재훈 외 3인 역주 (서울: 서울대학교출판문화원, 2018).

플라톤. 『국가·정체(政體)』, 박종현 역주 (서울: 서광사, 2005).

Locke, John. *An Essay Concerning Human Understanding* (London: Thomas Tegg, 1841).

Lucretius. *De Rerum Natura*, in *Loeb Classical Library*, vol. 181, trans. W. H. D. Rouse (Cambridge: Harvard University Press, 2006).

Peterson, Jordan B. *12 Rules for Life: An Antidote to Chaos* (Toronto: Random House Canada, 2018).

Plato. *Alcibiades I*, in *Loeb Classical Library*, vol. 201, trans. W. R. M. Lamb (Cambridge: Harvard University Press, 1955).

Sartre, Jean-Paul. *Being and Nothingness: An Essay on Phenomenological Ontology*, trans. Hazel E. Barnes (London: Routledge, 2003).

_____. *L'Être et le Néant: Essai d'ontologie phénoménologique* (Paris: Gallimard, 1943).

색인

( ) 표시가 된 페이지에서는 각주를 참고하십시오.

주제별 색인

감춰진 신비의 결합 66
겪음들 107
결핍 34, 62, 87, 88, 112, 121, 234
겸애 사상 132
경건 33, 34, 49, 90, 201, 222, 252
경건의 기술 53, 95
고귀함 76
고난 68, 116, 174, 176, 195, 235
공포 143, (145), 188
괴로움 209, 210, 232, 234, 241, 244, 245
교만 36, 69, 83, 116
구하라 137, 138
국가 131, 132, 134, 154, 200
그리스도의 의 171, 190, 192, 199
긍휼 190, 232
기도 49, 50, 51, 103, 104, 110, 111, 114, 147, 178, 201
까리따스 194, 195
내일 233, 234, 244, 245
내적 실체 107
눈 39, 40
단순지 100

대속 165
더하다 211, 216, 217
동굴의 비유 195
두려움 32, 33, 34, 42, 142, 188
먼저 137, 138
모방 79
목적 43, 104, 109, 137, 138, 150, 217, 218, 219, 220, 224, 225
목표 103, 104, 138, 152, 217, 218, 225
무상함 89
무조력 209
묵상 90, 93, 94
백합화 76, 77, 78, 79, 81, 240,
번영신학 217
복음의 능력 153, 154
복음적 의 165, 166, 170
본성적 연합 66
분노 237
불경건 183, 187, 196
불안 30, 31, 32, 42, 43, 45, 49, 72, 88, 91, 94, 121, 236, 252
사랑의 사회 163
사망 141, 143, 145, (148)
사명 32, 33, 194,

새 생명 212, 214, 215, 216
생활의 염려 92
선의 108, 143
선적 행복 238, 239
성육신적 연합 66
성화 67, 160
소국과민 132
소외 51, 69, 116, 122, 201
솔로몬 76, 78, 79, 240
솔로몬 성전 76
신뢰 34, 43, 50, 88, 104, 225, 236
신비적 연합 66
실존주의 31
심판 163, 168, 169, 171, 172, 173, 184, 186, 187, 189, 204
십계명 162
아가페 194
아버지 59, 60, 62, 63, 102, 112, 117, 118, 121, 130, 137, 138, 240
영생 144, 191
영적 연합 67
영적 전투 148
영혼의 어둠 41
영화(榮化) 67
예복 79
오늘 235, 244, 245
오래 참음 232
오성 단순지 100
욕망 40, 43, 44, 45, 48, 87, 89, (150), 152, 154, 220, 234, 237
용경협 86
용기 48, 49, 122
원의 163,
위격 105, 106
유기체 134

율법 162, 163, 165, 166, 167, 168, 183, 185, 188, 189, 191, 193
율법적 의 165, 166
의존 (58), 85, 86, 112, 115, 191
이방인 103, 104, 110, 111, 139
이신칭의 170
인격 105, 106, 107, 108, 109, 110
인격체 69, 105, 106, 108, 233
인격의 사회성 107
인격적 71, 86, 104, 106, 108, 110, 157, 237
인격적 관계 105, 109
인격적 사랑 45, 63, 88, 104
인생의 목적 114, 137, 150, 219, 220, 227
인생의 추구점 139, 150
인성 65, 66
일용할 양식 112, 114
자기 부인 155
자기 사랑 36, 37, (38), 39, 40, 41, 42, 134, 135, 136, 194, 220, 243
자기 처벌 199
자립적 본질 107
자존감 69
재물 32, 41, 42, 43, 120, 201, 209, 236
점적 행복 238, 239
정동(情動) 51, 197
정서 51, 95
정욕 141, 220
정의 131, 182, 187, 196, 200, 201, 202, 224
정체성 106, 174
제왕학 133, 134
족하다 244
존귀 64, 65, 66, 67, 76, 77, 152, 154
존엄 64, 67

주체성 47, 69, 107, 242, 243,
중생(重生) 66
지순애 194
지혜 40, 110, (150), 187
진리 40, 135, 169, 223, 224, 225
집착 36, 43, 72, 89, 210, 236, 244
찬동 85, 86
참새 67, 68
최고선 131, 222
추구하라 137, 138, 171
칭의(稱義) 66, (193)
키 235, (236)
타자 59, 197
페르소나 105
표상 89, 208
하나님과 동행 211, 212, 213
하나님과의 교통 173

하나님과의 평화 212
하나님의 거룩함 184, 186, 190
하나님의 성품 111, 161, 162, 184, 232
하나님의 속성 165, 184
하나님의 영광 82, 212, 240
하나님의 의 160, 161, (165), 167, 169, 170, 171, 173, 174, 175, 176, 177, 178, 183, 186, 195, 196, 199, 200, 201, 204
하늘 58, 59, 118
합당치 않은 염려 34
합당한 염려 33, 42
핵심 감정 236, 237
현견지 101
형상 63, 64, 68, 106, 215
회개 136, 147, 149, 172, 188, 199
희망의 신론 63

인명 색인

공자(孔子, BC 551-BC 479) 133
노자(老子, BC 605경-BC 531경) 132
루크레티우스(Titus Lucretius Carus, BC 99경-BC 55경) 210
마르틴 루터(Martin Luther, 1483-1546) 112, 167, 168, 169,
마르틴 부처(Martin Bucer, 1491-1551) 193
매튜 풀(Matthew Poole, 1624-1679) 92
묵자(墨子, BC 479경-BC 438경) 132
살비아누스(Salvianus, 400경-470경) 185
선조(宣祖, 1552-1608) 133
소크라테스(Socrates, BC 470-BC 399) 56
쇼펜하우어(Arthur Schopenhauer, 1788-1860) 208
슈타우피츠(Johann von Staupitz, 1468-1524) 168
아리스토텔레스(Aristoteles, BC 384-BC 322) 131
아우구스티누스(Aurelius Augustinus, 354-430) 37, 39, 65, 105, 106, 110, 113, 135, 168, 182, 185, 187, 222
안드레아 보첼리(Andrea Bocelli, 1958-) 47
알키비아데스(Alkibiades, BC 450-BC 404) 56
에우리피데스(Euripides, BC 485경-BC 406경) 209
윌리엄 퍼킨스(William Perkins, 1558-1602) 34
윌리엄 헨드릭슨(William Hendriksen, 1900-1982) 235
장자(莊子, BC 369경-BC 286경) 132

장폴 사르트르(Jean-Paul Sartre, 1905-1980) 31
정채봉(丁埰琫, 1946-2001) 61
제임스 패커(James Innell Packer, 1926-2020) 59
조나단 에드워즈(Jonathan Edwards, 1703-1758) 95
존 로크(John Locke, 1632-1704) 106
존 오웬(John Owen, 1616-1683) 211, 212, 215
존 칼빈(John Calvin, 1509-1564) 63, 64, 90, 113, 221, 222, 223
주희(朱熹, 1130-1200) 133
카를 마르크스(Karl Marx, 1818-1883) 132
카를 프리드리히 카일(Carl Friedrich Keil, 1807-1888) 77
크리소스토무스(Johannes Chrysostomus, 349경-407) 39
키케로(Marcus Tullius Cicero, BC 106-BC 43) 132
토마스 아퀴나스(Thomas Aquinas, 1225경-1274) 40
토머스 모어(Thomas More, 1478-1535) 132
토머스 홉스(Thomas Hobbes, 1588-1679) 132
퇴계 이황(退溪 李滉, 1501-1570) 133
풀겐티우스(Fulgentius, 467경-533경) 143
프리드리히 엥겔스(Friedrich Engels, 1820-1895) 132
플라톤(Platon, BC 428경-BC 348경) 56, 196

성구 색인

창 1:22 83
창 1:26 68
창 1:26-28 83
창 1:27 64
창 1:28 68, 83, 153
창 1:31 81, 100
창 2:3 83
창 2:7 68
창 2:17 (161), (162), 164
창 2:23 66
창 3:5 220
창 3:15 141, 148, 164
창 3:16 164
창 3:17 163
창 3:19 164
창 4:1 164
창 5:2 83
창 5:24 211
창 5:29 164
창 6:6 100
창 6:9 211
창 16:1-15 34
창 16:16 (35)
창 17:1 35, (35)
창 22:12 100
창 39:2 248
출 16:21 112
출 20:1-11 163
출 20:7 (118)
출 20:12-17 163
출 25:14-15 185
레 10:1-2 184
민 4:15 185

민 21:8 191
신 24:18 95
신 31:9 185
수 1:9 248
수 3:6 185
삼상 26:23 162
삼하 6:2 185
삼하 6:3 185
삼하 6:7 185
왕상 7:21-22 76
왕상 7:23 77
왕상 7:26 76
왕상 17:6 (150)
대하 4:6 (76)
느 8:10 156
욥 3:11 82
욥 9:25 89
욥 21:6 72
욥 36:3 161
욥 38:4 (58)
시 69:20 91
시 73:25 250
시 77:1 94
시 77:2-4 94
시 77:7-9 93
시 77:10-12 94
시 78:38 232
시 85:10 179
시 86:16 50
시 89:47 89
시 91:1-3 116
시 93:1-4 (77)
시 103:15-16 90, 151

시 104:24-29 63
시 107:1 63
시 107:9 115
시 112:4 232
시 115:9 45
시 119:40 169
시 119:71 248
시 119:175 52
시 123:1 52
시 130:3 94
시 145:18 60
시 147:9 (58)
잠 8:20 162
잠 14:13 234
잠 16:1 115
잠 17:22 236
잠 30:15 45
전 1:8 87
전 2:11 239
전 3:19-20 89
전 3:22 238
전 5:19 238
전 7:10 46
전 9:9 239
아 2:2 76
사 7:9 (110)
사 12:2 248, 249
사 18:1-3 249
사 40:6-7 78
사 42:3 227
사 43:4 82
사 43:18-19 47, 63
사 49:15 71

사 49:16 68
렘 1:15 70
렘 2:14-17 71
렘 31:3 196
애 3:18-19 70
애 3:21-26 70
애 3:32-33 68
호 4:1 71
호 6:3 71
암 5:24 201
합 2:4 169
합 2:14 179
슥 3:4-5 (193)
마 1:1 164
마 2:22 117
마 3:9 117
마 3:16 118
마 4:16 142
마 4:17 142, 172
마 4:21 117
마 4:23 142
마 5:1 88
마 5:6 160, 214
마 5:10 175
마 5:14 157
마 5:16 118
마 5:25 33
마 5:34 118
마 5:45 117
마 6:7 104
마 6:9 59, 117
마 6:9-10 139
마 6:10 151, 174
마 6:11 112, 114
마 6:19 32

마 6:21 40
마 6:22-23 39
마 6:24 36, 41
마 6:25 41
마 6:26 57, 58, 59, 63, 138
마 6:27 235
마 6:28 76, 80
마 6:29 78
마 6:30 78, 79, 82, 84, 88, 138
마 6:31 113
마 6:31-32 27, 102, 103
마 6:32 111, 112, 117, 138, 225
마 6:32-33 139
마 6:33 33, 35, 44, 127, 137, 161, 171, 181, 207, 211, 216, 218
마 6:34 231, 233, 241, 244
마 7:14 157
마 7:28 88
마 8:21-22 88
마 9:36 178
마 10:18 (103)
마 10:28 143, 145, 146
마 10:29-31 67
마 12:28 142
마 13:22 (35), 87
마 13:29 33
마 13:44 156
마 16:24 39
마 19:19 (38)
마 19:28 172

마 20:10-12 45
마 22:38-39 163
마 22:39 (38)
마 24:45-47 176
마 25:23 49
마 25:34 117
마 26:53 117
막 1:15 192
막 3:14 83
막 4:19 34
막 4:41 142
막 8:11 118
막 8:34 110
막 9:24 96
막 10:21 57
막 10:30 175
막 11:25 (182)
막 12:31 (38)
막 13:32 117
눅 1:73 117
눅 2:52 (236)
눅 7:11-16 142
눅 7:45-47 157
눅 8:14 (35)
눅 9:25 38
눅 10:18 144
눅 10:27 (38)
눅 10:40-42 240
눅 10:41 34, (35)
눅 11:20 141
눅 12:16-21 42
눅 12:19 42
눅 12:20 235
눅 12:23 52
눅 12:24 (58), 68

색인 269

눅 12:27　79
눅 15:4　71
눅 15:20　60, 62
눅 15:22　62
눅 15:31-32　62
눅 17:27　239
눅 18:13　50
눅 19:21　32
눅 20:17　57
눅 21:34　34, 92
눅 22:61　235
요 1:29　165
요 1:4　142
요 1:5　142
요 3:14-15　191
요 3:16　183, 184, 191
요 3:19　41
요 3:27　118
요 3:36　144
요 4:12　117
요 4:53　117
요 5:17　62
요 7:38　247
요 8:11　175
요 8:33　142
요 9:21　(236)
요 10:10　174
요 11:20-26　147
요 11:25-26　145
요 11:43-44　142
요 12:26　175
요 13:34　183
요 14:1　46
요 14:21　38
행 1:8　155

행 5:1-2　186
행 5:4-5　186
행 7:49　118
행 8:9　(103)
행 8:22　241
행 10:22　(103)
행 16:31　173
행 17:25　58
행 17:28　62
행 20:19　155
행 26:13-18　194
행 26:19-21　195
행 26:29　196
롬 1:5　147
롬 1:17　168, 170, 183, 192
롬 1:21　41
롬 1:24　109
롬 1:26　109
롬 1:28　109
롬 2:15　162
롬 3:10　163, 166
롬 3:10-12　164
롬 3:20　189
롬 3:21　166, 188
롬 3:21-22　193
롬 3:22　167, 183
롬 3:23　193
롬 3:24　171
롬 5:1　87, 213
롬 5:5　104
롬 5:5-6　196
롬 5:12　143
롬 5:17　189
롬 6:4　214

롬 6:17　147
롬 6:23　143
롬 8:2　197, 212
롬 8:12-13　149
롬 8:13　156
롬 8:15-16　(59)
롬 8:28　53, 72, 226
고후 4:12　175
고후 7:23　68
고후 7:32　33
고후 9:16　194
고후 9:27　33
고후 10:13　93
고후 10:31　221
고후 13:6　225
고후 13:7　121
고후 15:12-13　145
고후 15:31　156
고후 15:41　84
고후 15:58　149
고후 2:14　49
고후 3:2-3　200
고후 4:7　64
고후 5:14　194
고후 5:17　214
고후 5:21　(169), 189
고후 9:7　156
고후 11:28　33, (35)
갈 2:20　243
갈 2:21　199
갈 3:11　169
갈 3:24　166
갈 4:4　141
갈 4:6　(59)
갈 5:16　214

갈 5:22-23 156
갈 6:1 215
갈 6:14 199
엡 2:3 143
엡 2:4-5 190
엡 2:5 214
엡 2:8 143, (169)
엡 2:10 84, 140
엡 2:14 212
엡 4:27 148
엡 6:12 49, 148
빌 3:4-6 166
빌 3:9 167
빌 3:19 103
빌 3:20 23
빌 4:6 121
골 1:6 223
골 1:13 155
골 1:22 145
골 1:27 190
골 2:12-15 223
골 2:13 214
골 3:1 220
살전 5:16-18 241
딤전 1:15 166

딤전 2:4 171, 176
딤전 4:7-8 90
딤전 5:6 150
딤전 5:20 215
딤후 1:7 109
딤후 3:2 198
딛 3:3 142
히 2:6-8 65
히 2:14 142
히 2:15 142, 144
히 3:13 235
히 4:15 232
히 5:7 241
히 6:18-19 22
히 8:1 118
히 9:12 165
히 11:1 (236)
히 11:6 87
히 11:7 157
히 11:8 34, 157
히 11:16 157
히 11:24-26 157
히 11:36 157
히 11:38 145
히 13:5 43

히 13:8 95
약 1:17 43, (59), 115
약 1:21 241
약 2:8 (38)
약 4:2 117
약 4:8 60
벧전 5:7 (35)
벧전 5:8 148
벧후 1:1 171
벧후 1:4 65
벧후 3:18 88
요일 1:1 232
요일 2:15 198, 199, 210
요일 2:17 250
요일 3:1 73, 83
요일 3:8 141
요일 4:7-8 198
요일 4:9 196
요일 4:16 94
요일 4:18 145
요일 4:20 177
계 2:4-5 178
계 3:16 119
계 21:4 149

사명선언문

너희가 흠이 없고 순전하여……세상에서 그들 가운데 빛들로
나타내며 생명의 말씀을 밝혀 _ 빌 2:15-16

1. 생명을 담겠습니다
만드는 책에 주님 주신 생명을 담겠습니다.
그 책으로 복음을 선포하겠습니다.

2. 말씀을 밝히겠습니다
생명의 근본은 말씀입니다.
말씀을 밝혀 성도와 교회의 성장을 돕겠습니다.

3. 빛이 되겠습니다
시대와 영혼의 어두움을 밝혀 주님 앞으로 이끄는
빛이 되는 책을 만들겠습니다.

4. 순전히 행하겠습니다
책을 만들고 전하는 일과 경영하는 일에 부끄러움이 없는
정직함으로 행하겠습니다.

5. 끝까지 전파하겠습니다
모든 사람에게, 땅 끝까지, 주님 오시는 그날까지
복음을 전하는 사명을 다하겠습니다.

서점 안내

광화문점　서울시 종로구 새문안로 69 구세군회관 1층
　　　　　　02)737-2288 / 02)737-4623(F)

강남점　　서울시 서초구 신반포로 177 반포쇼핑타운 3동 2층
　　　　　　02)595-1211 / 02)595-3549(F)

구로점　　서울시 동작구 시흥대로 602, 3층 302호
　　　　　　02)858-8744 / 02)838-0653(F)

노원점　　서울시 노원구 동일로 1366 삼봉빌딩 지하 1층
　　　　　　02)938-7979 / 02)3391-6169(F)

분당점　　경기도 성남시 분당구 황새울로 315 대현빌딩 3층
　　　　　　031)707-5566 / 031)707-4999(F)

일산점　　경기도 고양시 일산서구 중앙로 1391 레이크타운 지하 1층
　　　　　　031)916-8787 / 031)916-8788(F)

의정부점　경기도 의정부시 청사로47번길 12 성산타워 3층
　　　　　　031)845-0600 / 031)852-6930(F)

인터넷서점　www.lifebook.co.kr